INFRACAST

Concessões, Parcerias
Público-Privadas e Privatizações

GABRIEL FAJARDO
ISADORA COHEN
CAROLINA CARELLI
Coordenadores

Prefácio
Vera Monteiro

INFRACAST

Concessões, Parcerias
Público-Privadas e Privatizações

Belo Horizonte

2022

© 2022 Editora Fórum Ltda.

É proibida a reprodução total ou parcial desta obra, por qualquer meio eletrônico, inclusive por processos xerográficos, sem autorização expressa do Editor.

Conselho Editorial

Adilson Abreu Dallari
Alécia Paolucci Nogueira Bicalho
Alexandre Coutinho Pagliarini
André Ramos Tavares
Carlos Ayres Britto
Carlos Mário da Silva Velloso
Cármen Lúcia Antunes Rocha
Cesar Augusto Guimarães Pereira
Clovis Beznos
Cristiana Fortini
Dinorá Adelaide Musetti Grotti
Diogo de Figueiredo Moreira Neto (in memoriam)
Egon Bockmann Moreira
Emerson Gabardo
Fabrício Motta
Fernando Rossi
Flávio Henrique Unes Pereira

Floriano de Azevedo Marques Neto
Gustavo Justino de Oliveira
Inês Virgínia Prado Soares
Jorge Ulisses Jacoby Fernandes
Juarez Freitas
Luciano Ferraz
Lúcio Delfino
Marcia Carla Pereira Ribeiro
Márcio Cammarosano
Marcos Ehrhardt Jr.
Maria Sylvia Zanella Di Pietro
Ney José de Freitas
Oswaldo Othon de Pontes Saraiva Filho
Paulo Modesto
Romeu Felipe Bacellar Filho
Sérgio Guerra
Walber de Moura Agra

FÓRUM
CONHECIMENTO JURÍDICO

Luís Cláudio Rodrigues Ferreira
Presidente e Editor

Coordenação editorial: Leonardo Eustáquio Siqueira Araújo
Aline Sobreira de Oliveira

Rua Paulo Ribeiro Bastos, 211 – Jardim Atlântico – CEP 31710-430
Belo Horizonte – Minas Gerais – Tel.: (31) 2121.4900
www.editoraforum.com.br – editoraforum@editoraforum.com.br

Técnica. Empenho. Zelo. Esses foram alguns dos cuidados aplicados na edição desta obra. No entanto, podem ocorrer erros de impressão, digitação ou mesmo restar alguma dúvida conceitual. Caso se constate algo assim, solicitamos a gentileza de nos comunicar através do *e-mail* editorial@editoraforum.com.br para que possamos esclarecer, no que couber. A sua contribuição é muito importante para mantermos a excelência editorial. A Editora Fórum agradece a sua contribuição.

Dados Internacionais de Catalogação na Publicação (CIP) de acordo com ISBD

I43	Infracast: Concessões, Parcerias Público-Privadas e Privatizações / coordenado por Gabriel Fajardo, Isadora Cohen, Carolina Carelli. – Belo Horizonte : Fórum, 2022. 332 p. : il. ; 14,5cm x 21,5cm.
	Inclui bibliografia. ISBN: 978-65-5518-428-0
	1. Administração Pública. 2. Economia. 3. Infraestrutura. 4. Concessão. 5. Parceria Público-Privada. 6. Privatização. 7. Infracast. I. Fajardo, Gabriel. II. Cohen, Isadora. III. Carelli, Carolina. IV. Título.
2022-1767	CDD: 350 CDU: 35

Elaborado por Odilio Hilario Moreira Junior – CRB-8/9949

Informação bibliográfica deste livro, conforme a NBR 6023:2018 da Associação Brasileira de Normas Técnicas (ABNT):

FAJARDO, Gabriel; COHEN, Isadora; CARELLI, Carolina (coord.). *Infracast*: Concessões, Parcerias Público-Privadas e Privatizações. Belo Horizonte: Fórum, 2022. 332 p. ISBN 978-65-5518-428-0.

A todos e a todas que pensam e concretizam a infraestrutura, buscando no hoje um futuro melhor.

AGRADECIMENTOS

Esta coletânea é o resultado de uma rede forte que busca e pensa a infraestrutura brasileira.

Desde o início do projeto até hoje, o Infracast apoiou-se em tantos e tantas profissionais que se destacam por terem concretizado aquilo que um dia foi idealizado.

Agradecemos a todos e todas convidados, que tanto compartilharam conosco. Aos nossos e nossas ouvintes, seguidores, amigos, agradecemos pela confiança nesse esforço coletivo.

Aos nossos autores e autoras, que tão carinhosamente atenderam a mais esse convite, agradecemos pelo brilhantismo da trajetória e por dividirem conosco um pouco do que são e do que fizeram.

E ao Fernando Marcato, amigo e amor, por ter gestado conosco esse sonho.

SUMÁRIO

PREFÁCIO
Vera Monteiro 15

APRESENTAÇÃO
Gabriel Fajardo, Isadora Cohen, Carolina Carelli 17

PARTE I
INSTITUCIONALIDADE, REGULAÇÃO E GOVERNANÇA

O SUCESSO DA INFRAESTRUTURA NO BRASIL TERÁ O BNDES COMO CARRO-CHEFE
Saulo Benigno Puttini, Natália Teixeira Fernandes Lopez 21
    Referências 30

ESTRUTURAÇÃO DE UNIDADES PPPS, MODELAGEM DE PROJETOS E GESTÃO DE CONTRATOS DE CONCESSÃO E PARCERIAS PÚBLICO-PRIVADAS: ASPECTOS DE GESTÃO E GOVERNANÇA COMO ELEMENTOS DIFERENCIAIS DE SUCESSO
Vanice Cardoso Ferreira 33
1   Panorama geral das Unidades PPPs nas unidades federativas do Brasil 34
2   Unidade PPP de Minas Gerais: a retomada da unidade pioneira em PPPs no Brasil 35
3   Portfólio de Novos Projetos de Concessões e PPPs de MG: projetos, desafios e resultados esperados 37
4   Governança e Gestão: o fortalecimento da regulação contratual e a profissionalização da gestão dos contratos de concessão e PPPs em Minas Gerais 40
5   Considerações finais 42
    Referências 43

PANDEMIA E *IMPEACHMENTS*: BLINDAGEM E VIVÊNCIA DA UNIDADE DE PPP DE SANTA CATARINA
Ramiro Zinder 45
1   Contextualização 45

2	A pandemia COVID-19	46
3	Os *impeachments* do governador	48
4	As estratégias de blindagem	51
4.1	Tentáculos por toda estrutura administrativa do Governo Estadual	51
4.2	Capacidade técnica inquestionável	52
4.3	Comunicação assertiva e narrativa positiva	52
4.4	Apoio da sociedade civil organizada	53
5	Considerações finais	54

PRIVATIZAÇÃO: POR QUÊ, O QUÊ E COMO
Elena Landau 57
       Programa Nacional de Desestatização – PND: o que é? 63
       Referências 72

REGULAÇÃO TORNA SANEAMENTO MAIS SEGURO PARA OS INVESTIDORES
Teresa Vernaglia 75
1	A questão da titularidade	76
2	A importância da regulação centralizada	77
3	Estruturas regionalizadas e ganho de escala	79

INCENTIVOS PÚBLICOS E PRIVADOS
Gabriel Muricca Galípolo 81
1	Além do público ou privado	81
2	Alinhamento entre contratado e contratante	82
3	Incentivos na gestão do contrato	85
4	Incentivos às Parcerias Público-Privadas	87
	Referências	90

ESTRUTURA DE GARANTIAS EM CONTRATOS PÚBLICOS
André Dabus 91
1	Introdução	91
2	O que é possível ser feito para proporcionar a segurança jurídica desejada tanto ao parceiro público quanto ao privado?	93
3	Quais são os mecanismos disponíveis para mitigar os efeitos econômicos, financeiros e sociais da materialização do risco de inadimplência dos contratos?	97

4	Na hipótese de terminação antecipada do contrato, em relação à estrutura de garantias, quais as consequências para as partes envolvidas?	107
5	Conclusão	108
	Referências	109

INSTITUCIONALIDADE NA ESTRUTURAÇÃO DE PROJETOS DE INFRAESTRUTURA

Cristina M. Wagner Mastrobuono 111

1	Introdução	111
2	Institucionalidade	112
3	O Projeto da Linha 6 de Metrô	112
3.1	MIP/PMI	113
3.2	Aporte de Recursos	115
3.3	Certificadora da Implantação e Verificadora Independente	116
3.4	Desapropriações conduzidas pela concessionária	117
3.5	Arbitragem	119
4	Consequências da institucionalização	119
	Referências	120

PARTE II
TEMAS PRÁTICOS DA INFRAESTRUTURA BRASILEIRA: OS CASOS CONCRETOS

BIDSIM: O PROGRAMA PARA APRIMORAMENTO DAS LICITAÇÕES DE EXPLORAÇÃO E PRODUÇÃO DE PETRÓLEO E GÁS NATURAL NO BRASIL COMO EXEMPLO DE INSTITUCIONALIDADE, GOVERNANÇA E REGULAÇÃO

Martha Seillier, Hugo Manoel Marcato Affonso 125

1	Introdução	125
2	O desafio	128
3	A jornada em busca dos resultados	131
4	Conclusões	136
	Referências	137

A EFETIVIDADE E COMPETITIVIDADE DOS PROCEDIMENTOS DE MANIFESTAÇÃO DE INTERESSE CONDUZIDOS PELO ESTADO DE MATO GROSSO DO SUL

Eliane Detoni, Lucas Mendonça Giuseppin 139

	Introdução	139
1	Delimitação conceitual do PMI	139

2	A "proposta não solicitada" na experiência internacional	141
3	A experiência sul-mato-grossense na condução de PMI	142
3.1	Planejamento estratégico	143
3.2	Acompanhamento contínuo dos estudos	145
3.3	Disponibilidade da equipe técnica	146
3.4	Cooperações técnicas e consultorias para o auxílio na avaliação de estudos	147
3.5	A evolução para o autorizado único	147
3.6	Da interação com órgãos de controle	148
4	Da competitividade no certame licitatório	149
	Referências	152

DESENVOLVENDO INFRAESTRUTURAS SUSTENTÁVEIS POR MEIO DE PARCERIA: O CASO DA CONCESSÃO DA ROTA DE GRUTAS PETER LUND

Sergio Gusmão Suchodolski, Victor Bastos Lima 155

1	Introdução	155
2	Concessão da rota das Grutas Peter Lund	159
2.1	Histórico e descrição da rota das Grutas Peter Lund	159
2.2	Modelagem da Concessão	164
2.3	Benefícios estimados da Concessão	167
3	Considerações finais	169
	Referências	170

PPP HOSPITAIS

Ricardo Tardelli 173

1	Introdução	173
2	PPP na Saúde	175
3	Desafios anteriores à implantação da PPP dos hospitais	176
4	Modelo Bata Branca/Bata Cinza	177
5	Construção e início das operações	178
5.1	Hospital de Sorocaba	179
5.2	Hospital de São José dos Campos	181
5.3	Centro de Referência em Saúde da Mulher – Hospital Pérola Byington	183
6	Resultados	185
6.1	Gestão dos Contratos	185
6.2	Poder Concedente	186
6.3	Concessionária	186

6.4	Verificador Independente	187
6.5	Perspectivas de futuro	187
	Referências	188

FINANCIAMENTO DA INFRAESTRUTURA URBANA COM PARTICIPAÇÃO DO MERCADO IMOBILIÁRIO: OUTORGA ONEROSA, OPERAÇÕES URBANAS E PROJETOS DE INTERVENÇÃO URBANA

Marcelo Ignatios 189

1	Operações Urbanas Consorciadas (OUC) com contas vinculadas	196
2	Recursos para o fundo público	199
3	Projetos de Intervenção Urbana (PIU) e o futuro das operações urbanas	201
4	Conclusões	203
	Referências	203

INOVA DUTRA: A NOVA ERA DAS CONCESSÕES RODOVIÁRIAS FEDERAIS

Fernando Camacho 207

1	Introdução	207
2	Equipe de Estruturação e o Papel da *International Finance Corporation*	208
3	Processo de Estruturação	209
4	Objetivo do Governo	210
5	Escopo	211
6	Investimentos e Operação	212
6.1	Zona Rural	212
6.2	Região Metropolitana de São Paulo	215
7	Leilão	217
8	Incentivos para Investimento	218
9	Sustentabilidade	220
10	Conclusão	221
	Referências	221

DÚVIDAS AINDA NÃO RESPONDIDAS SOBRE A PRESTAÇÃO REGIONALIZADA DOS SERVIÇOS DE SANEAMENTO BÁSICO

Karla Bertocco Trindade, Marcos D'Avino Mitidieri 223

1	Introdução	223
2	A prestação regionalizada	224

3	O tratamento do tema nos Estados	226
4	Questões pendentes de respostas	228
5	Considerações finais	236
	Referências	237

FATORES CRÍTICOS PARA O ÊXITO DO EMPREENDIMENTO FERROVIÁRIO: O CASO DA MALHA PAULISTA
Guilherme Penin 239

1	Introdução	239
2	Fatores críticos de sucesso para o empreendimento ferroviário	243
3	Trajetória das políticas públicas para o setor ferroviário	255
4	A renovação antecipada da Malha Paulista	270
5	Conclusão	302
	Referências	304

ALÉM DA ILUMINAÇÃO PÚBLICA
Eduarda Leoni 307

1	COSIP	308
2	Perspectivas	308
3	Parcerias Público-Privadas	309
4	Desafios	309
5	Caraguatatuba	311
6	Futuro	312
	Referências	313

A IMPORTÂNCIA DO VERIFICADOR INDEPENDENTE EM CONCESSÕES E PARCERIAS PÚBLICO-PRIVADAS
Gustavo Palhares 315

1	Introdução	315
2	O Verificador Independente	316
3	O papel do Verificador Independente	316
4	Alguns casos de sucesso do VI Houer	320
4.1	Piauí Conectado	320
4.2	Verificador Independente em PPP de iluminação pública	322
5	Considerações finais	324
	Referências	326

SOBRE OS AUTORES 329

PREFÁCIO

Infraestrutura é tema que avançou muito no Brasil desde a década de 90. Do ponto de vista normativo, a primeira lei importante, de 1995, é a Lei Geral de Concessões. Em 2004, foi editada a Lei de Parcerias Público-Privadas e, em 2016, veio a Lei do Programa de Parcerias de Investimentos, que cunhou o termo *contrato de parceria* para se referir a um tipo de negócio que têm estrutura jurídica semelhante, em função de seu caráter estratégico, de sua complexidade, do volume de investimentos, do longo prazo da relação, bem como dos riscos e incertezas envolvidos.

Os nomes que as várias leis vigentes dão a tais tipos contratuais (espécies do gênero concessão) variam conforme o setor, em geral por razões históricas ou por pura tradição. No direito brasileiro, além das concessões comuns, patrocinadas e administrativas, há outras espécies contratuais que seguem o mesmo modelo concessório. A diferença entre as várias espécies concessórias não é conceitual, mas na forma como elas articulam e modelam os vários *mecanismos* que compõem a relação contratual, como o tipo de atividade envolvida, o momento da realização do investimento, a forma de remuneração do parceiro privado, eventuais garantias públicas, os mecanismos de solução de conflitos, eventual compartilhamento de ganhos, características especiais da licitação e assim por diante.

O sucesso dos negócios público-privados de longo prazo depende de estudos prévios e conhecimento técnico multidisciplinar qualificado durante toda a sua execução.

É neste contexto que se insere esta coletânea. Focada na prática e na experiência concreta, ela reúne autores que dizem tudo sobre esta obra. São profissionais especialistas em infraestrutura. Alguns atuam aconselhando investidores, outros, representando investidores institucionais. Mas sua maioria é formada por gestores públicos que enfrentam a inércia e inovam, assumindo o risco da tomada de decisão para disponibilizar de equipamentos e serviços de utilidade para os cidadãos.

Isadora Cohen e Gabriel Fajardo, por estarem na cena da infraestrutura há bastante tempo, perceberam que os casos concretos se multiplicavam – em todas as esferas federativas – e com eles transformava-se a experiência, que precisava ser capturada e registrada para inspirar outros gestores e gestoras a inovar e a realizar. O Infracast nasceu neste contexto, como um programa disponível nas mídias digitais que, com graça e conteúdo, tem reunido a comunidade de agentes da infraestrutura para revelar erros, acertos e tendências. Agora, com a Carolina Carelli, transformam parte deste rico conteúdo em coletânea.

A obra é dividida em duas partes. A primeira reúne textos com foco na institucionalidade, na regulação e na governança. A segunda traz casos concretos a partir de temário muito atual. Sua importância está no registro das ideias que forma a trajetória e o amadurecimento dos contratos de parceria. É valiosa a contribuição que Isadora, Gabriel e Carolina, em conjunto com os autores e autoras, propicia para o mundo da infraestrutura.

Vera Monteiro
Professora de direito administrativo da FGV Direito SP. *Lemann Visiting Fellow* na Blavatnik Scholl of Government (Oxford University). Doutora pela USP. Mestre pela PUC-SP.

APRESENTAÇÃO

A Infraestrutura Brasileira tem se desenvolvido e os mecanismos para os grandes projetos, também. Desde a década de 90, passamos a vivenciar um impulso desenvolvimentista no campo das concessões, parcerias público-privadas e privatizações – instrumentos complexos e com grandes desafios. A demanda por investimentos em infraestrutura centralizou as relações público-privadas como instrumentos de consecução de serviços necessários ao atendimento de carências coletivas.

No desembrulhar da história nacional, vivenciamos a reconfiguração de um Estado após reformas institucionais; a criação de ambiente normativo para recepcionar novos modelos de parcerias público-privadas; a entrada de novos atores para estruturação de projetos dos mais diversos entes federados; e a institucionalização de parcerias público-privadas como instrumentos efetivos para concretização de políticas públicas estatais, independente do espectro político governante.

Ao mesmo tempo, conseguimos testemunhar o desenvolvimento de projetos contratados no findar do século XX. A partir deles, vivenciamos reflexões importantes, discutimos melhorias regulatórias e incentivos para o desenvolvimento de melhores serviços.

Com a Lei nº 13.334, de 2016, inauguramos o importante papel do Programa de Parcerias de Investimentos – PPI no desenvolvimento de um *hub* de projetos nacional, com uma carteira nos mais diversos setores.

Já o Banco Nacional de Desenvolvimento Econômico e Social, o BNDES, assumiu novas funções com o caminhar dos projetos de concessões e parcerias público-privadas. Se antes o banco de fomento centrava suas atividades no financiamento de grandes projetos, hoje também se tornou uma verdadeira fábrica a estruturar desestatizações país a fora.

Um plexo de oportunidades apresentou-se para a União, Estados, Municípios, parceiros privados e profissionais atuantes na área, que passaram a debater como a inovação poderia acompanhar as distintas demandas de serviços públicos e oferta de comodidades aos usuários em diversos setores.

Os autores e autoras deste livro, entrevistados e parceiros do Infracast com as mais diversas formações e especialidades, têm se dedicado a estudar, criar e executar soluções criativas para os desafios que o setor da infraestrutura representa, sejam eles de caráter institucional, jurídico, técnico ou econômico, com o objetivo de sempre trazer desenvolvimento socioeconômico para o país, a melhoria da qualidade de vida e explorar a potencialidade que o Brasil possui.

Para além de uma obra coletiva, este livro representa um compilado de experiências práticas resultantes de estudos e trocas profundas, na qual desbravamos minuciosamente os projetos brasileiros de infraestrutura, os desafios diários do setor, aprendizados e expectativas.

Este livro é o primeiro de muitos que irão acompanhar a evolução da infraestrutura, o aprimoramento dos institutos e os desdobramentos de grandes projetos nacionais.

Gabriel Fajardo
Isadora Cohen
Carolina Carelli

PARTE I
INSTITUCIONALIDADE, REGULAÇÃO E GOVERNANÇA

O SUCESSO DA INFRAESTRUTURA NO BRASIL TERÁ O BNDES COMO CARRO-CHEFE

SAULO BENIGNO PUTTINI
NATÁLIA TEIXEIRA FERNANDES LOPEZ

Muitos devem recordar que, no ano de 2009, a revista britânica The Economist publicou uma reportagem de capa ilustrada com a imagem do Cristo Redentor decolando como um foguete, cujo título era *Brazil takes off*.[1] Naquela época, uma euforia global sobre o futuro econômico promissor do Brasil retumbava aos quatro cantos, em especial com o "boom" das *commodities* e a passagem aparentemente sem muitos arranhões do país pela crise do sistema financeiro global em 2008 – desencadeada pela falência do gigante norte-americano Lehman Brothers.

Em 2013, a mesma revista voltou a trazer o Cristo Redentor em sua capa, agora impulsionada por um sentimento de pessimismo tupiniquim. Dessa vez, a ilustração mostrava o Cristo em trajetória de queda, acompanhado do título: *Has Brazil blown it?*.[2] A comparação dos dois panoramas trouxe a lume a confirmação de que quase nenhum crescimento sustentável, pautado em desenvolvimento econômico sólido, foi vivenciado por aqui. Peripécias fiscais acompanhadas de políticas intervencionistas pouco responsáveis de subsídio público desnudaram o Brasil, de promessa mundial a injustificada frustração.

Preso à gravidade dos inúmeros problemas que assolavam e ainda acometem o país, esse foguete de fato não irá decolar enquanto não forem desatadas as amarras que nos prendem à terra firme do subdesenvolvimento. Nesse contexto, um dos maiores e mais importantes desafios a vencermos para garantir maior qualidade de vida à população

---

[1] Em tradução livre: "O Brasil decola".
[2] Em tradução livre: "O Brasil estragou tudo?".

e o aumento da produtividade da economia de forma perene é o investimento maciço e sustentável em infraestrutura.

É indubitável que a infraestrutura é a estrela maior dentro de cada agenda de desenvolvimento nacional em torno do qual orbitam uma série de outras externalidades positivas atraídas pelos investimentos no setor. Aumento da competitividade, geração de empregos, melhora das condições mínimas que asseguram a dignidade humana e aquecimento de cadeias produtivas são apenas alguns dos benefícios gerados quando um dos pilares centrais de esforço de uma nação é sustentado pelo setor de infra.

No caso brasileiro, nossa imensidão geográfica é ainda mais desafiadora para o ocupante de qualquer cadeira governamental tentar lançar sementes (e colher seus frutos) de investimento por todas as regiões do país, seja com rodovias, ferrovias, portos e aeroportos, seja com dutos de gás, fibra óptica de telecomunicação, postes de iluminação pública ou encanamentos de água e esgoto.

Todavia, parafraseando aquele velho ditado popular, usar apenas a "peneira do Estado" para tapar o gigantismo desse setor é garantia de frustração e insucesso. Em um Brasil assolado pela crise fiscal, política, econômica e moral – e, como se não bastasse, castigado pelos efeitos causados pela pandemia da Covid-19 – o Estado tem uma atuação irremediavelmente limitada para preencher o déficit de investimentos, tornando imprescindível a participação do setor privado para garantir uma maior mobilização de recursos.

Historicamente, o mote do desenvolvimento nacional via infraestrutura sempre foi visto como um "bem público", pela sua essencialidade e pelas suas externalidades intrinsecamente consideradas. A magnitude dos recursos a serem empregados, a longa duração das obras, a dificuldade na estruturação das garantias, o risco atrelado à futura geração de caixa dos projetos, a baixa remuneração e a empregabilidade de ativos com função irreversível e inamovível aumentam o desafio da hercúlea busca por interessados em mobilizar seu capital nessa espécie de investimento.

Não por outro motivo, sempre testemunhamos o setor de infra sendo sustentado por recursos públicos e subsídios governamentais, liderado por um BNDES sempre atuante como o principal financiador de projetos de infraestrutura e praticamente o único modelador de *project finances* no país. O BNDES pode e deve continuar sendo o protagonista dessa imprescindível agenda, mas precisamos pensar em outros papéis de atuação para que a instituição estatal atue mais como catalisadora de esforços de outros atores e menos como o ator principal em que se baseia toda a narrativa de investimentos.

Independentemente do viés ideológico individual, é inegável que não há mais espaço para que a infraestrutura seja custeada exclusivamente pelo dinheiro público, seja pela colossal exigência de capital envolvido e o *gap* de oferta que já precisamos superar, seja pelo agravamento crescente do teto de gastos governamentais.

Para se ter uma ideia, uma pesquisa[3] da Associação Brasileira da Infraestrutura e Indústrias de Base (ABDIB) mostrou que, em 2020, o investimento no setor deveria chegar a R$143,5 bilhões (equivalente a 1,87% do PIB). A Associação também revelou que, nos últimos 15 anos, o Brasil não investiu mais do que 2,40% do PIB. Todavia, para reduzir gargalos à competitividade e aumentar a produtividade, o mínimo que deveria ser investido seria 4,31% do PIB por ano, ao longo de pelo menos 10 anos seguidos.

Como se não bastasse, a pandemia derrubou a participação dos investimentos em infraestrutura no PIB para o menor patamar desde 2000 – segundo o Relatório Infra2038.[4] Nos termos desse relatório, em 2019 o nosso país ocupava o 78º lugar no *ranking* mundial de competitividade. Para chegarmos ao 20º lugar até 2038 – objetivo desse movimento – o Brasil teria que investir R$339 bilhões por ano até lá. Estima-se que esses investimentos teriam capacidade para gerar 9,2 milhões de empregos até 2038.[5] Como podemos facilmente concluir, o desafio não é trivial.

Com esse cenário, o caminho para preencher o *gap* de infra no país é atrair mais investidores, locais e estrangeiros, mediante o aquecimento do mercado de *project finance*. Tendo em vista que tanto a fonte de recursos para o pagamento da dívida quanto a análise de risco de crédito são baseados nos riscos de operação do próprio projeto, bem como da sua projeção de fluxo de caixa, é inegável que todos os elementos que

---

[3] Brasil precisa investir 4,31% do PIB em infraestrutura. *ABDIB – Associação Brasileira de Infraestrutura e Indústrias de Base*, 11 fev. 2020. Disponível em: https://www.abdib.org.br/2020/02/11/investimento-infraestrutura/. Acesso em: 28 jun. 2021.

[4] Trata-se de uma publicação anual que tem por escopo avaliar as condições para o avanço da infraestrutura nacional. O movimento surgiu em 2017 em um encontro anual de líderes da Fundação Lemann.

[5] PEREIRA, Renée. Investimento em infraestrutura é o menor desde 2000. *Economia*. O Estado de S. Paulo. São Paulo, 01 jul. 2021.

envolvem o sistema do *project finance* orbitam em torno de uma peça central: o sucesso do empreendimento.

No entanto, existem outros desafios anteriores a essa etapa que vão muito além do projeto em si e que devem ser superados para garantir um cenário de êxito e sustentabilidade. E, nesse contexto, a chave para o sucesso de investimento no setor de infra é vencer um prisma de desafios com duas facetas principais. Vejamos.

De um lado, no cenário mais macro, deve haver um ambiente regulatório, normativo, jurisprudencial e técnico permeado de objetividade e segurança jurídica. O projeto necessita de estabilidade durante a sua existência, além de uma estrutura normativa de garantias bem delineada (especialmente nos financiamentos *non recourses*, ainda embrionários no país).

De outro lado, deve haver uma articulação entre público e privado para possibilitar um ciclo de investimentos crível, por meio de concessões, parcerias público-privadas, desestatizações, cofinanciamentos e uma série de outras possibilidades. Entrementes, uma faceta desse prisma depende da outra, já que a potencialidade da atuação do setor privado é aumentada na medida em que esse quadro regulatório, normativo, jurisprudencial e técnico seja objetivo, estável e adequado.

Caso todos os fatores acima estivessem idealmente presentes, maior segurança teriam os financiadores sobre o sucesso da implementação do projeto. Consequentemente, haveria mais apetite dos investidores e, inclusive, menores custos de financiamento.

Em que pese ser exigido um relevante esforço para algumas das soluções acima serem implementadas, tendo em vista a imprescindível atuação de *players* estratégicos, como agências reguladoras, Poder Legislativo, Poder Judiciário e Administração Pública, existem alternativas mais viáveis a curto prazo que podem estimular a estruturação de *projects*, atrair investidores e ainda conseguir estimular o mercado secundário de debêntures. *E é aqui que entra o BNDES, o principal estruturador de projetos de infraestrutura do país, desde a sua criação.*

Primeiramente, devemos encarar uma realidade indubitável: o Brasil nunca enfrentou de fato a realidade do *project finance*. Esse tipo de projeto surgiu no país a partir dos anos 1990, originado de uma redefinição do papel do Estado no período pós-redemocratização. Diversos bens e serviços de infraestrutura foram transferidos à iniciativa privada por meio de processos de privatização de estatais e de concessão de serviços públicos, com o objetivo de desonerar o setor público de gastos exorbitantes, diminuir o desequilíbrio fiscal, aumentar a eficiência nos setores desestatizados e garantir a competitividade econômica.

Todavia, fato é que o nosso Ordenamento Jurídico nunca desenvolveu uma regulamentação específica no tocante às operações de *project finance*. Os elementos jurídicos para utilização do modelo brasileiro estão distribuídos em leis esparsas, especialmente aquelas concernentes ao direito empresarial e ao direito civil, e sem solidez de precedentes.

Além disso, a estruturação de garantias geralmente utilizada[6] é conservadora, sendo usual lançar-se mão de garantias tradicionais em financiamentos corporativos. As mais comuns são a alienação fiduciária sobre os principais ativos do projeto; a alienação fiduciária sobre as ações da Sociedade de Propósito Específico; e a cessão fiduciária sobre as receitas operacionais geradas pelo empreendimento. Além disso, não é incomum exigir um seguro de performance – *performance bond* – para garantir o pagamento do débito em caso de problemas de execução do projeto financiado, ou seja, muito embora propugnado como estando presente no território nacional, não se verifica, na prática, estruturas de financiamento de projetos de infraestrutura que se fiem exclusivamente em garantias do próprio projeto, em uma comunhão de esforços que tenha a conclusão e entrega da infra como o fim perseguido tanto pelos credores quanto pelos empreendedores.

A necessidade de superar os obstáculos que envolvem o *project finance* no Brasil e torná-lo uma realidade cotidiana na mesa dos financiadores é imperativa para podermos continuar avançando na busca pelo desenvolvimento. É nesse contexto que devemos aproveitar o protagonismo histórico do BNDES, bem como sua expertise inigualável no conhecimento do setor de infraestrutura para criar soluções que contribuam para o caminho que desejamos trilhar (e sedimentar) no país.

---

[6] Além das garantias reais, é comum que os financiadores possuam certos direitos de ingerência em relação às atividades da SPE (Sociedade de Propósito Específico), a exemplo da cláusula de *step in right*, que é um oportuno exemplo de um mecanismo largamente utilizado mundo afora, mas ainda não muito bem azeitado na legislação pátria, tampouco em nossa doutrina e jurisprudência. Há apenas duas leis que preveem expressamente a possibilidade de inclusão da cláusula de *step in right* no âmbito de contratações públicas: a Lei nº 11.079/2004 (PPP) e a Lei nº 8.987/1995 (concessões e permissões de serviços públicos). O entendimento doutrinário com relação à previsão da cláusula de *step in right* no Brasil sequer é pacífico. Isso porque alguns entendem que se estaria diante de um verdadeiro pacto comissório, o que é vedado expressamente pelo nosso Código Civil, em seu artigo 1.428. A legalidade desse direito do credor ainda não foi solidamente testada em nossos tribunais.

O banco de desenvolvimento nacional sempre teve um relevante papel como credor de grandes projetos, tendo como carro-chefe os financiamentos a *project finance*. Todavia, por muitos anos seus esforços empreendidos focaram no nível de desembolso, chegando a desembolsar quase 200 bilhões de reais em 2013 e 2014.[7] Nos últimos anos, no novo cenário de crise fiscal, a estratégia do BNDES foi reformulada e seu enfoque passou a ser mais qualitativo do que quantitativo. Isso porque o Banco não deve e não precisa ser o exclusivo financiador de todas as grandes operações do país – a maioria delas envolvendo apoio à infraestrutura. Essa estratégia não tem mais lugar nos tempos atuais, seja pela impossibilidade de o BNDES utilizar tantos recursos lastreados em subsídios governamentais, seja pela incapacidade de o Banco acompanhar sozinho todos os projetos de infraestrutura que deveriam estar de pé para conseguir atender o mínimo de investimentos necessários para impulsionar o nosso desenvolvimento.

Frise-se que a ideia não é que o BNDES deixe de atuar no universo creditício. Muito pelo contrário, isso inegavelmente continuará a ocorrer. Porém, seu escopo de atuação será mais direcionado às operações consideradas meritórias e às lacunas de apetite do mercado, cuja participação do Banco seja importante para dar credibilidade ao projeto. Operações que, à primeira vista, não sejam muito atrativas ao público investidor – seja pelo seu baixo retorno associado ou pelo risco de crédito acima do tolerado pelo mercado –, mas que possuam relevante impacto, ganham a entrada do Banco como um dos financiadores. Esse "selo de qualidade" servirá de âncora para atração de investidores, tendo em vista o nosso grande conhecimento relativo a praticamente todos os setores abarcados pela infraestrutura, aliado à tradição de atuação do Banco na modelagem de *project finance* e na estruturação de suas garantias.

Nesse ponto, convidamos o leitor a fazer a seguinte reflexão: já não seria a hora de começarmos a pensar em nos libertar de algumas amarras ordinariamente associadas a *project finances* no país, de modo a possibilitar a expansão tanto da quantidade de projetos dessa natureza quanto de investidores interessados em fazer parte dessas operações tão imprescindíveis ao nosso crescimento econômico e social?

---

[7] Fonte: BRASIL. Banco Nacional do Desenvolvimento. Disponível em: https://www.bndes.gov.br/wps/portal/site/home. Acesso em: 23 jun. 2022.

Uma dessas amarras sobre as quais o BNDES está repensando – e acena para que outros *stakeholders* estratégicos desse mercado o sigam na mesma direção – refere-se à esquematização das garantias de *project finance*. Conforme mencionamos anteriormente, usualmente recorremos a um verdadeiro portfólio de garantias para blindar os financiadores dos projetos de infraestrutura. Especialmente na fase de pré-*completion*, em que ainda não existe a conclusão física e financeira[8] do projeto, os credores tendem a robustecer a exigência de garantias, uma vez que a SPE encontra-se em fase pré-operacional e ainda existem muitas incertezas quanto à engenharia empregada, ao desenvolvimento do projeto e ao sucesso do empreendimento. Garantias extraprojeto, tais como fianças corporativas e fianças bancárias, são regularmente constituídas nessa fase e depois exoneradas uma vez atingido o *completion*. Nesse ponto, estamos refletindo sobre a possibilidade dessa combinação de garantias poder ser flexibilizada de modo que o BNDES assuma mais riscos de determinados projetos até o seu *completion*, valendo-se tão somente das garantias do próprio projeto. O nosso objetivo será, assim, lançar os alicerces para que seja sustentada a entrada de novos investidores nesse mercado, ancorados por um BNDES mais tomador de riscos e menos conservador no que se refere à exigência de colateralidade em outras garantias.

Outra temática que está sendo revisitada é quanto aos mecanismos de controle relacionados ao *project finance*. É perfeitamente compreensível que os donos dos recursos que apostam as suas fichas na estruturação de uma SPE, com base na expectativa de futura geração de caixa dessa – e, ainda por cima, em um projeto sem histórico de operação – lancem mão de alguns artifícios para garantir maior controle sobre o projeto. Em geral, esses artifícios, que denominamos *covenants*, são insculpidos no contrato de financiamento e em seus contratos acessórios para exigir o cumprimento de índices financeiros, limitação na distribuição de dividendos, informações sobre problemas diagnosticados em relação à obra, proteção das garantias empenhadas e a observância de premissas técnicas e econômicas. Nos casos em que o BNDES atua sozinho como credor, esses *covenants* tradicionalmente tendem a ser mais conservadores, com índices de cobertura maiores e mais

---

[8] No BNDES, denominamos "conclusão financeira" ou "*completion* financeiro" o marco de 12 meses após a conclusão física do projeto, com amortizações seguidas durante esse período e desde que o financiado esteja adimplente com as demais obrigações contratuais (especialmente em relação aos índices financeiros de cobertura pré-determinados).

rigorosos, de modo a manter maior controle sobre o risco de crédito. A atuação quase isolada do Banco, somado ao fato de estarmos tratando de recursos públicos (e escassos), puxa para cima o rigor no estabelecimento desses *covenants*. Uma consequência provável advinda desse deslocamento da fronteira de atuação do BNDES com o concomitante ingresso de financiadores do setor privado para assumir o risco junto ao banco público nos projetos de infra é a possibilidade do estabelecimento de índices e cobertura mais flexíveis e mais condizentes com os índices praticados em outros países. Essa mudança de parâmetro possibilitará a atração de novos *players* que estejam dispostos a acreditar no país, empreender e financiar nosso mercado.

A nova agenda do BNDES ainda incluirá outras formas de atuação para servir de bússola no pujante mercado de infraestrutura nacional, tais como o fomento e incentivo a cofinanciamentos junto a outros financiadores e o oferecimento de serviços de garantia e seguro como forma de mitigação de riscos, especialmente na fase pré-*completion*, para atrair mais investidores de diversos tipos e diminuir a concentração bancária no que se refere ao apoio a esses projetos.

Somado a isso, não podemos deixar de mencionar que a estratégia do Banco também inclui atuação no mercado de capitais.

Quanto a isso, é com grande satisfação que informamos a recente aprovação pela CVM (Comissão de Valores Mobiliários) do ingresso do BNDES no sistema de distribuição de valores mobiliários, em relação às atividades previstas no artigo 15, I, da Lei nº 6.385/1976, por meio da prestação de serviços de estruturação, coordenação, distribuição de títulos por regime de oferta de melhores esforços ou garantia firme. A possibilidade de o BNDES atuar como banco coordenador em emissões de debêntures de infraestrutura disciplinadas pela Lei nº 12.431/2011 é um marco importante para delinear a atuação do Banco no setor de infraestrutura via mercado de capitais. O objetivo é expandir nossa atuação, de modo a exercer não apenas o papel de debenturista mas também o papel de banco coordenador, com o objetivo de ancorar ofertas de operações consideradas estratégicas mediante o oferecimento de garantia firme.

Ao contrário do que por vezes é atribuída responsabilidade ao BNDES, essa atuação estratégica poderia contribuir não para enfraquecer, mas para *fortalecer o mercado de capitais*. Ao estimular a emissão de debêntures, seja como banco coordenador, seja como debenturista, esses ativos terão maior liquidez e, com maior circulação em mercado, contribuirão para a diversificação do portfólio de investidores, especialmente para desconcentrar aquelas instituições que atuam comprando títulos para fins de encarteiramento de longo prazo (a exemplo de fundos de pensão). A médio e longo prazo, esse fomento do BNDES a novos projetos de infraestrutura no âmbito do mercado de capitais – seja como garantidor, segurador, cofinanciador, banco coordenador ou debenturista – será de grande valia para estimular o embrionário mercado secundário de debêntures brasileiro.

Não podemos deixar de mencionar, ainda, que esse múltiplo e onipresente BNDES catalisador de soluções também projeta intensificar o seu papel de *market maker*, no que se refere ao mercado de debêntures, ao atuar como vendedor e comprador no mercado secundário, tornando-se referência em relação ao preço de compra e venda desses ativos.

É imperativo que a aurora de novos tempos para o investimento em infraestrutura nacional comece a projetar seus raios sob o nosso país, seguindo tendências globais de modelos de financiamento mais modernos e globalizados, tanto em mercados já consolidados quanto em mercados emergentes, inclusive na própria América Latina.

Atualmente, nosso escopo primordial, enquanto banco de desenvolvimento, é trabalhar intensamente para desbravar novas frentes de soluções para atrair, cada vez mais, investidores locais e estrangeiros de qualidade que queiram apostar no mercado de infraestrutura nacional, por meio de um modelo mais dinâmico, flexível e atrativo de *project finance*.

No entanto, para que toda essa agenda que está sendo construída pelo BNDES possa ser concretizada, deve ser feito um trabalho em paralelo para que a estrutura jurídica e administrativa do nosso país também seja remodelada e se torne mais adequada à realidade que precisamos enfrentar. Faz-se necessário tanto que a nossa carga jurídico-normativa ofereça maior segurança e clareza aos seus destinatários, quanto que haja uma estabilidade regulatória para que esses projetos de longo prazo possam amadurecer sem maiores sustos, em um horizonte permeado pela previsibilidade e segurança jurídica.

Não bastasse a álea do próprio projeto em si, que já traz por si só naturais incertezas quanto ao seu sucesso, o mínimo que deve acontecer é trabalharmos na mitigação de risco no cenário macro, para que tanto os investidores quanto os tomadores de recursos possam focar apenas no projeto, sem se preocuparem com questões externas ao empreendimento. E, mesmo nessas frentes, o BNDES cumprirá um papel importante, apoiando o desenvolvimento da regulação por agências e órgãos reguladores, bem como compartilhando conhecimento técnico com o Poder Judiciário para auxiliar na resolução de pendências e controversas nessa seara as quais, porventura, sejam judicializadas.

Dito isso, em suma, a agenda do BNDES está totalmente alinhada às necessidades hodiernas de elaboração de novas soluções de investimento em infraestrutura, bem como a estruturação de um novo e efetivo modelo de *project finance*. Continuaremos sendo protagonistas na jornada rumo ao desenvolvimento da nossa *Terra Brasilis*, por meio de um portfólio de atuações, seja no mercado de crédito, seja no mercado de capitais, ou ainda sendo o principal parceiro provedor de suporte técnico e setorial às instituições e órgãos administrativos e judiciais.

Nossas frentes de atuação são múltiplas, nossa vontade de contribuição é infinita. Seremos incansáveis em levar o Brasil de mãos dadas até o caminho do desenvolvimento, atuando desde modelador de *project finance* até como *amicus curiae* de questões econômicas pertinentes à temática de *project* no Judiciário. Seremos tanto um fomentador do mercado de debêntures de infraestrutura no país quanto um parceiro técnico das agências reguladoras na elaboração de um quadro regulatório estável e objetivo. Onde existir uma falha de mercado, estaremos lá, de mangas arregaçadas e mentes abertas, prontos para auxiliar a nossa nação. Dotados de muito espírito público e irrestrito senso de propósito, no que for necessário, continuaremos a fazer jus ao nosso tradicional lema: O Brasil pode contar com o BNDES. Ontem, hoje e sempre!

Referências

BRASIL. Banco Nacional do Desenvolvimento. Disponível em: https://www.bndes.gov.br/wps/portal/site/home. Acesso em: 23 jun. 2022.

BRASIL. *Lei nº 6.385, de 07 de dezembro de 1976*. Dispõe sobre o mercado de valores mobiliários e cria a Comissão de Valores Mobiliários. Casa Civil. Brasília, DF, 7 dez. 1976. Disponível em: http://www.planalto.gov.br/ccivil_03/leis/l6385.htm. Acesso em: 23 jun. 2022.

BRASIL. *Lei nº 12.431, de 24 de junho de 2011*. Dispõe sobre a incidência do imposto sobre a renda nas operações que especifica; altera as Leis nºs 11.478, de 29 de maio de 2007, 6.404, de 15 de dezembro de 1976, 9.430, de 27 de dezembro de 1996, 12.350, de 20 de dezembro de 2010, 11.196, de 21 de novembro de 2005, 8.248, de 23 de outubro de 1991, 9.648, de 27 de maio de 1998, 11.943, de 28 de maio de 2009, 9.808, de 20 de julho de 1999, 10.260, de 12 de julho de 2001, 11.096, de 13 de janeiro de 2005, 11.180, de 23 de setembro de 2005, 11.128, de 28 de junho de 2005, 11.909, de 4 de março de 2009, 11.371, de 28 de novembro de 2006, 12.249, de 11 de junho de 2010, 10.150, de 21 de dezembro de 2000, 10.312, de 27 de novembro de 2001, e 12.058, de 13 de outubro de 2009, e o Decreto-Lei nº 288, de 28 de fevereiro de 1967; institui o Regime Especial de Incentivos para o Desenvolvimento de Usinas Nucleares (Renuclear); dispõe sobre medidas tributárias relacionadas ao Plano Nacional de Banda Larga; altera a legislação relativa à isenção do Adicional ao Frete para Renovação da Marinha Mercante (AFRMM); dispõe sobre a extinção do Fundo Nacional de Desenvolvimento; e dá outras providências. Casa Civil. Brasília, DF, 24 jun. 2011. Disponível em: http://www.planalto.gov.br/ccivil_03/_ato2011-2014/2011/lei/l12431.htm. Acesso em: 23 jun. 2022.

Brasil precisa investir 4,31% do PIB em infraestrutura. *ABDIB – Associação Brasileira de Infraestrutura e Indústrias de Base*, 11 fev. 2020. Disponível em: https://www.abdib.org.br/2020/02/11/investimento-infraestrutura/. Acesso em: 28 jun. /06/2021.

PEREIRA, Renée. Investimento em infraestrutura é o menor desde 2000. *Economia*. O Estado de S. Paulo. São Paulo, 01 jul. 2021.

Informação bibliográfica deste texto, conforme a NBR 6023:2018 da Associação Brasileira de Normas Técnicas (ABNT):

PUTTINI, Saulo Benigno; LOPEZ, Natália Teixeira Fernandes. O sucesso da infraestrutura no Brasil terá o BNDES como carro-chefe. *In*: FAJARDO, Gabriel; COHEN, Isadora; CARELLI, Carolina (coord.). *Infracast*: Concessões, Parcerias Público-Privadas e Privatizações. Belo Horizonte: Fórum, 2022. p. 21-31. ISBN 978-65-5518-428-0.

ESTRUTURAÇÃO DE UNIDADES PPPS, MODELAGEM DE PROJETOS E GESTÃO DE CONTRATOS DE CONCESSÃO E PARCERIAS PÚBLICO-PRIVADAS: ASPECTOS DE GESTÃO E GOVERNANÇA COMO ELEMENTOS DIFERENCIAIS DE SUCESSO

VANICE CARDOSO FERREIRA

As Parcerias Público-Privadas (PPPs) e as concessões se fortalecem a cada dia como alternativa para que os Governos consigam viabilizar investimentos, incremento de infraesturtura, ampliação e melhoria de serviços à sociedade e desenvolvimento, inclusive em contextos econômicos mais desafiadores. Nesse ínterim, Governos se organizam, definem agenda e dedicam parte de suas equipes para planejarem e implementarem projetos e ações nessas temáticas.

Duas grandes frentes de trabalho se desdobram quanto às Concessões e PPPs. A primeira perpassa a estruturação de um portfólio de projetos que represente as prioridades de cada Governo, bem como as necessidades de provimento de infraestrutura e serviços. A modelagem de projetos dessa natureza é complexa e exige conhecimentos em diversas áreas, a fim de se desenhar uma alternativa benéfica para ambas as partes e em especial para os usuários e cidadãos beneficiados. A segunda se inicia com a assinatura dos contratos, e envolve gerir esse relacionamento de longo prazo entre Estados e parceiros privados, garantindo profissionalismo; flexibilidade para os ajustes necessários ao longo dos anos, com o devido respeito ao *compliance* e à integridade; e uma gestão qualificada, visando à entrega de produtos e serviços de qualidade superior àquela possível por meio de prestação direta.

A despeito da relevância do tema, no Brasil ainda encontramos uma grande heterogeneidade nos entes subnacionais com relação à forma como as concessões e PPPs são planejadas, executadas e geridas, estando alguns estados em estágio mais desenvolvido e outros ainda bastante incipientes. Conhecer esse cenário, bem como as oportunidades e desafios que ele apresenta, é fundamental para ser possível pensar ações de desenvolvimento e prover um ambiente de troca de experiências que favoreça o aprendizado.

1 Panorama geral das Unidades PPPs nas unidades federativas do Brasil

Em 19 de março de 2021, foi publicado no JOTA um artigo intitulado "PPPs e concessões no Brasil: desafios e oportunidades levantados em diagnóstico pioneiro nas unidades federativas",[1] com autoria de Alicita Guimarães, Juliana Luk e Vanice Ferreira, apresentando os resultados de uma pesquisa pioneira no que tange às Unidades de PPP no Brasil, visando a melhor compreensão do panorama geral da temática a nível nacional.

A pesquisa foi realizada em novembro de 2020, conjuntamente pelo CONSAD e BNDES, envolvendo as temáticas de estrutura administrativa, composição e capacitação da equipe, agenda de concessões e PPPs no governo, contratos vigentes, arcabouço legal subnacional, estrutura de garantias, casos de sucesso e desafios.

No que se refere à estrutura administrativa, os resultados da pesquisa apontaram para uma grande heterogeneidade referente em especial à vinculação e nível hierárquico das unidades. Há uma unidade administrativa voltada exclusivamente para tratar de Concessões e PPPs em 78% dos Estados respondentes; 26% estão em nível hierárquico de Secretaria e outros 26% encontram-se em nível de Subsecretaria. A maioria das Unidades PPP está vinculada às secretarias de planejamento, de governo ou de fazenda, que se configuram como secretarias "centrais". Mas também há vinculação em secretarias "finalísticas" como de Desenvolvimento Econômico e Infraestrutura.

Quanto à composição de equipes das Unidades de PPP ou similar, observou-se que há grande discrepância tanto em termos quantitativos quanto qualitativos. Em termos de formação, as Unidades

---

[1] GUIMARÃES, Alicita Joana Miranda; LUK, Juliana, FERREIRA, Vanice Cardoso. PPPs e concessões no Brasil: desafios e oportunidades levantados em diagnóstico pioneiro nas unidades federativas. *Portal Jota*, atualizado em 19 mar. 2021. Disponível em: <https://www.jota.info/opiniao-e-analise/colunas/infra/ppps-e-concessoes-no-brasil-19032021>. Acesso em: 19 mar. 2021.

PPPs apresentam profissionais em especial com formação em Direito, Economia, Administração, Engenharia e Arquitetura. Além dessas, outros poucos membros possuem formação, ainda nas áreas de Arquivologia, Análise de Sistemas e Contabilidade.

Adentrando as duas principais frentes de atuação, a pesquisa mostrou que 56% das Unidades PPPs adotam metodologia padronizada para o levantamento, seleção e acompanhamento dos projetos a serem estruturados, apesar de essas não serem ancoradas em manuais ou referências nacionais ou internacionais que tratam do tema. Da mesma forma, apenas 39% das Unidades PPPs adotam alguma metodologia para o acompanhamento, gestão e regulação dos contratos de Concessão e PPPs. Há, portanto, a apresentação de evolução no diagnóstico das Unidades PPP a nível subnacional; entretanto, o diagnóstico mostra significativas oportunidades para melhora de sua atuação para aperfeiçoamento dos modelos.

2 Unidade PPP de Minas Gerais: a retomada da unidade pioneira em PPPs no Brasil

Minas Gerais foi o primeiro estado a instituir formalmente uma unidade administrativa voltada para a gestão das Parcerias Público-Privadas e Concessões no Brasil, bem como foi o primeiro estado a publicar e instituir uma lei específica sobre o tema. Criada em 2003, a Unidade PPP de Minas Gerais, à época vinculada à Secretaria de Desenvolvimento Econômico, foi responsável por consolidar os conhecimentos relacionados a PPPs no Estado, bem como por estruturar os primeiros projetos de PPP, alguns deles, atualmente, já com mais de 15 anos de operação.

Durante os anos de 2015 a 2018, por orientações do Governo à época, a unidade foi extinta e teve suas atividades dispersas em diversos setores, acarretando no enfraquecimento da temática, na perda de prioridade dos projetos de PPP na Agenda Governamental, bem como no sucateamento da gestão dos contratos de PPP vigentes, atraso no pagamento de contraprestações e na consequente precarização das relações com as concessionárias parceiras.

Em 2019, visando retomar os investimentos e o desenvolvimento do estado, que se encontrava em grave crise, Minas Gerais retomou com prioridade a agenda de PPP. Nesse contexto, foi definido um novo portfólio de projetos tanto ousado quanto necessário, bem como foi dada a diretriz de profissionalização da gestão dos contratos vigentes. Para gerir a temática, a Unidade de PPPs foi redefinida na estrutura do Estado, agora vinculada à Secretaria de Infraestrutura, em um desafio de reestruturação ainda maior que aquele enfrentado em 2003, quando de sua inauguração.

As relações já estremecidas e enfraquecidas junto aos parceiros, bem como a imagem de mal pagador e mal cumpridor de suas obrigações contratuais, geravam um ambiente de desconfiança e descrédito do Estado, em um cenário totalmente inadequado e desfavorável para os novos projetos e negócios que se queria desenvolver. Era preciso, portanto, reerguer a imagem de Minas Gerais junto aos parceiros privados, mostrar de forma prática e palpável que a capacidade de gestão estava retomada e que o ambiente era favorável para investimentos e parcerias.

O primeiro passo, portanto, era justamente reestruturar uma Unidade de PPP com a relevância necessária na Agenda Governamental, compor um time qualificado e capaz tanto de estruturar os novos projetos quanto de trabalhar para sanear os contratos vigentes e reestabelecer relações de confiança e "parceria" verdadeiras. Esse era o primeiro passo rumo à profissionalização da agenda de PPPs que, junto à volta do cumprimento das obrigações contratuais – como pagamentos das contraprestações – e qualificação da regulação contratual mostrariam ao mercado que Minas era novamente um bom lugar para se investir.

A Unidade PPP foi definida na Secretaria de Estado de Infraestutura (SEINFRA) como Coordenadoria Especial de Concessões e Parcerias (CECP), com status de Subsecretaria, e com dois núcleos subordinados. O primeiro voltado para a estruturação de novos projetos, e o segundo para as ações de governança e gestão.

A retomada da Unidade PPP de Minas Gerais foi um grande desafio. Primeiramente, era necessário compor um corpo técnico e gestor qualificado. Grande parte dos profissionais que trabalham na unidade em seus tempos iniciais havia saído do Governo, estavam em outras instituições e não tinham interesse em retornar. Com salários não atrativos, foi preciso um esforço para identificar talentos com os conhecimentos necessários nas diversas áreas (jurídica, econômica, de engenharia, entre outras) e com perfis complementares para a montagem dos times. Mesclando talentos internos e externos ao Governo, o time de PPPs de MG foi se formando, ainda atualmente com o desafio da alta rotatividade e da dificuldade de encontrar pessoas "prontas" com os conhecimentos necessários de forma completa.

Definida a equipe, mas não de forma tão sequencial, o próximo passo foi a definição da agenda de trabalho a ser conduzida.

3 Portfólio de Novos Projetos de Concessões e PPPs de MG: projetos, desafios e resultados esperados

O portfólio de novos projetos de concessões e PPPs definido em 2019 para Minas Gerais representa um momento histórico de retomada dos investimentos para desenvolvimento da infraestrutura estadual, com impactos em toda a região sudeste do país. A maior carteira de projetos já vista no Estado conta com projetos multitemáticos, que somam investimentos estimados que ultrapassam 18 bilhões de reais.

Como principais projetos de infraestrutura de Minas Gerais, foram definidos:

- Aeroporto da Pampulha;
- Rodoanel;
- Programa de Concessões Rodoviárias;
- Terminal Rodoviário – TERGIP em conjunto com Terminais e Estações do MOVE;
- Mineirinho;
- Metrô de Belo Horizonte.

E, ainda, como projetos de infraestrutura social e outras concessões e PPPs:

- PARC – Programa de Concessão de Parques Estaduais;
- PPP Socioeducativo;
- Circuito Cultural Praça da Liberdade;
- Ceasaminas/Mercado Livre do Produtor.

O Projeto de Concessão do Aeroporto da Pampulha teve modelagem realizada via Procedimento de Manifestação de Interesse (PMI) a partir de julho de 2020, com o objetivo de viabilizar a expansão, exploração e manutenção do Aeroporto da Pampulha – Carlos Drummond de Andrade (SBBH), localizado em Belo Horizonte. Buscou-se, a partir dos estudos, identificar as melhores alternativas para exploração do aeródromo, em harmonia com as políticas de desenvolvimento do vetor Norte da Região Metropolitana de BH, e com a própria operação do Aeroporto de Confins, recentemente qualificado como Aeroporto Industrial. O projeto teve leilão realizado em 05 de outubro de 2020 e a concessão ocorreu por um valor de R$34 milhões, apresentando um ágio de 245,29%. O governo estima que a arrecadação com a concessão atinja R$99 milhões ao final do período de 30 anos, período total previsto para a concessão.

Já o Projeto do Novo Rodoanel da Região Metropolitana de Belo Horizonte é um sonho antigo dos mineiros e gera benefícios não só para BH e para a RMBH, mas para toda a região sudeste do Brasil. Ele objetiva viabilizar a maior obra viária da história de Minas Gerais, com a construção de operação do novo Rodoanel da Região Metropolitana de Belo Horizonte, em um projeto totalmente *greenfield* com investimentos estimados em mais de R$5 bilhões de reais. Com aproximadamente 100 quilômetros de extensão, o projeto beneficia mais de 5 milhões de pessoas e apresenta uma expectativa de geração de empregos da ordem de mais de 14 mil vagas.

O Programa de Concessões Rodoviárias representa o maior programa de concessões de rodovias de Minas Gerais, sendo composto por sete lotes, totalizando aproximadamente 3.000 quilômetros de rodovias mineiras a serem concedidas, com investimentos totais estimados em R$13 bilhões. Seis desses lotes estão sendo modelados em parceria com o BNDES e um deles, com o BDMG, visando garantir uma sinergia de parâmetros e critérios que garantam a qualidade do serviço prestado por um preço de tarifa justo. Cerca de 120 municípios, que são responsáveis por mais de 30% do PIB de MG, serão beneficiados pelo programa, bem como mais de 5 milhões de mineiros.

O projeto de Concessão do Terminal Rodoviário Israel Pinheiro (Tergip), ou Rodoviária de Belo Horizonte, é pioneiro no país ao integrar concessão rodoviária e mobilidade urbana, visando à concessão do Terminal Rodoviário Israel Pinheiro ("Rodoviária de Belo Horizonte"), além de cinco Terminais e as 15 Estações Metropolitanas.

O projeto de concessão do Mineirinho (Estádio Jornalista Felipe Drummond) envolve a operação de um ginásio poliesportivo com capacidade para 25 mil pessoas e área construída de 91 mil m² em Belo Horizonte, sendo a maior arena coberta da América Latina. O projeto de concessão do equipamento visa transformá-lo em local multifuncional, voltado às atividades de cultura, entretenimento e lazer, bem como potencializar o seu uso para esportes. O projeto tem investimento estimado em R$40 milhões. A modelagem desse projeto foi totalmente desenvolvida por equipe da própria Unidade PPP de MG, representando um marco para a retomada da unidade e para a legitimidade de sua capacidade de atuação na estruturação de projetos.

A concessão do Metrô, desenvolvida em parceria com a União e o BNDES, envolve estudos para a concessão do serviço público de transporte metroviário de passageiros na Região Metropolitana de Belo Horizonte. O escopo do projeto abarca a modernização e ampliação da Linha 1 (Eldorado/Novo Eldorado) e a conclusão da construção da Linha 2 (Barreiro/Nova Suíça), assim como a operação dos serviços, em um contrato de parceria de 30 anos. Essa é uma obra esperada há muitos anos pelos mineiros, que contribuirá sobremaneira para a melhoria da mobilidade na região metropolitana de BH. Estima-se que as duas linhas transportem, diariamente, até 260 mil passageiros. Os investimentos são estimados em R$3,2 bilhões.

Para além dos projetos especificamente de infraestrutura, o Governo de Minas possui em sua *pipeline* também projetos de infraestrutura social e outras concessões e PPPs em que a Unidade PPP atua apoiando e orientando as secretarias finalísticas. Um desses projetos, conduzido em parceria com a Secretaria de Meio Ambiente e o Instituto Estadual de Florestas é o Programa de Concessão de Parques Estaduais – PARC. Lançado pelo Governo de Minas, em abril de 2019, o PARC pretende desenvolver e implantar modelos de parcerias e concessões ambientais para o aprimoramento e a diversificação dos serviços turísticos ofertados nas Unidades de Conservação estaduais (UCs), de forma a garantir o aproveitamento sustentável das potencialidades econômicas existentes, promover maior eficiência na gestão e na conservação da biodiversidade, além de gerar benefícios sociais e econômicos para o entorno. Em 2021, foi efetivada a concessão dos primeiros parques do programa, que compõem a chamada "Rota das Grutas Peter Lund", com investimentos estimados em R$5,886 milhões. Outros sete parques estão com modelagem em estruturação, em parceria com o BNDES (Ibitipoca, Itacolomi, Serra do Rola Moça, Rio Doce, Biribiri, Pico do Itambé e Rio Preto).

Portanto, Minas Gerais possui hoje um portfólio de projetos robustos e estruturantes para a infraestrutura mineira, com impactos e benefícios que transbordam as fronteiras do estado e somam mais de 18 bilhões de reais em investimentos.

Além dos projetos já concluídos, em especial a concessão do Aeroporto da Pampulha e da Rota das Grutas Peter Lund, ambos em 2021, todos os projetos da SEINFRA já foram colocados em consulta pública e já foram objeto – ou serão, até o final de 2021 – de audiências públicas, garantindo ampla escuta da sociedade em um processo conduzido com transparência, profissionalismo e seriedade.

Além desses, outros projetos, tais como o Projeto de PPP do Socioeducativo, as concessões de imóveis do Circuito Cultural Praça da Liberdade e a concessão do Ceasaminas / Mercado Livre do Produtor são desenvolvidos com apoio da Unidade PPP de Minas Gerais.

Vê-se, portanto, que os projetos de concessão e PPPs conduzidos no âmbito do Governo de MG materializam o desenvolvimento da infraestrutura estadual e o atendimento a demandas antigas dos mineiros, gerando como benefícios esperados a melhoria de serviços diversos, contribuindo para a melhoria do sistema logístico, para a redução de acidentes nas rodovias e a preservação de milhares de vidas, para a geração de empregos e renda, o incremento da geração de receita, além de serem indutores para fortalecer a atração de investimentos e o desenvolvimento da economia mineira.

Para além das ações de estruturação de novos projetos, as ações de governança e gestão também se mostram fundamentais para garantir a consolidação de um ambiente republicano e profissional para a operação das concessões e PPPs em Minas Gerais.

4 Governança e Gestão: o fortalecimento da regulação contratual e a profissionalização da gestão dos contratos de concessão e PPPs em Minas Gerais

Em complemento às ações de estruturação de novos projetos, com a estruturação e execução do portfólio, é fundamental citar também as ações de aprimoramento da gestão dos contratos de concessão e parcerias público-privadas de infraestrutura de transportes realizadas desde 2019. A começar pelo fortalecimento da regulação contratual, uma forte diretriz estabelecida pela alta gestão para atuação nas concessões e PPPs, foi estabelecida a agenda regulatória, com o objetivo de se definir e garantir o cumprimento de fluxos e regras claras tanto para o Estado quanto parceiros privados, visando à transparência e ao fiel cumprimento dos contratos estabelecidos, além de maior segurança jurídica, profissionalismo e o fomento a um ambiente propício a novos negócios. Foram, nessa linha, definidas como premissas para a construção da Agenda Regulatória: a diminuição do fardo regulatório e desburocratização; a previsibilidade e segurança jurídica; a diminuição da assimetria de informações; o prestígio e foco no usuário; os incentivos à qualidade e à eficiência; e o aumento do investimento privado em Minas Gerais.[2]

Em complemento às ações de fortalecimento da regulação contratual e profissionalização da gestão de contratos de PPPs, foram, ainda, desenvolvidos em MG os chamados "planos de *clearing*", em um programa voltado para o levantamento e diagnóstico dos passivos regulatórios (pleitos de reequilíbrio em aberto, disputas entre as partes, descumprimentos contratuais e possíveis melhorias nos contratos, entre outros) existentes em todos os contratos de PPP vigentes no estado, acompanhados de plano de ação respectivo para a equalização dos passivos. Nesse sentido, o programa de *clearings* visa aprimorar a implementação da política pública contida no contrato de concessão; assegurar a sustentabilidade econômico-financeira de longo prazo dos projetos, com a revisão constante do equilíbrio; e fortalecer o ambiente de segurança jurídica e regulatória, atraindo novos investimentos para o Estado.

Como casos práticos, citam-se as ações de *clearing* nos contratos do Mineirão, MG-050, Complexo Penal, Arena Independência, Resíduos Sólidos e UAI Fase III.

No contrato de PPP do Mineirão (estádio de futebol localizado na região da Pampulha, em Belo Horizonte) foram desenvolvidas ações e negociações para solucionar controvérsia histórica acerca da área da concessão e pagos os passivos gerados por atrasos passados no pagamento do contrato pelo estado. Foi realizado acordo em sede de processo arbitral e, com isso, facilitada a concessão do Ginásio Mineirinho.

Na PPP da MG-050: foram avaliados diversos pleitos de reequilíbrio econômico-financeiro, pendentes há quatro anos, bem como está em curso a atualização do cronograma de obras do contrato (inclui

---

[2] BRASIL. Unidade PPP de Minas Gerais. Concessões e Parcerias. *Agenda Regulatória*. 19 abr. 2021. Disponível em: https://www.parcerias.mg.gov.br/agenda-regulatoria/a-agenda. Acesso em: 23 jun. 2022.

remanejamento, inclusão e exclusão de intervenções). Foram elaborados quatro atos normativos para padronização de fluxos administrativos e orientações nas tomadas de decisão.

No contrato de PPP Complexo Penal, pioneiro no país, foi avaliada a situação geral do equilíbrio do contrato, em face de apontamentos de descumprimentos e revisões anteriores. Além disso, foram avaliados pleitos de reequilíbrio econômico-financeiro pendentes e estão em curso três frentes de soluções amigáveis para conflitos judicializados.

Na PPP da Arena Independência, foram levantados todos os descumprimentos contratuais e abertos os respectivos processos administrativos punitivos, além de avaliados os pleitos de reequilíbrio econômico-financeiro pendentes. Estão em curso duas frentes de negociação para o manejo futuro do equipamento.

No contrato de PPP da UAI Fase 3, suspenso há sete anos, foi dado o apoio técnico, com respectivas análises de vantagens econômico-financeiras para que fosse negociada solução definitiva e feito acordo para a retomada do contrato, mediante ajustes contratuais.

Por fim, no tocante à PPP de Resíduos Sólidos, o contrato encontrava-se suspenso há seis anos, de modo que foi negociada sua solução definitiva e acordada a indenização para rescisão amigável.

Todas as ações apresentadas representam um olhar diferenciado para a Governança e Gestão dos contratos de Concessão e PPP em Minas Gerais. Além de prover segurança e um bom ambiente de negócios aos atuais parceiros, materializam ações que afirmam e demonstram que Minas é um bom lugar para se investir e para a realização de novas parcerias.

5 Considerações finais

A retomada da Unidade PPP de Minas Gerais, com a estruturação e o maior portfólio de projetos já visto na temática no Estado, e com o fortalecimento da Governança e Gestão, materializado de forma sólida e robusta, apresentam um grande avanço para as PPPs e Concessões, com impactos em toda a região Sudeste e no Brasil.

Acreditamos que as Concessões e PPPs são o caminho para a geração e potencialização de investimentos, os quais só são possíveis a partir da consolidação de um ambiente de negócios confiável, com regras claras, transparência, profissionalismo e seriedade. Somados a outros investimentos atraídos para Minas, o que se gera é todo um movimento de crescimento e desenvolvimento, que beneficia o estado, os parceiros privados e, em especial, a sociedade e os cidadãos.

Referências

BRASIL. Unidade PPP de Minas Gerais. Concessões e Parcerias. *Agenda Regulatória*. 19 abr. 2021. Disponível em: https://www.parcerias.mg.gov.br/agenda-regulatoria/a-agenda. Acesso em: 23 jun. 2022.

GUIMARÃES, Alicita Joana Miranda; LUK, Juliana, FERREIRA, Vanice Cardoso. PPPs e concessões no Brasil: desafios e oportunidades levantados em diagnóstico pioneiro nas unidades federativas. *Portal Jota*, atualizado em 19 mar. 2021. Disponível em: https://www.jota.info/opiniao-e-analise/colunas/infra/ppps-e-concessoes-no-brasil-19032021. Acesso em: 19 mar. 2021.

Informação bibliográfica deste texto, conforme a NBR 6023:2018 da Associação Brasileira de Normas Técnicas (ABNT):

FERREIRA, Vanice Cardoso. Estruturação de unidades PPPs, modelagem de projetos e gestão de contratos de concessão e parcerias público-privadas: aspectos de gestão e governança como elementos diferenciais de sucesso. In: FAJARDO, Gabriel; COHEN, Isadora; CARELLI, Carolina (coord.). *Infracast*: Concessões, Parcerias Público-Privadas e Privatizações. Belo Horizonte: Fórum, 2022. p. 33-43. ISBN 978-65-5518-428-0.

PANDEMIA E *IMPEACHMENTS*: BLINDAGEM E VIVÊNCIA DA UNIDADE DE PPP DE SANTA CATARINA

RAMIRO ZINDER

1 Contextualização

Este não é um artigo acadêmico. Tampouco é um *paper* que traz debates científicos sobre investimentos privados em infraestrutura. Caso tenha que enquadrar o texto a seguir em algum método, talvez se aproxime de um estudo de caso, pois os fatos que seguem são relatos elaborados a partir de uma perspectiva, com base nas experiências vividas e nas observações assistemáticas do dia a dia de trabalho. Espero que seja uma leitura leve, mas que traga aprendizados sobre a realidade da estruturação de projetos de parcerias público-privadas (PPPs) e concessões no Brasil.

O que quero trazer a vocês é a história de uma unidade de PPP recém-nascida, que teve a missão de iniciar os primeiros projetos de concessão de Santa Catarina e que atravessou seus primeiros dois anos de vida com o impacto da pandemia do coronavírus e com dois afastamentos do Chefe do Poder Executivo por processos de *impeachment*. Ainda assim, conquistou sua autonomia, sobreviveu sem mudanças em sua equipe e blindou-se o suficiente para não atrasar cronogramas e avançar na assinatura do primeiro contrato de concessão da história do Governo Estadual.

Trago abaixo uma divisão meramente cronológica, mas didaticamente adequada para a compreensão do leitor. Divido os fatos em dois momentos: o assolamento da pandemia e os processos de *impeachment* na Assembleia Legislativa do Estado de Santa Catarina (ALESC). Em seguida, elenco algumas possíveis razões para a superação da unidade de PPP perante os obstáculos enfrentados e, por fim, as considerações finais deste relato.

2 A pandemia COVID-19

Em 2019, logo no início do ano, em janeiro, a unidade de PPP recém-formada por técnicos de carreira da SCPar, ainda sem qualquer tipo de governança estabelecida, recebeu sua primeira missão: concluir o processo de concessão do Centro de Eventos de Balneário Camboriú (CEBC), que havia sido iniciado no Governo anterior, em 2017, mas que não conseguiu avançar da forma prevista.

Em 10 meses, essa equipe – incorporada pela minha chegada ao Governo para ocupar o cargo de Secretário Executivo de PPPs e pela chegada de uma advogada para suprir o *gap* jurídico do time formado por engenheiros e um administrador – estruturou o edital, contrato e demais documentos licitatórios. Assim, lançamos a licitação em 04 de fevereiro de 2020, com prazo de 60 dias, para recebimento das propostas; ou seja, no dia 06 de abril de 2020 seria realizado o primeiro certame de uma concessão no Executivo Estadual. Seria, pois em 17 de março de 2020 veio à tona o primeiro decreto com situação de emergência que estabeleceu o isolamento social e proibiu reuniões públicas. Dessa forma, em 02 de abril de 2020, publicamos a manifestação de suspensão do edital de concorrência para concessão do CEBC.

Entre abril e setembro de 2020, no início da pandemia, momento de incertezas sobre o destino da sociedade da forma como era conhecida, a unidade de PPP foi incumbida da árdua missão de licitar um centro multiuso sem a perspectiva de quando os grandes eventos seriam retomados e com o setor turístico agonizando frente às restrições impostas pelas autoridades de saúde.

Além das questões inerentes ao processo de concessão do CEBC, encontramos desafios na gestão da unidade de PPP. Abrirei uma lacuna aqui para falar sobre eles, a fim de, em seguida, concluir a saga do Centro de Eventos.

O primeiro desafio foi a necessidade de implantação do trabalho remoto. Naquele período, acreditava-se que, ao sair na rua, pessoas contrairiam coronavírus e morreriam. A atividade presencial era desestimulada ao extremo, porém, tínhamos ao menos oito projetos em execução. A solução dada foi a reunião online diária, das 14h às 17h. Durante esse tempo, todo o time – seis pessoas, contando comigo – entrava numa sala virtual e debatia o andamento dos processos. Ademais, trabalhávamos em *home office*, produzindo documentos e fazendo tramitações internas e externas. Outro obstáculo foram os casos de COVID nos membros da equipe. Três, dos seis, foram acometidos pela doença e tiveram afastamento do trabalho. Isso sem contar os casos em familiares próximos que também afastaram temporariamente alguns integrantes.

A missão de cumprir os cronogramas e assinar os contratos de projetos que estávamos estruturando fez com que a unidade de PPP retomasse as atividades presenciais em junho de 2020, muito antes de vários órgãos do Governo e até mesmo de muitas empresas privadas, que sempre são sinônimo de eficiência em comparação ao setor público.

Voltando ao CEBC, reabrimos o mesmo edital que havia sido suspenso em 15 de setembro de 2020, com data de entrega dos envelopes marcada para 19 de novembro de 2020. A expectativa era de que a pandemia arrefecesse até o final do ano e que o avanço do desenvolvimento das vacinas trouxesse otimismo ao *trade* turístico. Entretanto, a licitação se deu deserta.

Tal fracasso abalou por alguns segundos o time que esperava ser responsável pela primeira concessão da história do Governo de Santa Catarina. Mas teríamos que construir mais caminhos para alcançar esse objetivo. O resultado da licitação deserta trouxe inúmeras dúvidas. Como projetar a demanda do setor de eventos em meio à incerteza? Como caracterizar os riscos oriundos da pandemia no contrato? Como fazer uma licitação online? Essas eram algumas das perguntas sobre as quais nos debruçávamos para encontrar respostas.

De todos os ajustes que o edital necessitava, o que mais tirava o nosso sono era a projeção de demanda numa sociedade com restrição de aglomerações. Tínhamos como premissa evitar o "chute" e tentar nos aproximar ao máximo de dados oficiais. A solução encontrada pela unidade de PPP de Santa Catarina foi recalcular o *Weighted Average Cost of Capital* (WACC) com base na atualização de índices pandêmicos de inflação e, principalmente do *Beta* do setor de eventos. O problema é que os dados ainda não estavam totalmente disponíveis e, então, fizemos uma incursão para coletar dados brutos e primários para chegar a um cálculo fidedigno. O resultado que encontramos despencou a outorga inicial, que reduziu em aproximadamente 2 milhões de reais. Em nossa interpretação, esse valor refletiria o risco de não cumprimento da demanda que o estado estaria absorvendo.

Para nossa alegria, em 17 de março de 2021, relançamos o edital de concessão. Recebemos proposta de um consórcio licitante nessa mesma data e foi realizada e abertura do envelope de credenciamento no dia 18 de março de 2021. Devidamente homologado e adjudicado, o processo está em fase final para assinatura do primeiro contrato de concessão da história do Governo de Santa Catarina.

3 Os *impeachments* do governador

O governador Carlos Moisés nunca foi um político de carreira, sequer teve um cargo eletivo anterior em sua vida; elegeu-se em meio ao fenômeno eleitoral de 2018 e não tinha boa relação com a Assembleia Legislativa do Estado de Santa Catarina (ALESC). Não à toa, parte dos deputados estaduais tentou afastá-lo definitivamente do posto de governador em duas ocasiões. Foram abertos dois processos de *impeachment*: um relacionado ao aumento de salário dos Procuradores de Estado e outro sobre a compra, com pagamento antecipado, de 200 respiradores pulmonares pela Secretaria de Estado da Saúde.

No dia 24 de outubro de 2020, Moisés foi afastado pela primeira vez. Embora esse primeiro processo de *impeachment* contemplasse também a Vice-governadora do Estado, um voto segregado do Deputado Estadual Sargento Lima – que acusou Moisés e inocentou Daniela – mudou a história de Santa Catarina e a clara tentativa de a ALESC ascender ao Poder Executivo com seu Presidente. Assumiu como governadora Interina a então Vice-governadora Daniela Reinehr, que ficou por pouco mais de 30 dias no cargo.

Essa passagem possui uma peculiaridade interessante com o Programa de Parcerias e Investimentos de Santa Catarina, o nosso PPI-SC. Antes do seu afastamento, o governador Carlos Moisés havia confirmado participação no Fórum PPP Estadão Hiria 2020, que seria realizado no dia 28 de outubro. São surpreendentes as inesperadas ações que precisam ser tomadas quando se está no Poder Público. Em 24h, toda uma programação planejada com meses de antecedência vai por água abaixo. Daniela poderia ter cancelado sua participação ou poderia ter designado um técnico para fazer a tão esperada apresentação do Estado de Santa Catarina, que deslanchava na estruturação das PPPs. A governadora Interina, na ânsia da recém-assunção ao poder, quis fazer a fala. Lembro-me de ter sido chamado ao gabinete dela para orientar sua participação no evento. O que se faz em uma situação em que restam poucas horas para o evento e o Chefe do Poder Executivo não apresenta domínio sobre o assunto? Escrevi um texto em primeira pessoa, de quatro páginas apenas, para que Daniela pudesse atender à expectativa de todos. Não emitirei opinião aqui sobre o que aconteceu no Fórum. Direi apenas que ela não seguiu o roteiro, conforme havia sido combinado. Acredito que existam registros das gravações do mencionado evento e aqueles que estão curiosos sobre o resultado podem fazer buscas na internet.

Em linhas gerais, a primeira interinidade teve poucas mudanças na estrutura administrativa; todavia, o risco de alteração na unidade de PPP era sempre uma possibilidade. Acredito que essa minha ida ao gabinete nas primeiras horas de Governo Daniela Reihner possa ter contribuído para a criação de um pequeno laço de confiança que sustentou a autonomia da equipe e o desenvolvimento de todos os nossos projetos, sem qualquer prejuízo aos cronogramas e metas. Mas um fato inesperado também pode ter contribuído.

Florianópolis é uma capital com apenas 500 mil habitantes. No extinto Orkut, existia uma comunidade chamada "Floripa é uma ervilha". Isso porque não é raro você encontrar e reencontrar pessoas conhecidas em vários momentos ao longo de sua vida. No episódio relatado anteriormente, quando fui procurado pela chefia de gabinete da governadora Interina, um bombeiro chamado Jorge se apresentou pelo Whatsapp. Não o reconheci pela foto de perfil, mas quando cheguei à residência oficial, encontrei o Jorginho! Jorge e eu, ou Jorginho, havíamos estudado na mesma sala durante anos no ensino fundamental. Mais que isso, nossas mães se conheciam e era muito comum frequentarmos as casas de um e outro. O Coronel Jorge, do Corpo de Bombeiros, foi um importante aliado para a preservação da unidade de PPP e para a continuidade dos projetos.

O segundo afastamento aconteceu no dia 27 de março de 2021 com mudanças mais radicais no primeiro escalão. Uma situação nos acendeu uma luz vermelha: a exoneração dos secretários envolvidos diretamente nos projetos do PPI-SC. Ocorre que a SCPar, enquanto unidade de PPP, atua transversalmente em assessoramento às pastas que detêm os ativos a serem concedidos. Temos projetos com a Secretaria de Infraestrutura, Agência de Turismo, Secretaria de Saúde, entre outras. As três citadas tiveram seus secretários exonerados. Pior que isso, todo o Comitê Gestor do Programa de Parcerias e Investimentos do Estado de Santa Catarina (CGPPI) estava modificado, ou seja, haviam sido substituídos o Chefe da Casa Civil, o Procurador Geral do Estado, o Secretário da Fazenda e o Secretário de Administração. Nem pensar em enviar pautas para deliberação do Comitê durante esse período. Investiríamos um tempo enorme para contextualizar todos e, mesmo assim, correria o risco da incerteza da deliberação, uma vez que o clima, nessa segunda interinidade, era bem mais hostil. Decidimos que as reuniões do Comitê – que eram agendadas por iniciativa da SCPar – ficariam suspensas.

Os novos nomes de primeiro e segundo escalão que iam sendo apresentados pelo Governo Estadual foram detalhadamente mapeados pela unidade de PPP. Uma atribuição que não é originalmente do nosso escopo, mas que era uma estratégia para o fortalecimento do diálogo com o Governo Interino. Eu, particularmente, lia cuidadosamente, todos os dias, a íntegra do Diário Oficial. Meu comando rotineiro era ctrl + f "exonerar" e "nomear". Localizamos três ou quatro pontos de interlocução que poderiam nos dar suporte ao trabalho que estávamos realizando. Existiam desde nomes que possuíam relação de amizade pessoal com membros do time (Floripa é uma ervilha, lembram?) até ex-chefes diretos de outros governos que também eram conhecidos por parte da equipe do PPI-SC.

Um desses atores mapeados trabalhava na Casa Civil e tinha grande influência sobre Daniela Reihner. Fizemos um combinado: toda matéria, pauta, deliberação ou qualquer outro assunto que envolvesse o PPI-SC seria encaminhado à unidade para ciência e assessoramento ao Executivo. Funcionou perfeitamente. Houve uma situação em que um *stakeholder* de um projeto, membro de uma associação de categoria profissional, estava se sentindo incomodado com os avanços que obtínhamos e enxergou no Governo Interino a oportunidade de interferir na concessão. Enviou uma carta à governadora solicitando que pudesse compor a Comissão de Avaliação do Procedimento de Manifestação de Interesse (CAPMI), de modo que pudesse intervir no projeto. Graças ao nosso combinado, a esdrúxula carta chegou ao nosso conhecimento e, melhor que isso, coube ao jurídico do PPI-SC redigir a resposta e enviar ao gabinete. O final feliz dessa história é que a resposta à carta foi assinada sem qualquer alteração em seu conteúdo, consolidando a relação de confiança entre o Governo Interino e a unidade de PPP.

A interinidade de 2021 durou quase 40 dias e, embora tenha sido mais tensa que a primeira, novamente a unidade de PPP ficou intacta, conduzindo os projetos sem *delay* no calendário, com liberdade de atuação e sem qualquer tipo de interferência política.

4 As estratégias de blindagem

Nesta seção, destaco quatro fatores – sob minha percepção – que julgo fundamentais para que a unidade de PPP lotada na SCPar pudesse sobreviver a todos os percalços citados. Com isso, cometo a ousadia de estabelecer recomendações para o sucesso das unidades gestoras de projetos de desestatização no Brasil. Claro que os critérios abaixo não são apenas oriundos da interpretação pessoal. O leitor pode encontrá-los também em manuais, guias e demais documentos que tratam de estruturação de PPPs e concessões. Porém, a vivência dos membros do PPI-SC legitima e fortalece a necessidade de investir tempo e recursos na lista a seguir.

4.1 Tentáculos por toda estrutura administrativa do Governo Estadual

Desde que iniciamos o PPI-SC sabíamos que era preciso uma organicidade no Governo para dar fluidez às nossas ações. Construímos (e esse processo é uma construção constante) apoio em diversos órgãos da estrutura administrativa ao longo desse tempo. A primeira decisão neste sentido foi alocar a presidência do CGPPI na Casa Civil. Entendíamos que trazer o órgão de articulação do Poder Executivo para presidir o Comitê do Programa nos daria força estrutural para romper obstáculos e superar desafios políticos.

Ocorreram diálogos de elevado nível técnico com a Diretoria de Assuntos Legislativos, responsável pela edição do decreto que regulamentou o Programa de Parcerias e Investimentos de Santa Catarina; com a Procuradoria Geral do Estado, na qual buscamos constante apoio para nossas demandas jurídicas – que não são poucas – e conquistamos formalmente, por meio de portaria, um Núcleo de Apoio Especializado ao PPI-SC (NuPPI); e com a Secretaria de Estado da Fazenda, em especial, na ocasião em que tive de levar a notícia de que para fazer PPP no Brasil precisaríamos estruturar mecanismos de garantias. Ingrata missão a de informar ao Tesouro Estadual que, para a conclusão de nossos projetos de PPP, precisaríamos reter dinheiro para prestar garantias.

Outra capilaridade importantíssima foi ter a Secretaria de Comunicação (SECOM) alinhada com nosso trabalho, mas tratarei desse assunto no tópico "Comunicação assertiva e narrativa positiva".

Antes disso, falarei de algo que é sabido e recorrente para o sucesso dos projetos de PPP e concessão.

4.2 Capacidade técnica inquestionável

Embora seja suspeitíssimo para afirmar, direi aqui. A unidade de PPP de Santa Catarina é um fenômeno. Ela é diferenciada porque é composta por apenas seis membros, incluindo a mim na função de Secretário Executivo, possui competências complementares que formam o corpo de conhecimento e experiência necessários, e porque apresenta uma cooperação e senso de propósito acima da média. Somos um psicólogo, três engenheiros, um administrador e uma advogada. Absolutamente todos certificados internacionalmente em PPPs (*Certified PPP Professional – CP³P*) e com uma bagagem na iniciativa privada e no poder público capaz de anteciparmos cenários e promovermos soluções.

Em que pese o fato de a SCPar existir desde 2005, nunca houve a formação de uma unidade de PPP. No seu primeiro ano de existência, aliás, em apenas 10 meses de existência, fomos indicados ao PPP Awards 2019, uma espécie de Oscar das PPPs e concessões no Brasil, como unidade de PPP do ano! Credito isso à aceleração que obtivemos para sair do zero absoluto em número de projetos para, dois anos depois, termos uma carteira composta de 12 projetos de investimentos privados em infraestrutura.

No âmbito do Governo Estadual, a governança e o método que desenvolvemos para estruturação dos projetos fez com que poucas vezes fôssemos questionados e, nas vezes em que isso ocorreu, nossas respostas construídas com brilhante precisão técnica e habilidade política irretocável davam sinal verde para avançarmos com nossas atividades. Parte dessa habilidade brotava da forma transparente e certeira como nossa comunicação ocorria. É o que falarei na próxima seção.

4.3 Comunicação assertiva e narrativa positiva

"Quem não se comunica, se estrumbica!", dizia Chacrinha. Nos governos, essa máxima é elevada à quinta potência. Talvez por isso, desde o surgimento do PPI-SC, trouxemos para o nosso lado a Secretaria de Comunicação, para auxiliar na assessoria de imprensa. Entretanto, além da necessidade de comunicar os projetos à sociedade, eles precisam ser comunicados de maneira correta, contando a verdadeira história. É o que chamamos aqui de narrativa positiva. Parcerias com a iniciativa privada são temas sensíveis e carecem de uma forma cuidadosa ao serem comunicadas.

O método criado pela unidade de PPP era simples, mas demandava (e continua demandando) tempo. Absolutamente todas as redações que tratam do PPI-SC passam por nosso crivo e recebem sugestões de ordem técnica e semântica no sentido de tornar o texto mais palatável para que qualquer cidadão possa compreender seu conteúdo.

Ao longo desses poucos anos, acredito que apenas uma ou duas reportagens foram negativas em relação ao PPI-SC. A maioria esmagadora das notícias veiculadas pela imprensa abordou de forma correta e positiva o impacto de nossos projetos para a sociedade catarinense. O ditado popular diz que em time que está ganhando, não se mexe. Acredito que a evolução dos projetos unida a uma comunicação adequada fortalece o nosso time e desencorajava qualquer mudança, pois a justificativa para alterações em nossa estrutura precisariam ser muito bem fundamentadas para não transparecer alguma forma de influência política nos projetos.

4.4 Apoio da sociedade civil organizada

Eu sempre digo que a minoria organizada é capaz de fazer mais barulho que a maioria silenciosa. Nessa linha de raciocínio, é fundamental que entusiastas das PPPs e concessões tenham voz e alto falantes para expor suas manifestações. Não são poucas as associações, sindicatos e demais entidades que apoiam as desestatizações, porém poucas sabem como apoiar. Neste sentido, embora não seja propriamente uma atividade inerente a uma unidade de PPP, em algumas ocasiões, "provocamos" essas entidades a se manifestarem favoravelmente ao PPI-SC.

Cito aqui o exemplo do famigerado Projeto de Lei Complementar (PLC) nº 002/2019, protocolado por um deputado estadual, que pretendia alterar a redação da Constituição do Estado de Santa Catarina para obrigar a aprovação legislativa de todo e qualquer projeto de PPP e concessão do Governo. Imagine, caro leitor, a inserção de mais esse fluxo no *framework* desses projetos. Imagine a insegurança jurídica e política que isso geraria. O PLC acendeu sinal vermelho na SCPar, que teve protagonismo na articulação que resultou no arquivamento desse projeto.

Entre as estratégias adotadas, fizemos uma espécie de *roadshow* com diversas associações comerciais, empresariais, industriais e de turismo, para explicar o quão nocivo o PLC era para o desenvolvimento econômico de Santa Catarina. Após algumas semanas de peregrinação, conquistamos o apoio de 20 entidades – entre elas a Federação das Indústrias do Estado de Santa Catarina (FIESC) e a Associação Catarinense de Tecnologia (ACATE), responsáveis por grande parte do PIB catarinense – que assinaram uma nota pública contrária à PLC. O trecho final da nota é emblemático: "As PPPs nos oferecem a chance única de trazer para Santa Catarina mais recursos, mais investimentos, mais empregos, mais renda, mais qualidade de vida. Criar mais uma etapa no processo de concessão à iniciativa privada, como pretendem alguns, traz insegurança jurídica ao investidor e pode representar uma nova frustração para os catarinenses. Por tudo isso, as entidades abaixo assinadas requerem a retirada da proposta de emenda constitucional 0002.0/2019".

5 Considerações finais

Objetivei neste texto contar uma pequena história, um fragmento do dia a dia de funcionamento de uma unidade de PPP no Brasil, dando o exemplo de Santa Catarina. Não pretendi ser exaustivo nas considerações, nem criar fórmulas prontas para a resolução de conflitos na modelagem de projetos.

Antes do parágrafo final, aproveitarei a publicidade que esta humilde obra terá para agradecer ao Governo de Santa Catarina, ao time da SCPar, integrante do PPI-SC, por me legitimar nessa nobre função. Agradeço também aos professores, inspiradores, gurus, juristas, *players*, *stakeholders* e todos que, de uma forma ou de outra, nos trazem aprendizado diário na gestão de projetos estratégicos e complexos.

O que sabemos é que, muito mais que conhecer o trabalho e ter domínio técnico, é preciso saber caminhar pela instabilidade política. Devemos executar mais do que havíamos planejado e exercer tarefas que não são aprendidas em cursos e palestras. E, no final do dia, pasmem, ainda temos todos os projetos para estruturar. Não é pouca coisa, não é para covardes e não é para amadores. Como sempre digo, existe uma elite intelectual do serviço público brasileiro à disposição do país para comandar a estruturação de projetos de PPP e concessão no Brasil. Encaremos, não como um trabalho, mas como uma missão.

Informação bibliográfica deste texto, conforme a NBR 6023:2018 da Associação
Brasileira de Normas Técnicas (ABNT):

ZINDER, Ramiro. Pandemia e *impeachments*: blindagem e vivência da
unidade de PPP de Santa Catarina. *In*: FAJARDO, Gabriel; COHEN, Isadora;
CARELLI, Carolina (coord.). *Infracast*: Concessões, Parcerias Público-Privadas
e Privatizações. Belo Horizonte: Fórum, 2022. p. 45-55. ISBN 978-65-5518-428-0.

PRIVATIZAÇÃO: POR QUÊ, O QUÊ E COMO

ELENA LANDAU

O art. 173 da Constituição Federal traz as respostas para as duas primeiras perguntas: por quê e o quê privatizar. Fica evidente pela sua leitura que a presença do Estado na atividade econômica é exceção, e não regra, como a cultura patrimonialista brasileira muitas vezes sugere. Diz o dispositivo: "Ressalvados os casos previstos nesta Constituição, a exploração direta de atividade econômica pelo Estado só será permitida quando necessária aos imperativos da segurança nacional ou a relevante interesse coletivo, conforme definidos em lei".

Em 1990, foi criado o Programa Nacional de Desestatização (PND), pela Lei nº 8.031, que foi posteriormente substituída pela Lei nº 9.491, em setembro de 1997, e vigora até os dias de hoje.

Anos mais tarde, em 2016, a Lei nº 13.334 criou o Programa de Parcerias de Investimentos (PPI), com a "finalidade de ampliar e fortalecer a interação entre o Estado e a iniciativa privada por meio da celebração de contratos de parceria e de outras medidas de desestatização". Hoje, o PPI engloba o próprio PND, ampliando o processo de redução do Estado na economia para além da venda de ativos ou sua liquidação, englobando diversas formas de parcerias e delegação de concessões.

Juntamente com decretos regulamentadores, as duas leis definem os objetivos da desestatização, as formas de alienação e a governança do processo, com o apoio de outras normas pertinentes ao processo como a Lei de Concessões e a Lei das Agências Reguladoras. Essas normas definem um arcabouço legal para o processo, mas sua efetividade depende fundamentalmente de decisão política.

Nem sempre pensei privatizações da mesma forma. No começo, como integrante de um governo socialdemocrata, via a venda de estatais com dois objetivos: 1) arrecadar recursos para abater a dívida e ajudar na estabilização que viria com o Real; e 2) permitir que o governo se concentrasse em áreas onde sua presença era fundamental: saúde e educação.

A apropriação das estatais por um grupo político vai muito além de estruturas legais. É um projeto político de poder. O uso indevido das empresas públicas é cultural. Como se elas não pertencessem à sociedade, como se não fossem nossos impostos que as financiassem. O abuso pode ser em maior – como nos casos revelados pela Lava Jato – ou em menor grau, através de indicações políticas para direção da empresa, contratação desnecessária de funcionários ou nos contratos com fornecedores com preços acima do mercado. Mas estão sempre lá.

Nesse sentido, a força dos sindicatos e corporações é tão grande quanto dos fornecedores. Mesmo com empregados celetistas, as estatais não conseguem demitir por desempenho ou por consequência de reestruturações internas. Os tribunais trabalhistas acabam reforçando a cultura de que qualquer tipo de contrato de trabalho com setor público garante a estabilidade, o que não é exatamente o que diz a lei. A estabilidade é importante para preservar, tanto os técnicos, quanto o bom andamento de políticas públicas de mudanças de governos, que podem gerar afastamento de servidores por questões ideológicas ou políticas. Mas não foi pensada para garantir emprego sob qualquer hipótese, como é vista hoje.

Há uma convergência de interesses: de segmentos do setor privado, pelos contratos superfaturados e relações pouco republicanas; das corporações, para manterem seus salários acima da média e privilégios[1] e da esquerda, por acreditar em um modelo intervencionista em que as estatais devem estar sempre prontas a investir, em nome do povo, mesmo que não haja evidência alguma que suporte essa visão.

Os anos passam e a prática continua interferindo na política econômica e deixando consequências de longo prazo, tanto de endividamento quanto baixo crescimento ou mesmo recessão, por exemplo, fechamento da economia, subsídios escolhidos de forma discricionária

---

[1] Estudo do Ministério da Economia mostrou que auxílios vão desde pagamento de 100% de salário por adicional de férias, na Petrobrás, até o pagamento de 14º salário. No BNDES, a ajuda educacional é de cerca de R$1,2 mil por filho, além de Auxílio Cesta Alimentação, de 13 cestas de alimentação ao ano. As estatais brasileiras pagam salário médio de R$31,3 mil. Esses valores são pagos independentemente de avaliação de desempenho. BRASIL. Ministério da Economia. ABGF – Agência Brasileira Gestora de Fundos Garantidores e Garantias S.A. *Relatório de Benefícios das Empresas Estatais Federais* – Exercício 2020. Disponível em: https://www.gov.br/economia/pt-br/centrais-de-conteudo/publicacoes/relatorios/rebef/rebef-2020.pdf. Acesso em: 02 mar. 2021.

para setores da indústria, criação de estatais sem justificativa, que ocorreu de forma mais clara a partir de 2005. Há várias razões para isso; desde boas intenções, ainda que equivocadas do ponto de vista econômico, de usar o governo para induzir crescimento – marca do nacional-desenvolvimentismo e da Nova Matriz Econômica –, até a captura do Estado por grupos de interesse, que terminam na corrupção. Mais uma razão para defender reformas liberais que ajudam a reduzir o Estado e as oportunidades de captura e expõem grandes grupos econômicos à competição.

Temos um número excessivo de empresas públicas herdadas dos períodos getulista e anos militares e reforçado na década passada. Esse modelo de crescimento não se limitava à criação de estatais na área industrial. A intervenção do Estado se dava através de muitos outros mecanismos, como investimentos públicos em grandes obras, políticas de proteção à indústria nacional – com subsídios e fechamento ao comércio internacional, bancos públicos concedendo crédito a taxas subsidiadas e mecanismos de poupança compulsória, como ocorreu nos Planos Nacionais de Desenvolvimento (PND I e II). Segundo a OCDE, nos anos 70 foram criadas mais de 300 estatais.

Estratégia que, se de um lado, pode ser entendida pela ideologia e restrições da época, não teve a menor razão nem condições de ser mantida após a crise dos anos 80, conhecida como a década perdida. Gerou endividamento excessivo, crise cambial, hiperinflação e baixo crescimento. Nos anos 90, a revisão desse modelo foi feita com sucesso. Apesar disso, foi revivido na década passada, gerando a segunda década perdida de minha geração. E está sempre no debate econômico e político.

Por isso, além dos objetivos fiscal e de foco do Estado em atividades de sua competência, a privatização é fundamental para uma melhor alocação dos recursos públicos, obtidos via impostos ou endividamento, e maior eficiência, competição e produtividade da economia.

Segundo Alexandre Aragão, não é a atividade em si que tem de ser de "relevante interesse coletivo", mas, sim a própria atuação do Estado.[2] A maioria das atividades de interesse coletivo exercidas por estatais poderia ser assumida pelo setor privado. São empresas de transporte, bancos, energia ou saneamento.

---

[2] ARAGÃO, Alexandre. *Empresas estatais:* o regime jurídico das empresas públicas e sociedades de economia mista. São Paulo: Editora Forense, 2018. Cap. 2.

Apesar disso, o país tem 200 estatais, e o governo quase 700 participações em diversas companhias, nos mais variados setores. A maioria dessas empresas é herança da cultura getulista, reforçada pelo modelo nacional-desenvolvimentista dos anos 80, e retomada no governo PT.[3]

Até hoje, governos argumentam que "setores estratégicos" devem estar nas mãos do Estado. Na Constituição não existe esse critério. Cada governo tem sua visão do que seria estratégico, ou seja, nem sempre espelha um modelo de crescimento, mas apenas a manutenção de poder político. O correto é reduzir o número de estatais ao máximo, restringindo sua atividade apenas às previsões constitucionais.

A maioria das estatais brasileiras foi criada anos antes da Constituição de 1988, por isso, uma revisão de sua necessidade deve ser feita. E novas leis para as que permanecerem nas mãos do Estado devem ser aprovadas, com uma clara definição de suas funções e objetivos. Mesmo porque, o que já se considerou estratégico um dia, nos tempos do modelo nacional-desenvolvimentista, já não é mais, como bem mostram os casos da siderurgia ou petroquímica.

Há ainda muitas empresas a serem privatizadas. Há uma zona cinzenta entre interesses públicos bem definidos em lei – que justificariam, de acordo com a Constituição, a atuação de estatais –, e interesses políticos.

Esse conflito fica ainda mais evidente em sociedades de economia mista, na qual há participação de acionistas minoritários, e a administração está submetida à lei das Sociedades Anônimas.

Para melhorar a gestão das estatais e dar maior independência à administração dessas empresas, foi promulgada a Lei nº 13.303, em junho de 2016, que definiu regras de governança, integridade e requisitos para preenchimento de cargos na administração e direção das empresas de controle público.[4] Essa mudança teve impacto positivo e ajudou a reverter os prejuízos acumulados até então em lucros para

---

[3] O número de empresas criadas por cada governo varia de acordo com o conceito utilizado. No governo FHC, por exemplo, a Petrobrás montou várias *subholdings* e subsidiárias para serviços financeiros, muitas após a abertura de capital e internacionalização de empresas. Também é comum a criação de companhias como parte do processo de privatização, como as de telefonia, Lightpar ou empresa para abrigar atividades sob monopólio estatal, que antes pertenciam a uma empresa pública a ser vendida. Sociedades de propósito específico acompanharam investimento público em geração de energia tanto no período FHC quanto PT. Mas nos anos petistas, a criação de empresas controladoras responsáveis diretamente por atividades econômicas foi a tônica.

[4] ALTOUNIAN, Claudio; CAVALCANTE, Rafael; COELHO, Sylvio. *Empresas Estatais:* governança, compliance, integridade e contratações. Belo Horizonte: Fórum, 2020.

o conjunto das estatais. Essas acabam servindo de instrumento político para governos populistas,, sendo "privatizadas" da pior maneira.

A gestão da desestatização não implica apenas na venda ou liquidação de estatais, mas na preservação do valor do patrimônio a ser vendido. Decisões de investimentos devem ser aprovadas pelo Conselho Diretor do programa com o objetivo de resguardar o ativo que será alienado e maximizar o valor para a União. A ideia de que o Estado não precisa prestar contas nem ser eficiente na administração de suas empresas é culturalmente muito forte.

Desde 2016, os resultados das estatais vêm melhorando como um todo, saindo de prejuízos seguidos para o lucro.[5] E esse desempenho naturalmente vem acompanhado do questionamento sobre a necessidade de privatização. Com boa gestão e a nova governança, iniciada com a nova Lei das Estatais, há quem defenda novas formas de atuação empresarial do Estado. Essa ideia está errada.

Primeiro, porque recursos públicos são escassos. As empresas estatais compõem o patrimônio de um grupo de interesse e de políticos que delas se servem e absorvem orçamento que poderia construir o verdadeiro patrimônio público: escolas e atendimento médico de qualidade, esgoto tratado e segurança. A carga tributária no Brasil é alta, mal distribuída entre entes federativos, com base num sistema regressivo e confuso. Sem a redução de despesas, especialmente quando podem ser assumidas pelo setor privado, será impossível aumentar os investimentos públicos.[6]

Segundo, porque dados positivos de balanço, lidos de forma isolada, não dizem muita coisa. A eficiência no uso de recurso público deve levar em consideração não só seu custo de oportunidade, pois poderia estar sendo mais bem utilizado em outra atividade, como o desempenho de seus pares. É preciso analisar custos operacionais, despesa por empregado, múltiplos de mercado, dividendos previstos e averiguar se de fato os resultados são positivos para a União, que representa a sociedade pagadora de impostos. Também deve-se pensar em

---

[5] VESCOVI, Ana Paula. A blindagem das empresas estatais. *Folha de S. Paulo,* São Paulo, 02 jul 2022. Disponível em: https://www1.folha.uol.com.br/colunas/ana-paula-vescovi/2022/07/a-blindagem-das-empresas-estatais.shtml. Acesso em: 02 jul. 2022.

[6] O investimento público tem sido comprimido pelo avanço das despesas obrigatórias – como pessoal e gastos com saúde e educação e é cada vez menor como proporção do PIB. A despesa discricionária foi R$106 bilhões em 2019, e a estimativa é de cair para R$80 bilhões em 2020 bem como o investimento público para pouco mais de R$30 bilhões, ou 0,4% do PIB.

se desfazer de empresas lucrativas quando a participação do governo impede uma concorrência maior no segmento, como o caso do Banco do Brasil e da Caixa, ou mesmo a Petrobrás. Poucos dos que, por ideologia, defendem o controle estatal se sentem, de fato, donos das ações da empresa. Tampouco pensam qual seria o melhor uso dos impostos que pagam. Estão aprisionados a um sentimento subjetivo de patrimônio público, um misto de nacionalismo e soberania, que não envolve o cálculo financeiro. Certamente não há uma ideia clara de que, para manter o Estado em atividades que o setor privado pode comandar, recursos deixam de ser alocados naquilo que fala direto com o bem-estar da população, como melhores serviços públicos.

Não há previsão na nossa ordem econômica para uma atuação empresarial do Estado e, sim, hipóteses bem restritas para sua presença na economia. Dar lucro é obrigação e não impedimento para uma desestatização.

Há situações opostas, nas quais a subvenção é necessária para que o Estado cumpra suas funções. São, por exemplo, as empresas dependentes do Tesouro que não geram receitas suficientes para pagar seus gastos de custeio,[7] como a Embrapa. Mas mesmo esses casos devem ser permitidos com muita parcimônia porque os aportes que o governo faz competem com recursos orçamentários e estão vinculados ao teto de gastos.

Há empresas dependentes que podem e devem ser vendidas ou liquidadas, como EBC, a televisão pública, ou a Valec, empresa de logística ferroviária.

A privatização não pode ser vista como uma ação isolada na reforma do Estado.[8] Ela é parte de um todo, de um esforço para redefinir a posição do Estado na economia, fazendo com que o cidadão receba mais e melhores serviços como retorno dos impostos pagos.

---

[7] Art. 2, III, Lei de Responsabilidade Fiscal.
[8] Estou apenas tratando de reformas no Executivo. Mas não se deve esquecer a lição do mestre Dalmo de Abreu Dallari que, no clássico *Teoria Geral do Estado*, ensina que o Estado é uno, ainda que possa se subdividir em funções. Os três Poderes são parte de um mesmo organismo, exercidos de forma independente e harmônica. Melhorias no funcionamento do Estado devem incluir ajustes nessas unidades. O objetivo é atender melhor o cidadão, exercendo com eficiência suas atribuições, sejam elas oriundas do Executivo ou dos outros Poderes, inclusive de órgãos autônomos, como Ministério Público e Tribunais de Contas (DALLARI, Dalmo de Abreu. *Elementos de Teoria Geral do Estado*. 33. ed. São Paulo: Editora Saraiva, 2015).

A desestatização atua na esfera das empresas estatais, a reforma administrativa na esfera da prestação de serviços e um novo sistema de impostos do lado das receitas formam o tripé. Infelizmente, apesar de tantas promessas de campanha, nenhuma das pernas desse tripé foi adiante.

Dada a resistência política à privatização, como de outras reformas que buscam enfrentar privilégios corporativos, o alinhamento dentro do Executivo é muito importante para seu sucesso. As pressões contrárias são sempre muitas, fortes e articuladas. Políticos, fornecedores e empregados são os que mais resistem. Fazem belos discursos sobre custo de demissões, desemprego, venda de patrimônio público – que no fundo escondem interesses muito particulares.

No seu governo, toda a linha de comando na desestatização estava alinhada e comprometida. A venda das estatais era parte do programa de estabilização e defendida pelos Ministros da área econômica.

Programa Nacional de Desestatização – PND: o que é?

O programa de desestatização foi criado formalmente pela Lei nº 8.031, em 1990. Posteriormente, recebeu alguns ajustes que não mudaram sua essência, com a Lei nº 9.491/97.

O primeiro censo de empresas estatais foi realizado pela Secretaria de Controle de Empresas Estatais, SEST, criada em 1979, em pleno governo Figueiredo. Foram identificadas 268 empresas, sendo que apenas 40 foram criadas por lei. O resto eram companhias privadas que se tornaram estatais ao serem assumidas pelos bancos públicos, por falência ou inadimplemento de ativos. As ações eram oferecidas como colateral aos empréstimos concedidos e que, ao não serem honrados, tiveram essas garantias executadas e passaram ao controle público.

Antes da criação do PND, em 1990, foram alienadas parte dessas empresas estatais, ainda no governo militar que, em 1981, criou a primeira Comissão Especial de Desestatização. Durante o governo Sarney, a crise fiscal acentuada impulsionou a venda de estatais. O BNDES, apoiado pelo BNDESpar, sua subsidiária responsável pelas operações de mercado de capitais, começou a se desfazer, tanto do controle como de participações minoritárias, de empresas que possuíam.[9] Na

---

[9] No governo Figueiredo, além da SEST, foi criado o Programa Nacional de Desburocratização. Ambas as instituições já tratavam de identificar empresas estatais e buscavam iniciativas para

realidade, as vendas conduzidas pelo BNDES no governo Sarney não faziam parte de um plano nacional de privatização. Elas decorriam da necessidade de o banco reciclar seus ativos e buscar novos recursos para suas operações de financiamento.

Foi só no governo Collor que a desestatização apareceu como parte do programa de estabilização federal. O PND foi incialmente criado pela MP nº 155, depois convertida na Lei nº 8.031/90, publicada junto a outras medidas do Plano Collor. Por conta dessa experiência, e por contar com expertise em avaliação de empresas e análise de setores produtivos, o BNDES acabou sendo escolhido como gestor do PND e deu credibilidade ao programa, conduzido com transparência e técnica.[10]

Logo no seu artigo inicial, a lei define nos incisos os objetivos do programa, destacando-se: reordenar a posição estratégica do Estado na economia, transferindo à iniciativa privada atividades indevidamente exploradas pelo setor público e permitir que a Administração Pública concentre seus esforços em atividades nas quais a presença do Estado seja fundamental para a consecução das prioridades nacionais.

Esses incisos dão efetividade ao art.173 da Constituição Federal (CF) que, como já dito, trata a presença do Estado na economia como exceção, e não regra, para casos de relevante interesse coletivo e imperativo à segurança nacional, como ressalvado nos casos previstos pela própria CF.

Seriam situações em que a Constituição trata como monopólio da União, como era o setor de Telecomunicações. Para a privatização da Telebrás foi necessária uma Emenda Constitucional, EC nº 8/95, autorizando a delegação dos serviços ao setor privado. Ainda há monopólios estatais constitucionais, como *"a pesquisa, a lavra, o enriquecimento, o reprocessamento, a industrialização e o comércio de minérios e minerais nucleares e seus derivados"* (art. 177, Inciso V).

Tanto a lei como o art.173 dão espaço para subjetividade na escolha das empresas a serem vendidas. Como se define "relevante interesse coletivo"? O que significa "imperativo da segurança nacional"?

---

a redução do Estado. Em 1981, foi criada a primeira Comissão Especial de Desestatização. No governo Sarney, o Banco do Brasil também se desfez de ativos que vieram para sua carteira por causa da falência das empresas privadas.

[10] Desde o início, ainda nas vendas de seus próprios ativos havia a exigência de relatórios de auditoria externa, que depois eram encaminhados ao TCU. Para um histórico detalhado do trabalho do BNDES de construção institucional que gerou a Lei do PND, ver: VELASCO-JR, Licínio. Documento histórico: a privatização no Sistema BNDES. *Revista do BNDES*, n. 33, jun. 2010.

A decisão é tradicionalmente tomada pelo Executivo. Pode ser oriunda de trabalhos de ministérios setoriais ou do BNDES, bem como pode ser tomada com base na visão política do Presidente da República, do seu programa de governo e do que acredita serem as funções do Estado.

Pela Constituição Federal, as empresas devem ser criadas por lei, assim somente uma autorização legislativa pode permitir a desestatização, seja sua extinção ou a passagem do controle para o setor privado. Há um entendimento já pacificado nos Tribunais, inclusive no STF, de que essa autorização foi dada de forma genérica pela Lei do PND.[11] Em consequência, basta um decreto presidencial para colocar estatais no programa de desestatização. Collor incluiu 68 empresas no programa, Itamar deu continuidade e entre 1990 e 1994 foram alienadas 33 estatais, sendo as mais simbólicas as gigantes do setor siderúrgico, como Usiminas e Companhia Siderúrgica Nacional.

A Lei do PND recebeu ao longo do tempo o apoio de novas legislações para conferir mais segurança jurídica, melhor capacidade de regulação pelo Estado ou mesmo para ampliar seu escopo. O primeiro mandato de FHC foi marcado por essas iniciativas, que incluíram: emendas constitucionais eliminando alguns monopólios estatais;[12] a Lei das Concessões (Lei nº 8.987/95); Lei Geral das Telecomunicações (Lei nº 9.427/97); aprimoramento do PND (Lei nº 9.491/97, que revoga alguns dispositivos e acrescenta outros da Lei nº 8.031/90); a criação das agências reguladoras para energia – Aneel –, para telecomunicações (Anatel) e Petróleo e Gás (ANP) e quebra do monopólio estatal da Petrobrás (Lei nº 9.478/97).

A governança do PND também foi aprimorada pelo governo FHC. Anteriormente, havia uma Comissão Diretora de Privatização ligada ao presidente da República, composta por membros da sociedade civil com saber técnico reconhecido. Ministros poderiam comparecer

---

[11] Na ADI nº 6241/DF, impetrada pelo PND, e que teve como relatora a Ministra Cármen Lúcia, julgada em 8 de fevereiro de 2021, a maioria da Corte confirmou mais uma vez essa jurisprudência. A decisão está disponível em: https://redir.stf.jus.br/paginadorpub/paginador.jsp?docTP=TP&docID=755386154. Acesso em: 24 jun. 2022.

[12] https://xdocs.com.br/doc/relatorio-senado-mate-ti-57045-283gmlj0mwn6. As emendas foram aprovadas em 1995. As ECs nº 05 e nº 09 trataram da permissão de exploração via delegação pelos Estados do gás canalizado e da flexibilização do monopólio do Petróleo; a EC nº 06 eliminou a distinção entre empresa brasileira e empresa brasileira de capital nacional e o tratamento preferencial concedido a essa última. A EC nº 07 tratou da flexibilização nos transportes aquaviários e, finalmente, a EC nº 09, do fim do monopólio da União nos serviços de Telecomunicações.

caso suas pastas tivessem ativos inscritos no programa. O então presidente do BNDES, Edmar Bacha, teve a ideia de tornar o compromisso dos ministérios ao PND mais forte e mais transparente.

A experiência anterior mostrava que nem sempre se podia contar com o empenho de todos na implementação de ajustes prévios necessários à venda ou mesmo à cooperação das empresas com o BNDES. Foi então criado um Conselho Nacional de Desestatização (CND) vinculado diretamente à Presidência, tendo como comandante o chefe da Casa Civil, representando o próprio presidente. Esse Conselho era composto pelos ministros da área econômica, ministros de áreas afins e pelo presidente do BNDES e a secretaria de Desestatização, que fazia o apoio técnico ao grupo. Essa mudança ajudou no andamento do PND e tornou a cadeia de comando clara. As resistências políticas eram resolvidas nas reuniões sob a condução dos Secretários Executivos do CND. Inicialmente, assumiu esse cargo o Ministro Chefe da Casa Civil, que era representante do presidente Fernando Henrique, o que foi crucial para os avanços obtidos no seu primeiro mandato. Em uma segunda etapa, o Ministro do Planejamento, abaixo de quem estava o BNDES, assumiu as funções.[13]

Nesse período, foram privatizadas a Vale do Rio Doce e bancos estaduais, como Banespa e Banerj. A Lei de Concessões e a criação de agências reguladoras permitiram que a desestatização avançasse na área de serviços públicos, como energia e telecomunicações. Foram alienadas várias empresas distribuidoras de energia elétrica estaduais, algumas de distribuição de gás, a Rede Ferroviária Federal e o sistema Telebrás. Foi o período mais profícuo do programa.

A desestatização segue até os dias de hoje. Apesar de o discurso político contra as privatizações e ao "neoliberalismo" do governo FHC, os governos do PT mantiveram o Conselho Nacional de Desestatização. Em 2004, Lula apoiou a privatização do Banco do Estado do Maranhão (BEM), que foi adquirido pelo Bradesco. Mas o foco saiu da venda de empresas para a licitação de concessões, com destaque na área de óleo (quando foi criada a empresa OGX), rodovias, novas usinas de energia elétrica, linhas de transmissão e aeroportos. Quase no final do mandato de Dilma, foi decidida a venda da distribuidora de energia do estado de

---

[13] De lá para cá, a secretaria do conselho foi ocupada por ministros tanto da Casa Civil quanto da área econômica.

Goiás, CELG, que era controlada pela Eletrobrás, mas o leilão ocorreu depois do *impeachment* da presidente.

A palavra privatização saiu de moda e foi substituída por Programa de Concessões, na busca de isolar o PT das vendas de estatais que tanto criticava. Houve avanço nas parcerias público-privadas, com a promulgação da Lei das PPPs (Lei nº 11.709/2004).

Porém, se de um lado a participação de capitais privados aumentou na infraestrutura, o número de empresas estatais cresceu, e com elas o número de empregados atingiu o recorde de 550 mil em 2014. Também foi recriada a Telebrás, junto de novas estatais, entre elas a empresa do Trem Bala (hoje, EPL), a EBC, a PPSA e Hemobrás.

A presença do Estado na economia se expandiu muito além disso. O BNDES, através da BNDESPar, ampliou sua participação acionária em empresas privadas, destacando-se a Vale, que foi considerada reestatizada tamanha a influência do governo na companhia. Em 2016, a carteira do banco tinha 120 empresas, num valor superior a 100 bilhões de reais.

Em 2016, Temer criou o Programa de Parceria de Investimentos (PPI), pela Lei nº 13.334/16, que incorporou o PND. O Conselho do PPI substituiu o CND, mantendo uma composição com ministros de diversas áreas do governo que possam contribuir direta ou indiretamente com a desestatização, tratando formalmente tanto da venda de empresas, quanto de concessões na área de infraestrutura. O PPI tem o apoio da Empresa de Planejamento e Logística (EPL), que foi criada para desenvolver o Trem Bala, e passou a ser responsável pela elaboração de projetos básicos de infraestrutura. Nessa nova formatação é o Conselho do PPI que recomenda ao presidente da República a inclusão de estatais no PND e define os leilões nos diversos segmentos de transportes e outros serviços públicos.

No início de mandato, Temer colocou várias empresas no PND. Seis distribuidoras de energia do Norte e Nordeste que ainda estavam sob controle federal via Eletrobrás – e que foram vendidas no final de 2018 – foram as primeiras. A privatização foi consequência inevitável da decisão da Secretaria do Tesouro Nacional de não aportar mais recursos na estatal, revertendo a postura dos anos anteriores. Os acionistas decidiram então em Assembleia, com voto da União, a venda desses ativos.

Um ano depois, em 2017, foi enviado ao Congresso um Projeto de Lei visando à privatização da própria *holding*, e ainda havia planos de vender Infraero e Casa da Moeda, entre outras.

Além disso, Temer mudou a administração das empresas públicas, com base na "Lei das Estatais", que impôs uma série de exigências para o preenchimento de cargos técnicos. Foi mais uma legislação que veio para apoiar a desestatização. A melhoria da gestão tornou os ativos a serem alienados mais atrativos, como é o caso da Eletrobrás.[14]

Para reduzir a elevada relação dívida sobre receitas, vários ativos e participações minoritárias começaram a ser vendidas. Essa não era uma decisão centralizada, e sim tomada pelas próprias empresas que, junto à forte redução nos custos correntes e nos investimentos, permitiu a redução da alavancagem financeira e a reversão de prejuízos em lucros. A política de desinvestimentos continuou no governo Bolsonaro, que incluiu o resultado dessas operações no PPI, para engordar os números, já que nenhuma estatal foi vendida nos primeiros dois anos de mandato.

A venda de participações no governo Bolsonaro é um movimento bem diferente daquele pensado em 1994, quando o Decreto nº 1.068 determinou a inclusão de todas as participações no PND e o depósito das ações no FND, gerido pelo BNDES.[15] O decreto também previa que o resultado da venda deveria ser aplicado em títulos do Tesouro. Era uma decisão centralizada dentro do programa de privatização e priorizava os ganhos para a União. Desde 2016, no entanto, as decisões de alienação de participações são de cada estatal em sua política de desinvestimentos e o produto da venda vai para o caixa de cada uma delas. São operações mais fáceis de realizar porque não precisam cumprir os ritos do PND, basta a decisão da administração da empresa. Se antes eram parte do Programa de Desestatização, atualmente são operações que ajudam a melhorar o perfil de endividamento. Elas começaram ainda no governo Temer, por conta do alto nível de alavancagem resultante da combinação de uma política agressiva de investimentos, questionáveis, e controle de preços que reduziram as receitas.

As consequências negativas do intervencionismo do governo ficaram visíveis com a fragilidade financeira das estatais que, junto às

---

[14] A valorização das empresas federais transacionadas em Bolsa subiu significativamente já no primeiro trimestre da nova administração. O valor da Eletrobrás chegou a triplicar em poucos meses. BRASIL. Ministério da Economia. *Boletim das Empresas Estatais Federais*. n. 14, p. 21, 01º trimestre de 2020. Disponível em: https://www.gov.br/economia/pt-br/centrais-de-conteudo/publicacoes/boletins/boletim-das-empresas-estatais-federais/arquivos/14a-edicao-boletim-das-empresas-estatais-federais-1.pdf. Acesso em: 20 dez. 2020.

[15] Há pouca informação disponível sobre o resultado das vendas do Decreto nº 1.068. No site do BNDES aparece um montante de R$1,1 bilhão vendido em 1997, sem mais informações.

descobertas da Lava Jato, abriram caminho para o debate sobre privatização.

Em junho de 2018, uma liminar do ministro Lewandowski suspendeu o programa de privatização utilizando, para isso, um voto em uma ação de inconstitucionalidade (ADI) contra a venda de uma empresa pertencente à Petrobrás, a TAG. Era apenas uma subsidiária a ser vendida, como tantas vezes já havia acontecido no passado. A Confederação Nacional dos Trabalhadores do Ramo Financeiro (Contraf/CUT) entrou com o pedido argumentando a necessidade de lei específica para autorizar a venda de estatais, inclusive subsidiárias.

No mesmo dia dessa decisão monocrática, o ministro havia publicado em jornal de grande circulação um artigo no qual deixou clara sua posição ideológica contra privatizações. Em todos esses anos que acompanho o tema, nunca tinha visto algo parecido. Vinte e sete anos de jurisprudência foram jogados fora, apenas por uma questão pessoal. Levou-se um ano para que o tema fosse analisado pelo plenário da Corte, que restabeleceu o rito anterior,[16] ou seja, com exceção dos casos em que haja previsão legal específica, impedindo a perda de controle da União, o decreto presidencial, respaldado na autorização genérica dada pela Lei do PND, é suficiente para definir o escopo do Programa de Desestatização. Nada foi modificado pelo STF, apenas uma liminar foi derrubada, retomando os ritos já consagrados. Tempo foi perdido e uma insegurança jurídica se criou.

Em novo julgamento, em fevereiro de 2020, dessa vez para a ADI nº 6.241, na qual se questionavam vários artigos da Lei nº 9.491/97, a ministra relatora, Cármen Lúcia, reafirma não haver necessidade de lei específica se há lei genérica que preveja a privatização de determinada companhia.

Mas, de fato, há casos em que o decreto presidencial não basta, porque além da lei de criação, pode haver um dispositivo legal específico que impeça a alienação do controle da União ou vedação ao PND. São exceções à regra. Esses impedimentos legais vieram para diminuir a resistência política a projetos macro, como a própria desestatização ou a reestruturação do setor de petróleo. Passado um quarto de século,

---

[16] O acórdão libera a venda de subsidiárias sem necessidade de lei para isso, mas há menção à necessidade de lei para autorizar a privatização de empresas mãe, já que foram criadas por lei. Nunca houve dúvidas sobre isso e a Lei do PND funciona como autorização genérica, entendimento confirmado em nova decisão, dessa vez na ADI nº 6.241, que questionava vários artigos da Lei nº 9.491/97.

está na hora de rever essa limitação e incluir as vacas sagradas na lista de empresas privatizáveis, para, ao menos, se poder fazer estudos sobre o melhor modelo de funcionamento para os setores em que elas atuam. O entendimento consolidado é que esses estudos, que seriam conduzidos pelo BNDES, não podem começar se a empresa não fizer parte formal do PND. É um exagero, que serve de desculpas para a lentidão do processo, lembrando que foi o Ministério das Telecomunicações quem contratou consultores para o desenho do novo modelo setorial e foi sua regulação que deu base à venda do sistema Telebrás.

Banco do Brasil, Caixa e instituições financeiras de caráter regional, como Banco da Amazônia e do Nordeste, estão excluídos na própria lei geral, como prevê o art. 3º da Lei nº 9.491/97. Para a Petrobrás, o art. 62, da Lei nº 9.478/97 exige o controle público. Outra lei que criou um novo modelo do setor elétrico, em 2004, retirou o sistema Eletrobrás do PND. A estatal de energia tinha sido incluída por decreto pelo presidente FHC, pois não havia nenhum impedimento legal específico na época. A *holding* do setor elétrico poderia ter sido retirada do PND com outro decreto. Mas o governo Lula optou por dificultar qualquer venda futura da estatal, incluindo a limitação no art. 31 da Lei nº 10.848/04. Esse passo tornou obrigatório um novo Projeto de Lei para permitir reincluir a companhia no PND. O PL nº 9.643/18 foi enviado por Temer ao Congresso, em 2018, e renovado (PL nº 5.877/19) pelo governo Bolsonaro.

Em resumo, com base na Lei do PND, a decisão para privatizar é prerrogativa do Executivo e é feita de forma individualizada, por ato da Administração, via decreto presidencial. Em muitos estados da federação, a reação política dos partidos de esquerda, que sucederam governos mais liberalizantes, incluiu a proibição de vendas de suas estatais em suas constituições, tornando o processo mais complexo ao exigir uma emenda constitucional. No Rio Grande de Sul, o governador conseguiu a aprovação de mudanças e retomou o processo. Outros estados, como Minas Gerais, ainda não conseguiram a liberação do Legislativo.

A mesma lei delega ao BNDES a função de comandar o programa. O banco supervisionava o trabalho de avaliação da empresa, feito por duas consultorias independentes, definindo preço, forma de venda e modelos de leilão. Se não houver viabilidade econômica para a empresa, sua liquidação é recomendada. Nos anos 90, era ele também que enfrentava a batalha jurídica, sendo crucial na construção de defesas legais que norteiam as decisões dos tribunais até os dias de hoje. Era a face da privatização na mídia.

Faz falta na estrutura do PND um órgão responsável por acompanhar as empresas após a privatização. Essa função me parece fundamental para uma avaliação mais técnica, e menos ideológica, do processo. Se os serviços de fato melhoraram; qual o valor dos investimentos realizados; os ganhos da União com pagamento de impostos decorrente dos lucros obtidos, ou de dividendos, quando ainda houver uma participação minoritária; as falhas na execução dos contratos; a qualidade da regulação; empregos gerados ou perdidos são informações fundamentais para que se tenha a real noção da contribuição da privatização e das falhas a serem corrigidas.

Muitas mudanças regulatórias ocorreram após a rodada inicial dos anos 90 e devem continuar a ocorrer para acompanhar os avanços tecnológicos. Uma delas é a Lei nº 13.789/19, que estabelece uma nova forma de outorga nas telecomunicações, permitindo o modelo de autorização, antes exclusivo das empresas de celulares, dando mais agilidade ao processo.

Há ajustes nos setores de transportes para regulamentar a relicitação e a possibilidade de extinção amigável de contratos, que foram licitados em quadro macroeconômico diverso e que com a crise de 2015/16 precisaram de revisão.

Houve erros também, como a MP nº 579, convertida na Lei nº 12.783/13, que buscava regulamentar a possibilidade de renovação de concessões no setor elétrico, que eram limitadas por lei. Resultou em uma intervenção que paralisou o setor.

Um avanço importante ocorreu em 2019, quando foi aprovada a Lei Geral das Agências Reguladoras, buscando unificar seu regime jurídico e melhorar o processo de seleção de dirigentes dessas autarquias. A captura política dos reguladores é um dos mais graves problemas para o processo de desestatização. Depende delas que as premissas de eficiência e qualidade que nortearam a venda de empresas que prestam serviço público sejam obedecidas e que, além dos deveres dos novos concessionários, os direitos previstos em contrato sejam respeitados.[17] Depende do Cade que a competição pensada no momento da venda seja assegurada no futuro. A segurança jurídica é fundamental para a

---

[17] MARQUES, Floriano de Azevedo. *Agências Reguladoras Independentes* – Fundamentos e Seu Regime Jurídico. Belo Horizonte: Fórum, 2009.

atração de novos investidores. Sem uma correta fiscalização, a privatização é vista com desconfiança, como deixou claro o apagão no estado do Amapá.

O acompanhamento pós-privatização é crucial não só para corrigir falhas e repetir acertos, como para dar satisfação à sociedade. O caso das barragens da Vale é outro exemplo. Nada indica que o capital privado tenha conduzido a uma fiscalização inferior ao que faria uma estatal. Mas vidas foram perdidas e, além da própria empresa que divulga suas ações compensatórias, uma agência governamental seria importante para que a população avaliasse as soluções com menos desconfiança ou parcialidade.

A nova governança criada com o PPI é confusa e não ajudou em nada a acelerar o processo. Também não criou uma instância de avaliação do programa. Os boletins e notas da Secretaria de Desestatização do Ministério da Economia funcionam como propaganda oficial, trazendo calendários improváveis e números superestimados. O ideal seria voltar ao desenho anterior e devolver a desestatização ao BNDES, separando concessões de infraestrutura da venda de ativos. Nem mesmo tendo o ministro da Economia, Paulo Guedes, na presidência do Conselho do PPI, a desestatização andou.

Não falta gente envolvida no assunto, mas vontade de fazer. E, apesar de tantos órgãos envolvidos na gestão do PPI, não há nenhum com a função de acompanhar processos após sua conclusão. Essa falha precisa ser corrigida.

Referências

ALTOUNIAN, Claudio; CAVALCANTE, Rafael; COELHO, Sylvio. *Empresas Estatais:* governança, compliance, integridade e contratações. Belo Horizonte: Fórum, 2020.

ARAGÃO, Alexandre. *As empresas estatais*. São Paulo: Editora Forense, 2018. Cap. 2.

BRASIL. Ministério da Economia. ABGF – Agência Brasileira Gestora de Fundos Garantidores e Garantias S.A. *Relatório de Benefícios das Empresas Estatais Federais* – Exercício 2020. Disponível em: https://www.gov.br/economia/pt-br/centrais-de-conteudo/publicacoes/relatorios/rebef/rebef-2020.pdf. Acesso em: 02 mar. 2021.

BRASIL. Ministério da Economia. *Boletim das Empresas Estatais Federais*. n. 14, p. 21, 01º trimestre de 2020. Disponível em: https://www.gov.br/economia/pt-br/centrais-de-conteudo/publicacoes/boletins/boletim-das-empresas-estatais-federais/arquivos/14a-edicao-boletim-das-empresas-estatais-federais-1.pdf. Acesso em: 20 dez. 2020.

BRASIL. Ministério da Economia. *Boletim das Empresas Estatais Federais*. Disponível em: https://www.gov.br/economia/pt-br/centrais-de-conteudo/publicacoes/boletins/boletim-das-empresas-estatais-federais. Acesso em: 24 jun. 2022.

BRASIL. Supremo Tribunal Federal. *ADI nº 6241, de 05 de fevereiro de 2021*. Relatora: Ministra Cármen Lúcia. DF, Brasília, publicado em: 08.02.2021. Disponível em: https://redir.stf.jus.br/paginadorpub/paginador.jsp?docTP=TP&docID=755386154. Acesso em: 24 jun. 2022.

DALLARI, Dalmo de Abreu. *Elementos de Teoria Geral do Estado*. 33. ed. São Paulo: Editora Saraiva, 2015.

MARQUES, Floriano de Azevedo. *Agências Reguladoras Independentes*. Belo Horizonte: Fórum, 2009.

VELASCO-JR, Licínio. Documento histórico: a privatização no Sistema BNDES. *Revista do BNDES*, n. 33, jun. 2010.

Informação bibliográfica deste texto, conforme a NBR 6023:2018 da Associação Brasileira de Normas Técnicas (ABNT):

LANDAU, Elena. Privatização: por quê, o quê e como. *In*: FAJARDO, Gabriel; COHEN, Isadora; CARELLI, Carolina (coord.). *Infracast*: Concessões, Parcerias Público-Privadas e Privatizações. Belo Horizonte: Fórum, 2022. p. 57-73. ISBN 978-65-5518-428-0.

REGULAÇÃO TORNA SANEAMENTO MAIS SEGURO PARA OS INVESTIDORES

TERESA VERNAGLIA

O marco legal do saneamento (Lei nº 14.026/20), aprovado em julho de 2020, é um grande divisor de águas no setor e criou bases para que o Brasil avance na agenda da universalização dos serviços de água e esgoto. Com 35 milhões de pessoas sem acesso à água potável e mais de 100 milhões sem os serviços de esgoto, a regulação é essencial para que o país tenha acesso aos mais de R$700 bilhões em investimentos necessários para a expansão dos serviços a todos os brasileiros.

Com pouco mais de um ano do novo marco legal, podemos dizer que o país dá os primeiros sinais de avanço. Atualmente, em 2021, a iniciativa privada está em 7% dos Municípios brasileiros e é responsável por cerca de 33% do total investido pelas companhias do segmento. Em 2019, a participação correspondia a 6% dos Municípios, responsável por 20% dos investimentos.

De acordo com levantamento da Secretaria de Política Econômica do Ministério da Economia, entre os meses de setembro de 2020 e setembro de 2021, os projetos de saneamento em fase de contratação no Banco Nacional de Desenvolvimento Econômico e Social (BNDES) alcançaram os R$35,3 bilhões em investimentos. Incluindo outorgas, esse valor deve chegar a R$50 bilhões. Trata-se de um salto expressivo, pois, até 2019, giravam em torno de R$3 bilhões ao ano.

Em dezembro de 2021, a partir da provocação de quatro Ações Diretas de Inconstitucionalidade contra a Lei nº 14.026/20, o marco do saneamento teve sua constitucionalidade confirmada pelo Supremo Tribunal Federal, reafirmando o valor do novo marco legal para a promoção da universalização do acesso ao saneamento básico no país.

O novo marco legal representa uma expectativa de segurança jurídica ao investidor, abrindo oportunidades para a concretização de novos projetos, com eficiência e ganho de escala, que beneficiem a população e impulsionem o desenvolvimento socioeconômico do país.

Para se ter ideia do avanço qualitativo que a regulação atual proporcionou ao setor, vale a pena fazermos um breve retorno ao passado. Por muitos anos, o saneamento brasileiro contou somente com uma regulação descentralizada e fragmentada. A origem desse cenário está na definição constitucional de que os serviços de *interesse local* são de competência dos Municípios, e de que os Estados podem instituir, mediante lei complementar, regiões de *interesse comum* para integrar a organização, o planejamento e a execução das funções públicas.

A Constituição não estabelece uma definição clara para cada um desses conceitos e não define objetivamente em que circunstâncias os serviços de saneamento básico são de interesse local ou de interesse comum. Diante dessa lacuna, na prática, historicamente entendeu-se, na maioria dos casos, que o serviço de saneamento seria de interesse local, porque diz respeito às cidades.

1   A questão da titularidade

A partir da década de 70, as Companhias Estaduais de Saneamento Básico (CESBs) tornaram-se protagonistas na prestação dos serviços de saneamento no país, uma vez que, à época, o Plano Nacional de Saneamento Básico (PLANASA) era gerido pelo extinto Banco Nacional da Habitação (BNH) – responsável por aplicar, além de recursos próprios, recursos do FGTS para os investimentos no setor de saneamento. Como forma de incentivar a transferência dos serviços para as Companhias Estaduais de Saneamento Básico, o BNH somente repassava recursos para as CESBs, de maneira que apenas os Municípios que transferiam os serviços para tais empresas eram beneficiados com os investimentos do plano.

Dessa forma, consolidou-se o cenário que conhecemos bem: companhias estaduais prestando serviços na maioria dos Municípios brasileiros. A maior parte dessas empresas priorizou os investimentos no fornecimento de água, deixando de lado os investimentos em esgoto. Isso explica por que, passados mais de 50 anos, praticamente metade da nossa população ainda não conta com tratamento de esgoto, o que compromete a saúde coletiva e a qualidade de vida.

Devido à transferência incentivada dos serviços de saneamento para as companhias estaduais, os Estados ampliaram exponencialmente a sua atuação no setor de saneamento básico e passaram a se comportar como titulares desses serviços. A questão ficou ainda mais latente na prestação de serviços em regiões metropolitanas, uma vez que, como os Estados eram os responsáveis pela criação das Regiões Metropolitanas a partir do agrupamento de diversos Municípios devido à existência de interesse comum, o entendimento passou a ser de que, nessa hipótese, haveria também a transferência da titularidade dos serviços para o Estado.

Esse foi o entendimento que prevaleceu por muito tempo, até que, em 2013, o Supremo Tribunal Federal (STF) julgou uma ação de inconstitucionalidade contra uma lei publicada pelo Estado do Rio de Janeiro dando diretrizes sobre os serviços de saneamento na Região Metropolitana.

Nessa ocasião, questionava-se se a titularidade dos serviços de saneamento básico era transferida pelos Municípios ao Estado quando havia interesse comum, a partir da inclusão de um município em uma região metropolitana. A decisão do STF confirmou que, quando há interesse comum, as decisões deveriam ser colegiadas, com participação dos Municípios e do Estado, corroborando o entendimento de que o fato de o município ter sido integrado à Região Metropolitana não significava a transferência da titularidade desses serviços para o Estado.

O tema da titularidade dos serviços de saneamento era tão controverso e complexo que essa ação direta de inconstitucionalidade, bem conhecida pelo setor pelo seu número 1842, levou longos 22 anos para ser julgada.

O novo marco do saneamento, entre outros benefícios, esclareceu a questão da titularidade dos serviços de saneamento, que é exercida pelo Município em caso de interesse local, e pelo Estado em conjunto com os Municípios, em caso de interesse comum, em linha com o que havia sido decidido pelo STF sete anos antes.

2 A importância da regulação centralizada

A multiplicação das companhias estatais de saneamento foi acompanhada pela criação de mais de 70 agências reguladoras municipais, intermunicipais, distritais e estaduais no país ao longo dos anos. Essa pulverização resulta em grande diversidade de diretrizes regulatórias, muitas vezes divergentes, criando um contexto de insegurança jurídica aos investidores.

Para se ter uma ideia dessa complexidade, as agências têm uma regulação diferente para companhias estaduais, que não passaram por um processo de licitação para operar, e outra regulação para contratos licitados.

O novo marco legal trouxe uma mudança de patamar nesse quesito, estabelecendo a Agência Nacional das Águas e Saneamento Básico (ANA) como responsável pela edição de diretrizes nacionais no tocante às operações relacionadas à água, ao esgoto, à drenagem e aos resíduos sólidos. A definição de como devem ser tratados temas de interesse geral, como os reajustes de tarifas, reequilíbrios e revisões, ou mesmo indenizações em caso de término dos contratos, fazem parte das suas atribuições, possibilitando escolhas regulatórias mais coerentes e convergentes, resultando em mais segurança jurídica para os investimentos no setor.

A ANA tem o papel de emitir normas de referência sobre os padrões de qualidade e eficiência das operações, metas de universalização, redução e controle de perda de água e outros temas inerentes à atuação do setor.

As agências infranacionais não são obrigadas a cumprir as diretrizes da ANA, mas, assim como na época do planejamento do BNH, a União criou um mecanismo de incentivo financeiro para adesão às normas da reguladora nacional. Definiu-se que a ANA vai publicar regularmente uma relação das agências que cumprem ou deixam de cumprir as suas normas de referência. Os Municípios que não delegarem a sua regulação para agências que sigam essas normas de referência terão restrição de acesso a recursos onerosos e não onerosos da União.

A regulação centralizada, que a ANA busca exercer em diálogo com o mercado e com a população, por meio de consultas públicas, por exemplo, representa uma mudança de paradigma no ambiente regulatório do setor.

A expectativa é que traga uniformidade de normas ao saneamento brasileiro, o que contribui para a efetiva atuação dos operadores de saneamento no mercado, favorece os negócios e, consequentemente, o acesso aos serviços pelos cidadãos, reduz riscos e evita a judicialização de questões que poderiam ser resolvidas pelas instâncias tradicionais, facilitando o relacionamento entre todas as partes interessadas.

3   Estruturas regionalizadas e ganho de escala

Outra medida relevante do novo marco do saneamento é a criação de estruturas regionalizadas, com a definição de metas para a universalização dos serviços e a uniformidade regulatória. Essa modelagem tem como objetivo ampliar a competitividade e a qualidade dos serviços oferecidos à população, tornando até mesmo Municípios menores economicamente viáveis do ponto de vista dos projetos, com escala e racionalidade.

Com base nesse entendimento, foram estruturados os primeiros contratos dessa nova fase do setor, com projetos que movimentaram mais de R$60 bilhões em investimentos. Entre os exemplos bem-sucedidos, está o leilão Casal, que envolveu 13 Municípios da Região Metropolitana de Alagoas em 2020. A BRK Ambiental, vencedora do certame, investirá R$2,6 bilhões na operação, em benefício de 1,5 milhão de pessoas.

O leilão da Cedae, realizado no Rio de Janeiro este ano, também seguiu modelagens estruturadas a partir de prestação de serviços regionalizada. Esse é um modelo altamente eficiente, principalmente do ponto de vista técnico, pois regiões com infraestruturas de saneamento facilmente compartilhadas garantem aos operadores a escala necessária para a expansão dos serviços.

Com a nova legislação, outro ponto a ser destacado é a criação de mecanismos para incentivar a regionalização, que envolve ajuda técnica e repasses da União. De acordo com a ABCON (Associação Brasileira das Concessionárias Privadas de Serviços Públicos de Água e Esgoto) e Sindicon (Sindicato Nacional das Concessionárias Privadas de Serviços Públicos de Água e Esgoto), 80,66% dos Municípios brasileiros já fazem parte de um bloco regionalizado, representando 81,5% da população brasileira.

No entanto, novos blocos ainda deverão ser formados. De acordo com a regulação, a partir de 31 de março de 2022, não terão mais acesso a recursos públicos federais os Municípios que não formalizarem uma estrutura de prestação de serviço regionalizada ou não contarem com um projeto em estruturação pelo BNDES, pelo FEP (Fundo de Apoio à Estruturação de Projetos de Concessão e PPPs) ou pela CEF (Caixa Econômica Federal), exceção feita àqueles Municípios que já tiveram seus contratos de concessão ou PPPs previamente licitados.

Todas essas medidas têm como objetivo tornar o ambiente regulatório mais seguro, com regras e condições de competição claras para as empresas públicas e privadas, permitindo que todos os agentes interessados possam atuam no setor em busca de um objetivo comum: a universalização dos serviços de saneamento básico do Brasil até 2033.

Informação bibliográfica deste texto, conforme a NBR 6023:2018 da Associação Brasileira de Normas Técnicas (ABNT):

VERNAGLIA, Teresa. Regulação torna saneamento mais seguro para os investidores. *In*: FAJARDO, Gabriel; COHEN, Isadora; CARELLI, Carolina (coord.). *Infracast*: Concessões, Parcerias Público-Privadas e Privatizações. Belo Horizonte: Fórum, 2022. p. 75-80. ISBN 978-65-5518-428-0.

INCENTIVOS PÚBLICOS E PRIVADOS[1]

GABRIEL MURICCA GALÍPOLO

1 Além do público ou privado

Em seu curso para alunos de psicologia na Universidade de Toronto, Jordan Peterson alerta quanto aos perigos de categorizações excessivamente simples que tendem a se tornar binárias. Em níveis elevados de abstração, o que constitui o bem começa a se tornar uma caixa, onde todas as coisas associadas a ele são colocadas. Bem é um e mal é zero. Esse tipo de lógica permite ao ser humano minar a si mesmo com o pensamento. A capacidade de realizar abstrações pode produzir hipergeneralizações ridículas, que reduzem a realidade para representações dramaticamente simples. É dessa forma que uma pessoa realmente deprimida pensa (Jordan Peterson, excerto extraído de seu curso na Universidade de Toronto).

O debate no setor de infraestrutura que apresenta público e privado como oposições excludentes é um caso exemplar dos limites desse tipo de lógica. A confortável crença em solucionar os problemas sociais e econômicos pela eliminação do público ou do privado só subsiste em um elevado grau de abstração, capaz de proporcionar uma distância segura do problema.

Obras públicas, bem como muitos dos serviços necessários às empresas estatais, são realizadas por empresas privadas. Privatizar ou conceder não representa a eliminação da presença do Estado naquela atividade. Contratos de concessão ou parceria público-privada podem proporcionar bons incentivos à iniciativa privada para o alcance do interesse público, mas dependem da atuação do Estado, seja na regulação

---

[1] Agradeço à Marcela Nectoux, pela revisão e comentários, isentando-a dos equívocos presentes no texto.

ou no fomento das atividades empresariais diretas, para alcançarem seus objetivos. O Estado atua na economia mesmo quando executa um programa de privatização, que constituiria, para muitos, a extinção da intervenção estatal na economia.

A intenção desta análise é desviar do debate que contrapõe público e privado e se deslocar para a investigação sobre a eficiência, a partir da indicação das condições de contorno da lógica dos incentivos oferecidos pelas modalidades contratuais. Parte significativa do tempo e angústia do gestor público é consumida no empenho em elaborar a contratação com maiores chances de proporcionar o melhor serviço público para a população. A modelagem contratual define incentivos, ao estabelecer o sistema de punições e recompensas, ou riscos e prêmios ao contratado. Seja para a contratação de pessoa física ou jurídica, estabelecer critérios de remuneração vinculados ao objetivo da contratação, para além de pagar o menor preço, costuma ser a condição determinante para o sucesso do projeto.

2 Alinhamento entre contratado e contratante

Contratações de obras públicas, equipamentos ou prestações de serviço pelo critério de menor preço, como tradicionalmente realizado pela Lei nº 8.666/93, podem gerar incentivos econômicos pouco eficientes. Uma vez estabelecido o preço de contratação, é coerente o empenho em minimizar custos para maximizar lucros, objetivo de toda empresa privada. Mas apenas as obrigações legais previstas nesse tipo de contrato podem ser insuficientes para afastar o risco de comprometimento da qualidade ou inconclusão, na busca por maior rentabilidade. Ao desvincular a remuneração do contrato da percepção da qualidade do serviço, o sistema de incentivos contratuais pode opor interesses, estabelecendo uma dinâmica em que a ampliação do ganho para o contratado é perseguida em prejuízo do objetivo do contratante.

Modalidades de contratação que combinam a construção ou o fornecimento do ativo com sua manutenção e operação costumam proporcionar maior alinhamento entre contratado e contratante, com consequente vantagem à população que fará uso do serviço público, comparativamente às alternativas que costumam contratar obras públicas, equipamentos ou prestações de serviço separadamente e pelo menor preço.

Contratos de concessão e parceria público-privada (PPP), ao condicionarem a percepção de receita à prestação do serviço, seja pela cobrança do usuário ou restrição de pagamento de contraprestação, pelo artigo 7º da Lei nº 11.079 (de PPPs), incentivam o interesse do contratado em fazê-lo fruível de forma célere, mas zelando pela qualidade do ativo, dado que o concessionário será responsável por sua manutenção e operação, geralmente por prazos longos.

No entanto, figuram também como exemplos de insucesso casos de privatizações e concessões cujos contratos priorizaram produzir receita no curto prazo para o governo, pela maximização da outorga ou valor recebido pela venda do ativo, em prejuízo da destinação dos recursos para a melhoria da qualidade do serviço público. Ou ainda, contratos que, visando reduzir a exposição (déficits) no fluxo de caixa do concessionário para desonerar a necessidade de receitas futuras compensatórias, seja na forma de tarifa, contraprestação ou a combinação das duas, foram estruturados com uma receita inicial e posterior obrigação de investimentos, em patamares que, ao serem realizados (os investimentos), reduzem a rentabilidade do projeto.

Contratos de concessão podem apresentar em seus escopos a construção, fornecimento, manutenção e operação do serviço, mas sob a ótica financeira a rentabilidade do concessionário decorre de uma espécie de juros, a Taxa Interna de Retorno. A TIR remunera a indisponibilidade de liquidez, do momento da sua renúncia, por investidores e credores para financiar a construção ou aquisição do ativo, até sua posterior amortização pelo direito de cobrança de tarifa ou pagamento do poder concedente.

O investidor desenvolve o papel de uma espécie de credor ao renunciar ativos líquidos, como capital próprio ou capacidade de alavancagem de recursos de terceiros, muitas vezes pelo empenho de outros ativos de sua propriedade, para construir e adquirir bens de propriedade do poder concedente. Cada unidade de tempo adicional de liquidez indisponível, sem a amortização do investimento, incrementa o valor a ser recebido pelo custo de capital, representado pela taxa interna de retorno, como a incidência de uma taxa de juros sobre o valor de uma dívida.

Por essa razão, a chamada modelagem financeira da concessão pode sugerir maior eficiência ao minimizar a exposição de caixa do concessionário, pela redução ou mesmo eliminação do intervalo temporal entre o investimento e a percepção de receita. Mas esse expediente pode ser prejudicial ao sistema de incentivos do contrato, caso a conclusão dos investimentos não seja posteriormente compensada por acréscimo de receita capaz de majorar a rentabilidade do concessionário.

Nas concessões e parcerias público-privadas, assim como nas obras públicas, se a conclusão dos investimentos proporcionar a redução da rentabilidade da empresa contratada, o contrato criará um mecanismo de punição, e não recompensa, ao seu adimplemento. Novamente os interesses apresentam-se desalinhados pela vantagem concorrente entre contratado e contratante, pois o benefício de um é ampliado em prejuízo do outro.

A alteração na legislação para prever a possibilidade de aporte de recursos públicos em parcerias público-privadas, durante a fase de implantação do projeto, buscou reduzir os custos financeiros em projetos intensivos em capital e com longo prazo de investimento sem percepção de receita. A incidência do custo de capital sobre o investimento de bilhões de reais durante diversos anos de implantação do projeto, sem qualquer percepção de receita, gera um efeito "bola de neve" decorrente de processo análogo à dinâmica de juros compostos sobre uma dívida que se acumula.

Frequentemente, os entes públicos têm acesso a linhas de financiamento a taxas de juros (custo de capital) inferiores à taxa interna de retorno dos projetos, o que torna financeiramente mais eficiente acessar esses recursos e empregá-los no projeto na modalidade de aporte de recursos públicos. A eleição pela contratação na modalidade parceria público-privada com aporte de recursos públicos, mesmo quando o Estado tem disponibilidade de recursos para realização da maior parte ou quase integralidade dos investimentos, revela a percepção do contratante das vantagens do arcabouço legal das parcerias público-privadas, ao proporcionarem contratos com mecanismos que ampliam probabilidade de sucesso ao atendimento do interesse público.

No Brasil, as vantagens oferecidas pelo arcabouço legal das concessões e parcerias público-privadas na elaboração de contratos vocacionados a induzirem maior alinhamento entre contratado e contratante podem ser mais destacadas que a concepção predominante de emprego dessas modalidades, pela indisponibilidade orçamentária do Estado e necessidade de alavancagem de recursos privados.

Apesar de as vantagens elencadas, assim como nas contratações de obras públicas, equipamentos ou prestações de serviço realizadas pela Lei nº 8.666/93, existem diversos casos de contratos de concessão e parceria público-privada com problemas de execução, e não apenas por motivos decorrentes da sua concepção original. Além dos incentivos estabelecidos ao concessionário para o atendimento do interesse público, cabe analisar também os incentivos oferecidos às pessoas físicas, contratadas pelo Estado, responsáveis pela gestão desses contratos.

3 Incentivos na gestão do contrato

Seja no estudo de viabilidade ou na redação do contrato, não é possível prever e elencar um rol taxativo de todos os eventos futuros possíveis de ocorrerem durante o prazo de concessão. A formalização de projeções econômicas em modelos que estimam probabilidades é proporcionada pelo expediente de se assumir um número finito e conhecido de cenários futuros alternativos, que possibilitou substituir a intratável incerteza pelo estimável risco. O reconhecimento da fragilidade dessa hipótese envolve um consumo prosaico dessas projeções, não como um mapa capaz de oferecer orientação rigorosa e exata, mas como informação adicional para subsidiar a decisão do investimento.

A incerteza do ambiente econômico não decorre de uma insuficiência analítica dos agentes incapazes de coletarem e processarem todas as informações disponíveis, mas pelo fato de elas não estarem disponíveis no momento da tomada de decisão. Como afirma George Shackle (1991), em *Epistemics and Economics: A Critique of Economic Doctrine*, o tempo e a lógica são estranhos um ao outro. O primeiro implica a ignorância, o segundo demanda um sistema de axiomas envolvendo tudo o que é relevante. Mas, infelizmente, o vazio do futuro compromete a possibilidade da lógica.

O ambiente de decisões econômicas do mercado é um fenômeno estranho à concepção convencional de lógica que realiza deduções pela exclusão de contradições ou de ciência enquanto extração de um valor da experiência independente da subjetividade do observador. As trocas são viabilizadas justamente pelas incertezas sobre o futuro, que permitem equivalências representativas simultaneamente de percepções distintas ou opostas.

No mercado descrito pela teoria econômica como ambiente de trocas visando ao consumo, as percepções inversas de valores são associadas às diferentes utilidades das mercadorias. Para quem dispõe de água, já saciou sua sede, mas tem fome, a utilidade e valor dessa unidade de água é inferior à da comida. O inverso é válido para quem dispõe de comida e já saciou sua fome, mas tem sede. A troca da unidade de água pela de comida conforma a equivalência com percepções de valores inversas entre os agentes.

No mercado enquanto ambiente de realização de investimentos, cada qual prevê o futuro à sua maneira. Essa esperança matemática de ganho é "calculada" na base das probabilidades existentes e deve parecer suficiente para compensar o risco de reveses. No mercado de ativos financeiros, o comprador acredita que o prêmio esperado compensa o risco, ocorrendo o oposto com o vendedor. O benefício para o comprador será realizado caso o tempo entregue os ganhos esperados com a aquisição do ativo. Caso os reveses se realizem, ou os recursos sejam alocados de forma mais rentável, a venda do ativo se revelará vantajosa.

Mais do que um problema que aflige os agentes, a existência de incerteza quanto ao futuro é a condição necessária ao funcionamento do mercado. A formação de um consenso em torno das expectativas relativas à evolução dos preços dos ativos interrompe a sua lógica. A generalização das apostas na desvalorização futura do ativo financeiro, por exemplo, promove o empenho coletivo dos agentes na sua venda, carente da demanda de agentes com expectativas contrárias (compradores) para se realizar.

A existência de apostas divergentes sobre o futuro viabiliza apetites, percepções de risco (prêmio) e propostas financeiras distintas. A incapacidade de os agentes deduzirem o futuro axiomaticamente deriva da impossibilidade em estabelecer nexos causais confiáveis pela observação do passado, que permitam sua extrapolação para o futuro como recorrência estável. Isso não indica a irracionalidade e dispensa de estudos prévios, para coleta da maior quantidade de dados e informações disponíveis, mas decisões mobilizadas e orientadas por outras inclinações além da razão pura.

O investimento identifica-se com uma aposta acerca dos fluxos futuros de receitas que se espera ter direito a partir da renúncia da liquidez no presente. A precariedade de conhecimento no momento de decisão é insuperável, pois o futuro ainda será criado, influenciado pelas decisões dos próprios agentes econômicos. A necessidade de tomada de decisão, ainda que de forma débil ante a fragilidade do conhecimento humano sobre o futuro, faz com que os empreendedores reúnam todo e qualquer conhecimento disponível, visando assegurar a melhor escolha possível. Os homens de negócio fazem um jogo, que é uma mescla de habilidade e de sorte, cujos resultados são previamente desconhecidos pelos jogadores que dele participam.

Assim como nos negócios privados, as decisões dos gestores públicos são realizadas em um ambiente de profunda incerteza. O desconhecimento sobre o futuro não possibilita garantias, *ex-ante*, seja ao privado ou ao público. O reconhecimento da precariedade desse ambiente é condição essencial para se estabelecer um sistema adequado de punições e recompensas ao gestor público.

É essencial que cortes de conta, órgãos de controle e o poder judiciário executem o sistema de punições aos desvios e malfeitos na gestão pública, mas é preciso evitar que a possibilidade de contraposição aos atos do gestor implique em um sistema de incentivos para a inação, como a atitude racional, com conjecturas contrafatuais sobre decisões passadas que poderiam especulativamente produzir resultados melhores, propostas a partir das informações disponíveis *ex-post*.

O sistema que estabelece ao gestor público o risco de processos administrativos e judiciais ante à possibilidade de revisão e julgamento das suas decisões, e como prêmio a esse risco uma satisfação ao desejo de ver atendido o interesse público, pode colocar o administrador em situação adversa, por exemplo, frente a fatos supervenientes que ensejam a necessidade de reequilíbrio ou aditivo contratual.

Ainda que determinada solução se apresente, naquele momento, como a mais pertinente para viabilizar a disponibilidade do serviço à população, pode ser lógico ao gestor público se abster, induzir e aguardar algum tipo de decisão de terceiros ou judicial, para se isentar de futura responsabilização. Um sistema sem recompensas tangíveis e com penalizações materiais à ação incentiva a inação.

Assim como é necessário criar um sistema que suporte decisões tomadas de forma proba, é preciso responsabilizar a indecisão. São os executivos da Administração Pública que executam a política. Sem evolução institucional para a criação de um ambiente com amparo mínimo às suas decisões, não haverá espaço para a prática mesmo das melhores ideias ou êxito dos contratos mais bem formulados.

4 Incentivos às Parcerias Público-Privadas

A análise do mercado de debêntures de infraestrutura evidencia a concentração em setores como energia e transporte e logística, representantes de 72% e 22% do estoque, respectivamente, conforme dados da Anbima e Ministério da Fazenda. São setores apontados como casos exitosos de concessão para a iniciativa privada pela maior maturidade do seu ambiente regulatório. Cabe apontar que a maturidade se associa à viabilidade de sua concessão para a iniciativa privada (há mais tempo), inerente a setores sustentados por receitas tarifárias, dispensando recursos fiscais ou estruturas de garantias para pagamentos do poder concedente. Essa não é a realidade para muitos projetos que demandam, integral ou parcialmente, recursos orçamentários.

Boa parte dos serviços públicos mais carentes de investimentos depende de recursos orçamentários e são de responsabilidade dos entes subnacionais. É baixo o apetite privado para realizar ou financiar investimentos remunerados por pagamentos públicos diferidos no tempo, envolvendo o compromisso orçamentário por diversas gestões municipais ou estaduais. O prêmio da exploração de serviços públicos remunerados por receitas tarifárias envolve gerenciar riscos de investimentos, operação, manutenção e demanda. Mas, no caso de serviços remunerados com recursos fiscais, o risco de inadimplência do contratante tende a inviabilizar a participação do investimento privado, e também o público pela restrição orçamentária.

A regra fiscal apoiada em metas de resultado primário proporcionou ao governo brasileiro exibir superávits ao longo de 16 anos, de 1998 a 2013, mas não impediu o salto da dívida bruta do setor público do patamar de 40%, em 1998, para quase 58% do PIB, em 2013, acompanhada da elevação de 6% na carga fiscal, também medida em relação ao PIB. A dinâmica evidencia a expansão do PIB a taxas inferiores à da dívida e carga fiscal. A insuficiência no crescimento econômico relaciona-se com o baixo patamar de investimento, em especial em setores com alta capacidade de geração de emprego e ganhos de produtividade, como infraestrutura.

A exigência de cumprir superávits primários induz o governo a cortar seus gastos em momentos de retração da atividade econômica e queda na arrecadação, acentuando o ciclo econômico contracionista. Historicamente, as despesas com atividades-meio e custeio apresentam menor flexibilidade. Por exclusão, os investimentos, inclusive no setor de infraestrutura, assumem o papel de despesas discricionárias. A política de cortes de despesas em momentos de desaceleração da economia produz uma espiral negativa: a queda na atividade econômica derruba a arrecadação e sugere o corte de investimentos e despesas do governo, o que contribui para acentuar a queda da economia e retroalimenta o movimento.

De 2014 a 2020, o governo brasileiro apresentou déficits primários consecutivos. Em 2016, foi apresentada a "Emenda Constitucional do Teto dos Gastos Públicos", que estabeleceu novo regime fiscal. Ao apresentar suas motivações, o texto da Proposta de Emenda Constitucional 241, que dá origem ao novo regime fiscal, apresenta pertinente crítica ao caráter pró-cíclico da regra anterior:

> O atual quadro constitucional e legal também faz com que a despesa pública seja pró-cíclica, quer dizer, a despesa tende a crescer quando a economia cresce e vice-versa. O governo, em vez de atuar como estabilizador das altas e baixas do ciclo econômico, contribui para acentuar a volatilidade da economia: estimula a economia quando ela já está crescendo e é obrigado a fazer ajuste fiscal quando ela está em recessão (...) Também tem caráter pró-cíclico a estratégia de usar a meta de resultados primários como âncora da política fiscal (...) o Novo Regime Fiscal será anticíclico: uma trajetória real constante para os gastos associada a uma receita variando com o ciclo resultarão em maiores poupanças nos momentos de expansão e menores superávits em momentos de recessão. Essa é a essência de um regime fiscal anticíclico (PEC 241 de 2016).

A nova métrica de equilíbrio fiscal visa impedir o crescimento real do gasto primário de um ano para o outro, ao limitar a despesa primária dos poderes Executivo, Legislativo e Judiciário, para cada exercício e pelos próximos 20 anos, à despesa do ano anterior corrigida pelo IPCA. Sua ampliação é no máximo igual à inflação do ano anterior, ou seja, sofre apenas atualização monetária. Como o PIB cresce não só pela inflação, que majora seu valor nominal, mas também pelo aumento de todos os bens e serviços produzidos no país, salvo casos de deflação e recessão, a defasagem na taxa de expansão da despesa primária provocará perda da sua participação relativa no PIB.

Apesar de o objetivo de corrigir essa dimensão do regime fiscal brasileiro, a imposição de um limite linear e genérico às despesas primárias acabou por também comprimir a disponibilidade de recursos orçamentários para infraestrutura. Com o crescimento autônomo das despesas correntes, muitas vezes acima da inflação, essas passam a ocupar participação cada vez maior e a expulsar os investimentos para fora do teto e do orçamento, desempenhando novamente a função de despesas discricionárias.

Viabilizar maior participação do investimento privado em infraestrutura demandará contar com a participação de recursos públicos na oferta de garantias, recursos para pagamento e financiamento. O novo debate acerca do regime fiscal deve necessariamente enfrentar a composição das despesas primárias, contando com participação ampla e democrática. É preciso superar as simplificações que antagonizam público e privado e engajar no diálogo sobre a eficiência das políticas, despesas e tributos, não apenas para o crescimento do PIB, mas para colaborar na construção da sociedade desejada.

Referências

BELLUZZO, Luiz. Gonzaga. M; GALÍPOLO, Gabriel. Pec 241: a moratória do contrato social. *FENAFAR – Federação Nacional dos Farmacêuticos*, 13 maio 2022. Disponível em: https://fenafar.org.br/2022/05/13/opiniao-pec-241-a-moratoria-do-contrato-social-luiz-gonzaga-belluzzo-e-gabriel-galipolo/. Acesso em: 26 jul. 2022.

GALÍPOLO, Gabriel; HENRIQUES, Ewerton de Souza. Rentabilidade e equilíbrio econômico-financeiro do contrato. *In*: MOREIRA, Egon Bockmann. *Contratos administrativos, equilíbrio econômico-financeiro e a taxa interna de retorno*: a lógica das concessões e parcerias público-privadas. Belo Horizonte: Fórum, 2017.

KEYNES, John Maynard. *A Teoria Geral do Emprego, do Juro e da Moeda*. São Paulo: Editora Saraiva, 1996.

PEREZ, Marcos; GALÍPOLO, Gabriel. A retomada no pós-pandemia. *Valor Econômico*, 28 maio 2020. Disponível em: https://valor.globo.com/opiniao/coluna/a-retomada-no-pos-pandemia.ghtml. Acesso em: 28 maio 2021.

ROCHA, Igor; GALÍPOLO, Gabriel. Infraestrutura: A vida como ela é. *A Terceira Margem*, 03 jun. 2020. Disponível em: https://aterceiramargem.org/2020/06/03/infraestrutura-a-vida-como-ela-e/. Acesso em: 03 jun. 2021.

SHACKLE, G. L. S. *Epistemics and Economics*: A Critique of Economic Doctrines. Abingdon, Inglaterra: Routledge, 1991.

Informação bibliográfica deste texto, conforme a NBR 6023:2018 da Associação Brasileira de Normas Técnicas (ABNT):

GALÍPOLO, Gabriel Muricca. Incentivos públicos e privados. *In*: FAJARDO, Gabriel; COHEN, Isadora; CARELLI, Carolina (coord.). *Infracast*: Concessões, Parcerias Público-Privadas e Privatizações. Belo Horizonte: Fórum, 2022. p. 81-90. ISBN 978-65-5518-428-0.

ESTRUTURA DE GARANTIAS EM CONTRATOS PÚBLICOS

ANDRÉ DABUS

1 Introdução

A estrutura de garantias em contratos de natureza público-privada é fundamental para a viabilização de projetos de infraestrutura em todas as formas em que são concebidos. De um lado, tem-se o administrador público defendendo os interesses do Estado, visando assegurar-se de que o contrato será cumprido no tempo e na forma acordados; e, por outro, o investidor privado, visando assegurar-se de que os administradores públicos respeitarão as regras dos contratos e dispositivos legais. Nesse sentido, surgem inquietações de ambas as partes: *O que é possível ser feito para proporcionar a segurança jurídica desejada tanto ao parceiro público quanto ao privado? Quais são os mecanismos disponíveis para mitigar os efeitos econômicos, financeiros e sociais da materialização do risco de inadimplência dos contratos? Na hipótese de terminação antecipada do contrato, em relação à estrutura de garantias, quais as consequências para as partes envolvidas?* Esses são os três pontos-chave que serão abordados nesta reflexão, que não tem a pretensão de ser exaustiva, mas sim ampliar as discussões envolvendo a estrutura de garantias em contratos de natureza público-privada. Antes, porém, vale a pena revisitarmos alguns conceitos que serão imprescindíveis para a compreensão do tema proposto.

Projetos de infraestrutura são formados por cinco pilares de sustentação, que, quando bem dimensionados e executados, produzem efeitos positivos a todas as partes interessadas. O primeiro deles são os **estudos técnicos e de engenharia** necessários para atestar a viabilidade técnica, econômica e financeira da implantação do projeto, quais os benefícios para a sociedade, os principais obstáculos a serem vencidos, os recursos necessários, dentre outros fatores, para o sucesso do empreendimento.

O segundo pilar pode ser considerado a **modelagem jurídica** a ser adotada, ou seja, qual o arranjo contratual que será utilizado para dar forma e conteúdo aos estudos já realizados, seguindo as melhores práticas de estruturação de projetos e dispositivos legais, tais como: concessões comuns regidas pela Lei nº 8.897/1995 e concessões administrativas e patrocinadas previstas na Lei nº 11.079/2004.

A **estrutura de financiabilidade** pode ser considerada como o terceiro pilar de sustentação dos projetos de infraestrutura. Aqui estarão previstos o montante de recursos necessários para construção, implantação e operação do ativo de infraestrutura, bem como os recursos financeiros previstos para o *equity*[1] *e debt,*[2] que serão aplicados no curto, médio e longo prazo. Atualmente, existem diversas opções para financiamento de longo prazo; dentre elas, os financiamentos tradicionalmente disponibilizados pelo Banco Nacional de Desenvolvimento Econômico e Social (BNDES) e pelos demais bancos de fomento estaduais, pelas agências multilaterais, além da emissão de debêntures de infraestrutura que, de acordo com o Boletim de *Project Finance* divulgado pela Associação Brasileira das Entidades dos Mercados Financeiros e de Capitais (ANBIMA), em 20.8.2020,[3] já superou o volume de recursos disponibilizados diretamente pelo BNDES.

No quarto pilar, estão concentrados os **mecanismos de alocação e mitigação dos riscos** que foram identificados na matriz de riscos, que deu origem ao projeto. Apesar de não existir na literatura específica uma metodologia única e uniforme para identificação, análise e tratamento dos riscos que compõem as diversas etapas do projeto de infraestrutura, recomenda-se uma divisão entre riscos gerenciáveis[4] e

---

[1] *Equity*: fonte de recursos formada pelo capital próprio do investidor.
[2] *Debt:* recursos obtidos por meio de empréstimos com financiadores externos.
[3] Financiamento de projetos na modalidade *project finance* alcança R$39 bilhões em 2019. *ANBIMA – Associação Brasileira das Entidades dos Mercados Financeiro e de Capitais*, 20 ago. 2020. Disponível em: https://www.anbima.com.br/pt_br/informar/relatorios/mercado-de-capitais/boletim-de-financiamento-de-projetos/financiamento-de-projetos-na-modalidade-project-finance-alcanca-r-39-bilhoes-em-2019.htm. Acesso em: 26 jun. 2022.
[4] "Riscos Gerenciáveis são aqueles possíveis de mensurar previamente às consequências econômicas, financeiras e sociais que sua materialização poderia causar ao projeto. Os riscos classificados como gerenciáveis podem ser seguráveis ou não, dependendo do interesse do mercado segurador privado em assumi-los mediante o pagamento de um prêmio na contratação da apólice de seguro, nas diversas modalidades oferecidas pelos seguradores"

não gerenciáveis,[5] seguráveis e não seguráveis. A partir daí, será possível avaliar os mecanismos de mitigação contratuais, tais como cláusulas de multas, penalidades, reequilíbrio, dentre outras; e os extracontratuais, tais como: contratos de seguros, garantias e fianças.

Por fim, no quinto pilar, estão previstas as **estruturas de garantias** que deverão ser oferecidas ao parceiro privado e ao público, sendo que aquelas destinadas ao parceiro público serão o foco das reflexões contidas neste estudo.

2 O que é possível ser feito para proporcionar a segurança jurídica desejada tanto ao parceiro público quanto ao privado?

Para perguntas complexas, não há respostas simples. A segurança jurídica tornou-se uma das principais discussões envolvendo os investimentos público-privados em projetos de infraestrutura. Se por um lado o investidor privado demanda por estruturas de garantias para preservar seu capital e o retorno do investimento visando assegurar-se de que o Estado cumprirá as obrigações pactuadas em um contrato de concessão comum, administrativa ou patrocinada; por outro, o Estado, na figura dos seus agentes públicos, tem o dever legal de preservar o interesse público e garantir a entrega da infraestrutura urbana e social de qualidade para a população.

O item XXI do Art. 37 da Constituição Federal[6] estabelece que somente através de licitações públicas poderão ser contratados obras e serviços, prevendo ainda as exigências de qualificação técnica e

---

(DABUS, André. *Revista de Direito Público da Economia – RDPE*. 57. ed. Belo Horizonte: Fórum, 2017).

[5] "Riscos não gerenciáveis são aqueles cujas características peculiares dificultam a gestão e o controle, e até mesmo o dimensionamento do impacto e as consequências econômicas, financeiras e sociais que sua manifestação pode provocar ao projeto, impossibilitando ações objetivas para prevenir ou obstar sua ocorrência" (DABUS, André. *Revista de Direito Público da Economia – RDPE*. 57. ed. Belo Horizonte: Fórum, 2017).

[6] "Art. 37. A administração pública direta e indireta de qualquer dos Poderes da União, dos Estados, do Distrito Federal e dos Municípios obedecerá aos princípios de legalidade, impessoalidade, moralidade, publicidade e eficiência. E, também, ao seguinte:
XXI – ressalvados os casos especificados na legislação, obras, serviços, compras e alienações serão contratados mediante processo de licitação pública que assegure igualdade de condições a todos os concorrentes, com cláusulas que estabeleçam obrigações de pagamento, mantidas as condições efetivas da proposta, nos termos da lei, a qual somente permitirá as exigências de qualificação técnica e econômica indispensáveis à garantia do cumprimento das obrigações".

econômica indispensáveis à garantia do cumprimento das obrigações. A nova lei de Licitações e Contratos Administrativos 14.133, sancionada em 01.4.2021 pelo Presidente da República, introduziu inovações significativas no capítulo das garantias, dispostas nos Arts. 96 a 101, prevendo elevação do percentual de garantias para até 30% em obras de grande vulto[7] (acima de R$200 milhões), bem como a introdução do mecanismo do *Step in*,[8] que permitirá a retomada do contrato pelo segurador. A expectativa é que, em conjunto com as demais inovações – certificação de projetos, matriz de riscos, previsão de outras modalidades de seguros, mecanismos alternativos de soluções de controvérsias, ferramentas tecnológicas para gestão e administração contratual, dentre outras –, será possível fortalecer a segurança jurídica não somente na formulação dos editais e contratos, mas, também, na sua implantação, operação e gestão contratual. O Art. 28 da Lei nº 13.655/2018,[9] conhecida como Lei de Introdução às Normas do Direito Brasileiro (LINDB), impõe ao administrador público responsabilidade pessoal caso ele aja com dolo ou cometa erro grosseiro durante o desempenho de sua função.

Considerando que a preparação e o desenvolvimento do processo licitatório são complexos e formados por diversas etapas, deverá o administrador público agir com diligência e responsabilidade quando da interpretação e inclusão dos dispositivos de garantia admitidos em lei, que proporcionarão a segurança necessária à conclusão do contrato. Além do mais, tanto o Art. 56 da Lei nº 8.666/1993[10] quanto o Art. 96 da Lei nº 14.133/2021[11] deixam a critério do administrador público a faculdade de exigir ou não garantias nas contratações, ampliando ainda mais sua responsabilidade na seleção dos projetos/contratos, que deverão ou não conter mecanismos de garantias para preservar o

---

[7] "Art. 6º. Para os fins desta Lei, consideram-se:
XXII – obras, serviços e fornecimentos de grande vulto: aqueles cujo valor estimado supera R$200.000.000,00 (duzentos milhões de reais)".

[8] *Step in* significa a autorização legal conferida ao segurador para afastar o construtor inadimplente e assumir a retomada do contrato com finalidade de concluir e entregar a obra ao administrador público.

[9] Art.28 da Lei nº 13.655/2018. "O agente público responderá pessoalmente por suas decisões ou opiniões técnicas em caso de dolo ou erro grosseiro".

[10] Art. 56 da Lei nº 8.666/1993. "A critério da autoridade competente, em cada caso, e desde que prevista no instrumento convocatório, poderá ser exigida prestação de garantia nas contratações de obras, serviços e compras".

[11] Art. 96 da Lei nº 14.133/2021. "A critério da autoridade competente, em cada caso, poderá ser exigida, mediante previsão no edital, prestação de garantia nas contratações de obras, serviços e fornecimentos".

interesse público e, ato contínuo, "calibrar" adequadamente o valor ou percentual da garantia aos riscos de inadimplência do contrato – que deverá abranger, além das multas e penalidades para a rescisão antecipada do contrato, o sobrecusto[12] a ser incorrido pela Administração Pública para a retomada do contrato.

Outro aspecto que merece ser considerado é que a aparente flexibilidade e/ou discricionariedade conferida por lei ao administrador público, para exigir ou não garantias em contratos públicos, poderá causar a ele sérios transtornos, caso uma empresa contratada em processo licitatório deixe de cumprir suas obrigações contratuais e for comprovado que, em projetos semelhantes, as garantias de execução foram exigidas dos respectivos licitantes como forma de preservar os direitos do Estado. No entanto, caso optar por exigir garantias, tanto na fase pré-licitatória quanto na execução contratual, deverá certificar-se de que o valor ou percentual definido no edital – e com base nos dispositivos legais – será suficiente para permitir a retomada do contrato, suprir o eventual sobrecusto e/ou pagamento das multas no caso de inadimplência motivada por culpa do licitante/contratado.

A exigência de garantias no processo licitatório não beneficia somente o Estado e a população, que espera receber o equipamento público objeto do contrato, mas, também, toda a cadeia produtiva, que é parte integrante do processo de contratação. Senão vejamos: quando o procedimento licitatório contempla estrutura de garantias, tanto para a manutenção das propostas quanto para a execução contratual, as empresas que farão parte do certame deverão recorrer a bancos e/ou seguradoras para aprovar seu limite de crédito e obter instrumentos garantidores ao Estado. Tal procedimento fortalece o processo de pré-qualificação, auxiliando o administrador público na seleção técnica dos licitantes, na medida em que um banco ou seguradora, ao decidir por garantir um licitante, procederá uma análise minuciosa da capacidade econômica/financeira; e, no caso específico das seguradoras, também é necessária a análise da capacidade técnica, operacional e reputacional. Outro aspecto que contribuiu para ampliar a responsabilidade do administrador público reside na qualidade do instrumento garantidor aceito no procedimento licitatório. Tanto a Lei nº 8.666/1993

---

[12] Sobrecusto: gastos adicionais que serão necessários para além dos valores previstos no contrato original – contratar outra empresa, adicionar mão de obra, materiais e/ou serviços – para a continuidade da execução do contrato interrompido pela inadimplência do licitante.

quanto a Lei nº 14.133/2021 admitem diversos instrumentos garantidores – conforme será detalhado nos capítulos seguintes –, entretanto, os responsáveis pela licitação devem observar com rigor se os documentos recebidos como garantia de execução dos contratos estão em conformidade com os dispositivos legais. Um exemplo que demonstra a fragilidade e precariedade desse processo refere-se às garantias fidejussórias que, apesar de serem um instrumento previsto no Código Civil,[13] não são adequadas para um ambiente de contratação pública. Infelizmente, muitos administradores públicos, por mero desconhecimento ou até mesmo inobservância dos dispositivos previstos na legislação de licitações, acabam por aceitar esses instrumentos, que são emitidos por empresas sem lastro econômico para suportar riscos assumidos e não são fiscalizadas nem pelo Banco Central nem pela Superintendência de Seguros Privados (SUSEP).[14] A admissão desse tipo de instrumento garantidor em licitações públicas, além de causar prejuízos ao Estado, que dificilmente conseguirá executar as garantias recebidas, também prejudica todo o processo licitatório, pois empresas que se utilizam desse instrumento inadequado competem com empresas que oferecem os instrumentos legais de garantias para licitações, como bancos fiscalizados pelo Banco Central do Brasil e/ou seguradoras que constituem reservas e são fiscalizadas e auditadas periodicamente pelo agente regulador – SUSEP.

Tanto a Lei de Concessões nº 8.987/1995 quanto a Lei de PPPs nº 11.079/2004 não contemplam dispositivos específicos para garantias contratuais, valendo-se dos mecanismos previstos na Lei de Licitações nº 8.666/1993, que trata da contratação de obras e serviços de engenharia de curto prazo. Esses demandam por estruturas de garantias diferentes dos contratos de longo prazo, como, por exemplo, concessões comuns, administrativas e patrocinadas. Em contratos de obras e serviços de engenharia, o que se espera é que, no caso de inadimplência do licitante, o garantidor assuma os prejuízos e/ou "sobrecusto" para a conclusão da obra ou o pagamento da indenização devida. Já nos contratos de concessão e PPPs, a função do garantidor vai além. Como existem obrigações múltiplas e complexas, a estrutura de garantias deve ser dimensionada tanto para amparar as multas e penalidades

---

[13] Arts. 818 a 839 do Código Civil – Contrato de Fiança.
[14] SUSEP – Superintendência de Seguros Privados – órgão regulador do mercado de seguros e resseguros que tem por finalidade fiscalizar a atuação, os produtos comercializados e a solvência das empresas e pessoas sob regulação.

previstas no contrato, quanto as indenizações para transferência dos ativos concedidos a outras empresas, incluindo, nesse caso, sobrecustos para a retomada de obras e serviços de engenharia, quando houver.

3 Quais são os mecanismos disponíveis para mitigar os efeitos econômicos, financeiros e sociais da materialização do risco de inadimplência dos contratos?

No ambiente privado, as estruturas de garantias podem ser concebidas por diversos instrumentos garantidores admitidos pela legislação civil e aceitos pelo acordo de vontade entre as partes, tais como: apólices de seguros, carta de fiança bancária, penhor de bens, títulos públicos e privados, garantias fidejussórias, dentre outros. Já no ambiente de contratação pública, independente da forma ou do tipo de contrato, a estrutura de garantias deve seguir à risca o disposto na legislação vigente. A Lei nº 8.666/1993 prevê no item III do Art. 31 a garantia de manutenção de proposta e, no Art. 56, a garantia para execução do contrato. Na nova Lei de Licitações e Contratos Administrativos nº 14.133/2021, estão previstas as mesmas modalidades, respectivamente, nos Arts. 58,[15] 96[16] até 102. Ambos os diplomas legais definem com clareza quais instrumentos garantidores serão admitidos: cartas de fiança bancárias, seguro-garantia, títulos da dívida ou caução em

---

[15] "Art. 58. Poderá ser exigida, no momento da apresentação da proposta, a comprovação do recolhimento de quantia a título de garantia de proposta, como requisito de pré-habilitação.
§1º A garantia de proposta não poderá ser superior a 1% (um por cento) do valor estimado para a contratação.
§2º A garantia de proposta será devolvida aos licitantes no prazo de 10 (dez) dias úteis, contado da assinatura do contrato ou da data em que for declarada fracassada a licitação.
§3º Implicará execução do valor integral da garantia de proposta a recusa em assinar o contrato ou a não apresentação dos documentos para a contratação.
§4º A garantia de proposta poderá ser prestada nas modalidades de que trata o §1º do art. 96 desta Lei".

[16] "Art. 96. A critério da autoridade competente, em cada caso, poderá ser exigida, mediante previsão no edital, prestação de garantia nas contratações de obras, serviços e fornecimentos.
§1º Caberá ao contratado optar por uma das seguintes modalidades de garantia:
I – caução em dinheiro ou em títulos da dívida pública, devendo estes ter sido emitidos sob a forma escritural, mediante registro em sistema centralizado de liquidação e de custódia autorizado pelo Banco Central do Brasil e avaliados pelos seus valores econômicos, conforme definido pelo Ministério da Fazenda;
II – seguro-garantia;
III – fiança bancária emitida por banco ou instituição financeira devidamente autorizada a operar no País pelo Banco Central do Brasil".

dinheiro. Tradicionalmente, as cartas de fiança bancária são emitidas por bancos fiscalizados e regulados pelo Banco Central e concebidas como garantias ao primeiro requerimento e/ou incondicionais, ou seja, uma vez executadas pelo beneficiário, o pagamento deverá ser feito no prazo estipulado na fiança sem que o garantido (tomador) possa se opor ou arguir sobre sua execução. "A fiança é um contrato no qual uma pessoa (fiador) garante satisfazer ao credor uma obrigação assumida pelo devedor, caso este não a cumpra".[17] Não há um modelo ou padrão definido, e o texto de cada carta de fiança bancária deverá ser adaptado ao contrato ou objeto garantido. Diante desse fato, recomenda-se uma análise prévia e minuciosa dos termos e das condições, tanto para quem recebe quanto para quem oferece esse tipo de garantia. Para emissão das cartas de fiança bancárias, os bancos avaliam a capacidade econômica e financeira do cliente e com frequência exigem, como contrapartida, que o mesmo montante a ser garantido esteja disponível no banco para lastrear indenizações futuras. Tal procedimento, além de encarecer a operação, compromete o limite de crédito do tomador na instituição financeira, podendo inviabilizar novas operações. Já as apólices de seguros-garantia – concebidas tradicionalmente para garantir as obrigações de fazer, fornecer e entregar (*performance*) – possuem texto padronizado e disciplinado em resoluções normativas divulgadas pela Superintendência de Seguros Privado (SUSEP) como, por exemplo, a circular SUSEP nº 477/2013, contemplando as condições gerais, especiais e particulares para os segurados (beneficiários) público e privado. Tal distinção faz-se necessária diante das particularidades envolvendo os procedimentos de contratação pública e, em especial, a aplicação das multas e penalidades, que precisam estar cobertas pelas apólices de seguro-garantia diante das exigências legais impostas aos licitantes na eventualidade de inadimplência contratual.

Recentemente, a SUSEP instituiu a consulta pública nº CP24/2021, visando ouvir os agentes do mercado segurador sobre as mudanças necessárias nos termos e nas condições do seguro-garantia no Brasil. Trata-se de uma ação necessária para aprimorar e modernizar o produto, tornando célere e eficiente sua execução. No entanto, tais evoluções deverão manter a estrutura de condicionalidade na execução

---

[17] DABUS, André; RUIZ, Eduardo Tobias. Programa de Seguros e Garantias & Derivativos. *In*: *Análise de Investimento em projetos de energia solar fotovoltaica*. Campinas, São Paulo: Editora Alínea, 2021.

das garantias, o que significa que, diferente das fianças bancárias, que podem ser estruturadas de forma incondicional e em primeiro requerimento, o seguro-garantia, por sua própria natureza jurídica, continuará dependendo do processo contraditório para sua execução, salvo raríssimas exceções. Dessa forma, e no caso específico da contratação de obras e serviços de engenharia regidos pela lei de licitações, na eventualidade de o licitante, que optou por apresentar uma apólice de seguro-garantia ao Estado, tornar-se inadimplente, o administrador público contará com o segurador responsável pela apólice de seguros como uma espécie de "conciliador/mediador", para solucionar o conflito ou pagar as multas, penalidades e os prejuízos apurados com a inadimplência.

Até então, a Lei nº 8.666/1993 não oferecia condições para o segurador exercer tal papel, na medida em que não continha dispositivos autorizando a retomada do contrato objeto da inadimplência. Com o advento da Lei nº 14.133/2021, o *Step in* foi previsto no Art. 102[18] e, dessa forma, os novos editais de licitação para obras e serviços de engenharia poderão contemplar esse mecanismo; e, caso o segurador optar por não retomar o contrato, deverá pagar a integralidade da garantia. Antes de emitir a apólice de seguro-garantia, o segurador procede a uma análise detalhada da capacidade econômica, técnica, operacional e reputacional do tomador, além da análise do contrato, prazo, dos termos e das condições da garantia. Também será necessária a celebração de um contrato adicional com o tomador (garantido), denominado "condições contratuais gerais (CCG)", que disciplinará a forma e as condições em

---

[18] "Art.102. Na contratação de obras e serviços de engenharia, o edital poderá exigir a prestação da garantia na modalidade seguro-garantia e prever a obrigação de a seguradora, em caso de inadimplemento pelo contratado, assumir a execução e concluir o objeto do contrato, hipótese em que:
I – a seguradora deverá firmar o contrato, inclusive os aditivos, como interveniente anuente e poderá:
a) ter livre acesso às instalações em que for executado o contrato principal;
b) acompanhar a execução do contrato principal;
c) ter acesso à auditoria técnica e contábil;
d) requerer esclarecimentos ao responsável técnico pela obra ou pelo fornecimento;
II – a emissão de empenho em nome da seguradora, ou a quem ela indicar para a conclusão do contrato, será autorizada desde que demonstrada sua regularidade fiscal;
III – a seguradora poderá subcontratar a conclusão do contrato, total ou parcialmente.
Parágrafo único. Na hipótese de inadimplemento do contratado, serão observadas as seguintes disposições:
I – caso a seguradora execute e conclua o objeto do contrato, estará isenta da obrigação de pagar a importância segurada indicada na apólice;
II – caso a seguradora não assuma a execução do contrato, pagará a integralidade da importância segurada indicada na apólice".

que a seguradora será ressarcida, caso venha a ser obrigada a pagar qualquer quantia ao segurado (beneficiário) devido à inadimplência do tomador (garantido).

Em contratos de concessão e PPPs, a utilização do seguro-garantia como instrumento garantidor das obrigações previstas para o licitante/concessionário remonta à década de 1990. É possível afirmar que o programa de desestatização brasileiro somente pôde ser viabilizado devido ao suporte do mercado segurador e ressegurador na estruturação das garantias necessárias, tanto para a manutenção das propostas quanto para a execução contratual; do contrário, somente com as demais modalidades admitidas em lei não teriam sido possíveis a celebração e manutenção dos contratos em vigor.

A Lei de Concessões nº 8.987/1995, apesar de não conter um capítulo específico disciplinando a forma e o conteúdo das garantias a serem oferecidas ao Estado, define em seu Art. 18 que deverão ser observados, no que couber às normas gerais de licitação; e, ainda, no Art. 23, que as concessões precedidas de obras públicas deverão conter garantias de fiel cumprimento do contrato. Desde então, todos os contratos de concessão regidos pela Lei nº 8.987/1995 e pela Lei nº 11.074/2004 preveem garantias para a manutenção da proposta na fase de licitação (*Bid Bond*) e execução contratual (*Performance Bond*).

Independentemente do tipo da garantia oferecida ao Estado (seguro-garantia, fiança bancária, títulos/caução em dinheiro), deve ser íntegra e suficiente para proteger o segurado (poder concedente) dos efeitos econômicos, financeiros e sociais causados pela inadimplência do tomador (licitante/concessionário). Assim como observa-se em contratos de obras e serviços de engenharia, os contratos de concessão "não padecem de mal súbito". Eles "apresentam sintomas" que precisam ser "diagnosticados e tratados a tempo", para evitar o agravamento desses ou "provocar a morte do paciente". Analogamente, os contratos públicos celebrados com entes privados e garantidos por terceiros (bancos e/ou seguradoras) devem conter instruções claras e objetivas, para que, tão logo surjam os primeiros "sintomas de desarranjo ou possível inadimplência contratual", seja possível convocar tempestivamente os "médicos" (garantidores) para a primeira tentativa de "estabilização do paciente" (contratado/concessionário). No caso de o instrumento garantidor ser uma apólice de seguro-garantia, caberá ao segurador, assim que tiver ciência dos "sintomas" (fatos que poderão gerar indenizações e/ou terminação contratual), agir com diligência e rapidez em busca de uma solução conciliadora entre contratante e contratado, para evitar ruptura do contrato e consequente pagamento de indenizações. Nessa hipótese, o segurador terá a missão de encontrar o ponto de equilíbrio entre as partes e, até mesmo, proceder com um eventual adiantamento de recursos para o contratado concluir atividades pendentes por falta de caixa – contratação de peritos e especialistas – e, ainda, não surtindo o resultado esperado, restará ao segurador somente pagar os prejuízos causados pela inadimplência do contratado ao contratante.

Ao longo dos últimos 25 anos, poucos foram os contratos de concessão cuja garantia contratual foi executada pelo poder concedente. O caso mais recente, e que teve ampla divulgação na mídia, ocorreu em 2016, envolvendo a execução da apólice de seguro-garantia do aeroporto de Viracopos.[19] Diante da caracterização da inadimplência da concessionária, sem que pudesse ser solucionada, a seguradora pagou os prejuízos da ordem de 149,8 milhões de reais ao poder concedente, e, posteriormente, foi ressarcida por meio de um acordo com o tomador inadimplente, com base no contrato de condições gerais (CCG) celebrado com a seguradora antes da emissão das apólices de seguro- garantia.

Estudo recente divulgado no Canadá, intitulado *Surety bonds, are they worth it?*,[20] apresenta dados interessantes não somente em relação ao montante de contratos garantidos por apólices de seguro-garantia naquele país, quanto pelos benefícios que a adoção desse instrumento gera para o ecossistema de contratação pública e privada, além de informações valiosas, dentre as quais: os contratantes que não são aprovados por seguradores e, portanto, não conseguem apólices de seguro-garantia, têm dez vezes mais probabilidade de se tornarem insolventes em comparação com aqueles que possuem capacidade aprovada no mercado segurador; cada US$1 milhão (um milhão de dólares) gasto com prêmios de seguros no Canadá protege no mínimo US$3,5 milhões do PIB; boa parte do custo dispendido com as apólices de seguros-garantia justifica-se com a economia gerada devido à conclusão em tempo hábil do

---

[19] BUENO, Denise. TPI e Viracopos fecham acordo para ressarcir *Swiss Re*. Portal *Sonho Seguro*, 06 nov. 2017. Disponível em: https://www.sonhoseguro.com.br/2017/11/httpwww-sonhoseguro-com-br201711tpi-e-viracopos-fecham-acordo-para-ressarcir-swiss-re-e-austral/. Acesso em: 26 jun. 2022.

[20] CARTWRIGHT, Andrew; DARDARIAN, Chris. Seguro Garantia – Eles valem a pena? (Tradução livre do autor). *Daily Commercial News*, 26 maio 2021. Disponível em: https://canada.constructconnect.com/dcn/news/economic/2021/05/surety-corner-surety-bonds-are-they-worth-it. Acesso em: 26 maio 2021.

projeto objeto da garantia, ou seja, a sociedade ganha com a entrega do equipamento público no prazo acordado; em 2020, a indústria canadense de seguros pagou o equivalente a US$260 milhões (duzentos e sessenta milhões de dólares) em indenizações de seguro-garantia; o seguro-garantia "não pode ser entendido como um cheque em branco", pois são considerados instrumentos vinculados à caracterização da inadimplência contratual; o segurado (beneficiário) precisa conhecer os mecanismos e dispositivos previstos nas apólices de seguros e fazer as comunicações tempestivas ao tomador e segurador, para evitar a perda do direito de indenização; o envolvimento do segurador logo no início do conflito estabelecido entre contratante e contratado agilizará o processo de indenização futura, pois vários elementos, dados e várias informações serão compartilhados desde o início, evitando a busca futura; a capacidade de organização dos documentos que deverão compor o processo de sinistro é crítica e fundamental para o bom andamento do processo de regulação; e apólices de seguros-garantia devem conter uma cláusula conhecida como *pre default meeting*, que permite a discussão antecipada do conflito com os seguradores.

Apesar de o mercado segurador brasileiro ser diferente do canadense, estamos avançando a passos largos em busca do fortalecimento e da eficácia do seguro-garantia como instrumento garantidor de contratos públicos e privados. As recentes mudanças regulatórias e em diplomas legais impulsionarão os agentes do nosso mercado na revitalização do seguro-garantia, conforme observa-se em outros países. Nesse período de transição, é fundamental compreender os tipos de seguros-garantia já disponíveis e que estão sendo utilizados há 25 anos em apoio ao desenvolvimento da infraestrutura no Brasil.

O Art. 97 da Lei nº 14.133/2021[21] estabelece que "seguro-garantia tem por objetivo garantir o fiel cumprimento das obrigações assumidas

---

[21] "Art. 97. O seguro-garantia tem por objetivo garantir o fiel cumprimento das obrigações assumidas pelo contratado perante a Administração, inclusive as multas, os prejuízos e as indenizações decorrentes de inadimplemento, observadas as seguintes regras nas contratações regidas por esta Lei:
I – o prazo de vigência da apólice será igual ou superior ao prazo estabelecido no contrato principal e deverá acompanhar as modificações referentes à vigência deste mediante a emissão do respectivo endosso pela seguradora;
II – o seguro-garantia continuará em vigor mesmo se o contratado não tiver pago o prêmio nas datas convencionadas.
Parágrafo único. Nos contratos de execução continuada ou de fornecimento contínuo de bens e serviços, será permitida a substituição da apólice de seguro-garantia na data de renovação ou de aniversário, desde que mantidas as mesmas condições e coberturas da

pelo contratado perante a Administração, inclusive as multas, os prejuízos e as indenizações decorrentes de inadimplemento". A circular nº 477 da SUSEP que, conforme citado acima, encontra-se em revisão, define os produtos que podem ser comercializados no Brasil para obrigações públicas e privadas. As duas principais modalidades de seguro-garantia utilizadas em concessões e PPPs são:

    a) Seguro-garantia do Licitante *(Bid Bond)*: garante a indenização, até o valor da garantia fixado na apólice, pelos prejuízos decorrentes da recusa do tomador adjudicatário em assinar o contrato principal nas condições propostas no edital de licitação, dentro do prazo estabelecido. Atualmente, as apólices de seguro-garantia para manutenção de proposta *(Bid Bond)* podem ser personalizadas para preverem o pagamento de uma multa pela não assinatura do contrato em vez de exigir a apuração do prejuízo. Essa mudança foi aceita pelos agentes do mercado segurador, que entenderam que nem sempre o poder concedente tem mecanismos para aferir tais valores e que a definição prévia de uma multa pecuniária pela não assinatura do contrato, além de simplificar o processo de execução da garantia, a convocação do segundo colocado ou a elaboração de novo edital, amenizará as consequências ao Estado da inadimplência do licitante. O prazo de vigência deve ser suficiente para manter a garantia íntegra durante todo o processo licitatório até a homologação do licitante vencedor e a assinatura do contrato. Normalmente, as garantias são estruturadas com prazo entre 90 até 180 dias. O valor da garantia deve observar o disposto na Lei de Licitações, e tanto a Lei nº 8.666/1993 quanto a Lei nº 14.133/21 estabelecem o percentual de até 1% do valor estimado para contratação.

    b) Seguro-garantia Executante Concessionário, Construtor, Fornecedor, Prestador de Serviços *(Performance Bond)*: garante a indenização, até o valor da garantia fixado na apólice, pelos prejuízos decorrentes do inadimplemento das obrigações assumidas pelo tomador no contrato principal. Atualmente, o *Performance Bond* está disciplinado na circular nº 477 da SUSEP, obrigações públicas, condições especiais do ramo 0775 e abrange os contratos de obras, serviços e concessões, conforme disposto no item 1.1 do capítulo I das condições gerais.[22] Vale destacar que, desde 12.2.2021, com a divulgação da

---

    apólice vigente e desde que nenhum período fique descoberto, ressalvado o disposto no §2º do art. 96 desta Lei".

[22] BRASIL. Superintendência de Seguros Privados. *CIRCULAR SUSEP Nº 477, de 30 de setembro de 2013*. Dispõe sobre o Seguro Garantia, divulga Condições Padronizadas e dá outras

circular SUSEP 621,[23] o seguro-garantia deixou de ser um produto considerado "padronizado", abrindo o caminho para sua modernização, na medida em que os seguradores poderão personalizar as apólices de seguros para atender as necessidades de seus clientes. Normalmente, os contratos de concessão e PPPs exigem prazo mínimo de vigência de um ano, cabendo ao licitante/concessionário optar por período de vigências com prazo superior, quando entender vantajoso, seja por questões estratégicas ou comerciais. O valor da garantia de execução também deve observar os contornos da lei de licitações. O Art. 98[24] da Lei nº 14.133/21 manteve o critério adotado pela Lei nº 8.666/1993, ou seja, até 5% do valor do contrato, podendo chegar a 10% desde que justificado por meio de uma análise dos riscos envolvidos. Independentemente do valor percentual que será estabelecido para as garantias contratuais nas concessões comuns, administrativas ou patrocinadas, espera-se que o montante garantido seja suficiente para cobrir prejuízos ao Estado causados pela inadimplência parcial ou total do concessionário. Exemplificando: em uma concessão de rodovias, tradicionalmente são exigidos três tipos de garantias do concessionário: cumprimento de funções operacionais; cumprimento de funções de ampliação; e pagamento do ônus (quando previsto), com valores e prazos da garantia independentes para cada obrigação. As garantias para cumprimento de funções operacionais serão executadas, caso o concessionário descumpra as obrigações de manter segurança, vigilância, serviços aos usuários, dentre outras previstas em contrato de concessão, incluindo o pagamento de multas e penalidades. Já as garantias de ampliação serão necessárias para assegurar que as obras e os serviços de engenharia serão realizados no tempo e prazo estabelecidos no contrato, e poderão ser reduzidas, anualmente, na proporção da execução e entrega dos serviços. Caso o concessionário descumpra suas obrigações, o segurador deverá ser chamado para solucionar o impasse, exercendo o *Step in* previsto, inclusive na lei de concessões. A garantia de pagamento

---

providências. Disponível em: https://www.editoraroncarati.com.br/v2/Diario-Oficial/Diario-Oficial/circular-susep-no-477-de-30092013.html#item1. Acesso em: 26 jun. 2022.

[23] BRASIL. Superintendência de Seguros Privados. *Condições contratuais padronizadas*. Disponível em: http://www.susep.gov.br/menu/atos-normativos/condicoes-contratuais-padronizadas-1. Acesso em: 26 jun. 2022.

[24] "Art. 98. Nas contratações de obras, serviços e fornecimentos, a garantia poderá ser de até 5% (cinco por cento) do valor inicial do contrato, autorizada a majoração desse percentual para até 10% (dez por cento), desde que justificada mediante análise da complexidade técnica e dos riscos envolvidos".

do ônus pode ser interpretada como uma garantia de natureza financeira, parte integrante do contrato de concessão que prevê obrigações de fazer e prestação de serviços. Na hipótese de descumprimento das obrigações de pagamento do ônus, o segurador deverá pagar ao poder concedente o valor estipulado para a garantia, pois, antes da emissão das apólices, teve ciência do edital e da minuta do contrato, que estabelecia as hipóteses de execução da garantia.

As apólices de seguros-garantia não podem ser interpretadas isoladamente, como o único mecanismo que prestará ao Estado/poder concedente a segurança de que o contrato será concluído no preço, prazo e na qualidade estabelecidos. Devido à sua própria natureza, elas são estruturadas para ampararem prejuízos decorrentes da inadimplência do contrato, observados os riscos cobertos e excluídos. São instrumentos independentes e protegem o Estado em conjunto com outras modalidades de seguros disponíveis no mercado segurador nacional e internacional, tais como: Seguros de Riscos Operacionais, Riscos de Engenharia, Lucros Cessantes, Perda de Receitas, Equipamentos e Veículos, Responsabilidade Civil, Meio Ambiente, D&O, dentre outras previstas nos editais e planos de seguros que fazem parte da proposta técnica e comercial do licitante. Assim sendo, as apólices de seguro-garantia não podem amparar prejuízos diretos cobertos por outras modalidades de seguros, do contrário, haveria uma sobreposição de coberturas e o distanciamento das melhores práticas internacionais do mercado segurador.

Um dos pontos mais controversos nesse ambiente refere-se ao entendimento por parte do poder concedente em relação ao início e ao término da responsabilidade dos seguradores responsáveis por cada uma das apólices de seguros vigentes. Conforme estabelecido acima, e com base na interpretação do item 2 Definições[25] previsto na circular nº 477 da SUSEP, as apólices de seguro-garantia não podem amparar prejuízos sustentados por outras modalidades de seguros, tais como responsabilidade civil e lucros cessantes. Recentemente, a Procuradoria do Governo

---

[25] 2. *Definições:* "Define-se, para efeito desta modalidade, além das definições constantes do art. 6º da Lei nº 8.666/1993 e do art. 2º da Lei nº 8.987/1995:

I – Prejuízo: perda pecuniária comprovada, excedente aos valores originários previstos para a execução do objeto do contrato principal, causada pelo inadimplemento do tomador, excluindo-se qualquer prejuízo decorrente de outro ramo de seguro, tais como responsabilidade civil, lucros cessantes".

do Estado de São Paulo[26] manifestou seu entendimento sobre o tema, ao responder um pedido de impugnação por parte da Federação Nacional das Seguradoras (FenSeg) em relação às dúvidas sobre o seguro-garantia previsto no edital da concessão da CPTM – linhas 8 e 9. Na interpretação do procurador, as apólices de seguro-garantia devem responder por todos os prejuízos, indenizações, multas e penalidades, não apenas decorrentes da terminação do contrato, qualquer que seja a causa, incluindo ineficiências de outras apólices de seguros. Exemplificando: na hipótese de um acidente com veículo transportando carga perigosa em um trecho da rodovia, que provoque severos danos ambientais, caso o valor acordado na apólice de seguro de danos ambientais contratada pela concessionária seja suficiente para amparar os prejuízos, a seguradora que emitiu a apólice de seguro de riscos ambientais cobrirá os prejuízos reclamados, e o contrato de concessão seguirá seu curso normal. Mas na infelicidade de as importâncias seguradas contratadas pela concessionária na apólice de seguro de danos ambientais serem insuficientes para cobrir todos os prejuízos e todas as reclamações, e a concessionária tornar-se inadimplente perante o poder concedente, não pagar as indenizações devidas e sofrer a decretação da caducidade do contrato, o segurador responsável pela emissão da apólice de seguro-garantia deverá arcar com todos os prejuízos, incluindo aqueles decorrentes da terminação contratual. Analisando os argumentos de ambas as partes, seguradores e Procuradoria do Estado de São Paulo, nos parece que o tema poderia ser mais bem equacionado se ficar acordado entre as partes que, embora os prejuízos diretos amparados por outras apólices de seguros não serão cobertos pela apólice de seguro-garantia, essa deverá amparar as indenizações, multas

---

[26] *PROCESSO:* STM – 231753/2021 *INTERESSADO:* FEDERAÇÃO NACIONAL DE SEGUROS GERAIS. *PARECER: CJ/STM n.º* 13/2021 *EMENTA:* LICITAÇÃO. CONCORRÊNCIA INTERNACIONAL. Concessão onerosa da prestação do serviço público de transporte de passageiros, sobre trilhos, das Linhas 8 – Diamante e 9 – Esmeralda da Rede de Trens Metropolitanos da Região Metropolitana de São Paulo. Recurso em face da decisão, proferida pelo Secretário dos Transportes Metropolitanos, sobre impugnação ao Edital. Falta de previsão normativa a respeito do recurso cabível na presente hipótese. Decisão tomada pela autoridade máxima do procedimento licitatório, indicando a inviabilidade de novo recurso hierárquico. Acolhimento da irresignação como pedido de reconsideração. Art. 109, inciso III da Lei nº 8.666/1993. Mecanismo que visa à reanálise de decisão proferida pela autoridade máxima administrativa. Viabilidade jurídica de conhecimento da irresignação apresentada como pedido de reconsideração, por analogia e face ao vazio normativo aplicável à espécie. Aparente concordância da peticionante com os termos do Parecer CJ/STM nº 07/21, utilizado como fundamento para a decisão que negou provimento à impugnação apresentada. Apresentação, como razões recursais, de entendimento suplementar ao exposto por esta Consultoria Jurídica. Inviabilidade de acatamento das razões da peticionante. Recomendação de conhecimento e julgamento pela improcedência da irresignação.

e penalidades aplicáveis ao concessionário, além dos prejuízos sofridos pelo Estado com a eventual terminação contratual por caducidade.

4 Na hipótese de terminação antecipada do contrato, em relação à estrutura de garantias, quais as consequências para as partes envolvidas?

Contratos de concessão e PPPs não são concebidos para terminar antes da data estabelecida, pois todos os estudos de viabilidade econômica, financeira, projeções de tráfego, investimentos em obras de engenharia, serviços aos usuários, dentre outros, são dimensionados e previstos para serem entregues dentro dos prazos estabelecidos em contrato. Independentemente desse fato, esses contratos devem possuir regras claras para terminação antecipada, motivada pela inadimplência comprovada do concessionário (caducidade), vontade política do Estado (encampação) ou comum acordo entre as partes (*way out*) – esse último mecanismo foi recentemente observado nos editais de concessões de rodovias de São Paulo. A execução das garantias contratuais do concessionário somente é justificável quando comprovada sua inadimplência contratual, através do processo administrativo instaurado pelo órgão competente do Estado. Tratando-se de garantia através de carta de fiança bancária, o Estado não contará com nenhuma assistência para a solução do conflito, de forma que o banco somente aguardará o momento para pagar o valor da garantia. Já nas garantias concebidas através de apólices de seguro, o Estado contará com a função de conciliador/mediador do segurador, que não medirá esforços para encontrar alternativas para a retomada do cumprimento das obrigações inadimplidas, visando amenizar os prejuízos que a terminação do contrato poderá acarretar para todas as partes envolvidas. O segurador, tradicionalmente, não tem vocação para assumir definitivamente o papel do concessionário inadimplente e não fará investimentos que deixaram de ser realizados durante o período em que seu cliente foi responsável pela concessão. No entanto, deverá arcar com os prejuízos e indenizações causados por tal inadimplência, adicionados às multas e penalidades previstas no contrato de concessão, sempre limitadas ao valor da garantia estabelecido na apólice de seguros. Provisoriamente, se optar por exercer o *Step in*, e em conjunto com o Estado/poder concedente, avaliará as condições para a manutenção provisória dos serviços ao usuário até a efetiva transferência da concessão a outro operador ou até mesmo devolução do ativo ao Estado. Caso reste configurada a inadimplência da concessionária em processo administrativo e/ou judicial, os efeitos negativos ao concessionário, bem como aos respectivos acionistas, serão inúmeros. O primeiro será a dificuldade em obter garantias para novos projetos, sem considerar a execução do instrumento de condições contratuais gerais (CCG) celebrado com segurador, pactuando a forma como as indenizações pagas serão devolvidas. O segurador, por sua vez, paga a indenização, exercerá o direito de regresso para reaver as quantias indenizadas ao Estado. Caso não tenha êxito, contabilizará o prejuízo. Esse é o principal motivo que equipara a natureza jurídica do seguro-garantia a uma fiança, pois uma vez paga qualquer quantia ao beneficiário, o segurador exercerá seu direito de reaver as quantias indenizadas. É importante ressaltar que as apólices de seguro-garantia somente poderão ser executadas em casos nos quais for comprovado que o tomador (garantido) descumpriu as obrigações estabelecidas no contrato. Caso o gatilho para tal inadimplência tenha sido motivado por uma ação ou omissão do poder concedente, ou até mesmo situações comprovadas de caso fortuito ou força maior, ou acordo celebrado entre concessionário e concessionária sem o prévio conhecimento do segurador, a garantia não poderá ser executada. É o que estabelece o item 11 – Perda de Direitos[27] – condições gerais das apólices de seguros para obrigações públicas.

Nas demais hipóteses de inadimplência que não forem de responsabilidade do concessionário, as garantias contratuais não poderão ser executadas.

5   Conclusão

Não há dúvidas de que a estrutura de garantias em contratos de natureza público-privada, além de despertar interesse e curiosidade sobre o tema, gera uma certa incerteza e insegurança, tanto para o contratante quanto para o contratado. Também podemos admitir que não há uma solução mágica que afastará os riscos de inadimplência contratual, e, consequentemente, da execução de garantias.

---

[27] BRASIL.. Superintendência de Seguros Privados. *CIRCULAR SUSEP Nº 477, de 30 de setembro de 2013*. Dispõe sobre o Seguro Garantia, divulga Condições Padronizadas e dá outras providências. Disponível em: https://www.editoraroncarati.com.br/v2/Diario-Oficial/Diario-Oficial/circular-susep-no-477-de-30092013.html#item1. Acesso em: 26 jun. 2022.

No entanto, é possível estabelecer nos editais e contratos de concessão procedimentos para fortalecer os mecanismos de execução contratual admitidos na legislação em vigor, dentre os quais: definir com clareza as hipóteses de terminação contratual e a forma para a execução das garantias; estabelecer o percentual ou valor da garantia com base nos dispositivos legais e nos riscos identificados na matriz de risco e atribuídos às partes contratantes, mantendo-se como princípio a alocação de riscos à parte mais bem capacitada para gerenciá-los; considerar que as garantias recebidas do parceiro privado somente poderão ser executadas na hipótese de que tal inadimplência for a ele atribuída; caso a garantia recebida pelo poder concedente seja uma apólice de seguro-garantia, lembrar-se de que não se trata de um instrumento autônomo, mas sim diretamente vinculado ao contrato objeto da garantia; para execução da apólice de seguro-garantia deve ser observado todo o rito processual nela contida, incluindo a comunicação ao segurador dos primeiros "indícios de descumprimento contratual" – conhecido no mercado segurador como "expectativa de sinistros" –, momento em que se inicia o procedimento administrativo instaurado pelo poder concedente para apurar eventual inadimplência. Se comprovada, o administrador público deverá iniciar o processo de reclamação do sinistro junto à seguradora para execução da garantia. Por fim, ponderar que uma apólice de seguro-garantia não pode ser considerada como "uma bala de prata para eliminar todos os riscos do contrato", mas, sim "um remédio poderoso para ressarcir o Estado dos prejuízos decorrentes da inadimplência comprovada do licitante/concessionário".

Referências

BUENO, Denise. TPI e Viracopos fecham acordo para ressarcir Swiss Re. *Portal Sonho Seguro*, 06 nov. 2017. Disponível em: https://www.sonhoseguro.com.br/2017/11/httpwww-sonhoseguro-com-br201711tpi-e-viracopos-fecham-acordo-para-ressarcir-swiss-re-e-austral/. Acesso em: 26 jun. 2022.

CARTWRIGHT, Andrew; DARDARIAN, Chris. Seguro Garantia – Eles valem a pena? (Tradução livre do autor). *Daily Commercial News*, 26 maio 2021. Disponível em: https://canada.constructconnect.com/dcn/news/economic/2021/05/surety-corner-surety-bonds-are-they-worth-it. Acesso em: 26 maio /05/2021.

DABUS, André. Riscos gerenciáveis e não gerenciáveis em concessões de rodovias. *Revista de Direito Público da Economia – RDPE*. 57. ed. Belo Horizonte: Fórum, 2017.

DABUS, André; RUIZ, Eduardo Tobias. Programa de Seguros e Garantias & Derivativos. In: *Análise de Investimento em projetos de energia solar fotovoltaica*. Campinas, São Paulo: Editora Alínea, 2021.

Financiamento de projetos na modalidade project finance alcança R$39 bilhões em 2019. *ANBIMA – Associação Brasileira das Entidades dos Mercados Financeiros e de Capitais*, 20 ago. 2020. Disponível em: https://www.anbima.com.br/pt_br/informar/relatorios/mercado-de-capitais/boletim-de-financiamento-de-projetos/financiamento-de-projetos-na-modalidade-project-finance-alcanca-r-39-bilhoes-em-2019.htm. Acesso em: 26 jun. 2022.

BRASIL. *Constituição da República Federativa do Brasil de 1988*. Brasília, DF: Presidência da República, [2021]. Disponível em: http://www.planalto.gov.br/ccivil_03/constituicao/constituicao.htm. Acesso em: 20 mar. 2021.

BRASIL. *Lei nº 8.666, de 21 de junho de 1993*. Regulamenta o art. 37, inciso XXI, da Constituição Federal, institui normas para licitações e contratos da Administração Pública e dá outras providências. Brasília, DF: Presidência da República. Disponível em: http://www.planalto.gov.br/ccivil_03/leis/l8666cons.htm. Acesso em: 20 mar. 2021.

BRASIL. *Lei nº 8.987, de 13 de fevereiro de 1995*. Dispõe sobre o regime de concessão e permissão da prestação de serviços públicos previsto no art. 175 da Constituição Federal, e dá outras providências. Brasília, DF: Presidência da República. Disponível em: http://www.planalto.gov.br/ccivil_03/leis/l8987compilada.htm. Acesso em: 26 jun. 2022. BRASIL. *Lei nº 14.133, de 01 de abril de 2021*. Lei de Licitações e Contratos Administrativos. Brasília, DF: Presidência da República. Disponível em: http://www.planalto.gov.br/ccjivil_03/_ato2019-2022/2021/lei/L14133.htm. Acesso em: 01 abr. 2021.

BRASIL. Superintendência de Seguros Privados. *CIRCULAR SUSEP Nº 477, de 30 de setembro de 2013*. Dispõe sobre o Seguro Garantia, divulga Condições Padronizadas e dá outras providências. Disponível em: https://www.editoraroncarati.com.br/v2/Diario-Oficial/Diario-Oficial/circular-susep-no-477-de-30092013.html#item1. Acesso em: 26 jun. 2022.

BRASIL. Superintendência de Seguros Privados. *Condições contratuais padronizadas*. Disponível em: http://www.susep.gov.br/menu/atos-normativos/condicoes-contratuais-padronizadas-1. Acesso em: 26 jun. 2022.

OLIVEIRA, Gesner. Medidas para ampliar a utilização do Seguro Garantia em projetos de infraestrutura pública. Texto para Discussão CEPAL. No prelo.

RUIZ, Eduardo Tobias N. F. (org.). *Análise de Investimento em Projetos de Energia Solar Fotovoltaica:* geração centralizada. 1. ed. Campinas: Alínea, 2021.

Informação bibliográfica deste texto, conforme a NBR 6023:2018 da Associação Brasileira de Normas Técnicas (ABNT):

DABUS, André. Estrutura de garantias em contratos públicos. *In*: FAJARDO, Gabriel; COHEN, Isadora; CARELLI, Carolina (coord.). *Infracast*: Concessões, Parcerias Público-Privadas e Privatizações. Belo Horizonte: Fórum, 2022. p. 91-110. ISBN 978-65-5518-428-0.

INSTITUCIONALIDADE NA ESTRUTURAÇÃO DE PROJETOS DE INFRAESTRUTURA

CRISTINA M. WAGNER MASTROBUONO

1 Introdução

Em vários encontros, seminários e congressos de infraestrutura, já ouvimos a expressão "o melhor projeto de concessão é sempre o próximo". Essa frase reflete o fato de que estamos ainda evoluindo no quesito estruturação de projetos, o que decorre de vários fatores, dentre os quais o relativamente curto período de existência da legislação que rege o tema, com suas respectivas alterações; os poucos projetos implementados nos seus anos iniciais de vigência; a insegurança jurídica que decorre da diversidade de interpretações emanadas dos vários entes responsáveis pela análise legal e controle da legalidade dos atos administrativos; as várias crises econômicas que quebraram o fluxo da estruturação de projetos e alternâncias políticas, para citar alguns. Deve ser incluída ainda nesse rol a dificuldade dos entes públicos em manter uma equipe de profissionais especializada e preparada para atuar nesse nicho específico, que somente será acionada quando as condições econômicas e financeiras permitirem a esse ente desenvolver uma carteira de projetos – o que dificulta qualquer programa de recursos humanos. Por outro lado, ter uma equipe própria, apta a acompanhar a estruturação de projetos e ainda atuar na execução do contrato assinado com os investidores que venceram o processo licitatório é imprescindível para o ente público que opta pelo caminho (imprescindível) da delegação da prestação de serviços públicos ao setor privado.

Queremos compartilhar, neste pequeno artigo, um pouco da experiência que tivemos ao participar como Procuradora do Estado, no início da década de 2010, da estruturação de projetos de concessão no Estado de São Paulo, incluindo as parcerias público-privadas, e da importância em serem observadas as competências institucionais quando a administração pública atua.

2 Institucionalidade

Quando se fala em institucionalidade no âmbito de elaboração de projetos de infraestrutura, está se fazendo referência à necessidade de serem consideradas as instituições, no caso da Administração Pública, dos órgãos ou entidades que têm suas competências atribuídas por lei ou regulamento.

Por envolverem uma multiplicidade de temas, os contratos que estabelecem a moldura do ajuste entre as partes são extremamente complexos e em contínua evolução. Nesse passo, é de extrema importância a formação e capacitação do setor público, bem como a criação de estratégias para conduzir e gerir projetos de longo prazo na modelagem PPP ou concessão comum.

Em 2011, na esteira de uma situação fiscal favorável na economia nacional, houve a retomada, por vários entes públicos, de programas de parcerias público-privadas, modelos de contratos que exigem uma contrapartida financeira por parte do Poder Concedente.

No âmbito do Estado de São Paulo, tal se deu com a inclusão na carteira de projetos de várias propostas envolvendo transporte público em regiões metropolitanas no modal metro-ferroviário e rodoviário, hospitais, presídios, fábricas de medicamentos, dentre outras áreas de interesse.

A Secretaria Executiva do Conselho Gestor de Parcerias Público-Privadas aglutinou equipes e, como um dos diferenciais dos projetos anteriores, houve um envolvimento institucional da Procuradoria Geral do Estado nas fases iniciais da estruturação dos projetos. Enfatizamos o institucional, pois sempre houve a participação de Procuradores do Estado assessorando os projetos importantes do Estado, mas o envolvimento era personalíssimo, no sentido de ser mais em função da experiência e capacidade pessoal do Procurador do que em razão da competência legal da PGE. Sem desmerecer essa forma de assessoramento, entendemos que a participação do órgão jurídico como instituição proporciona ganhos que se estendem para além da orientação pré-licitatória, produzindo efeitos positivos para a posterior fase de execução contratual. É sobre esse desenvolvimento que pretendo me referir.

3 O Projeto da Linha 6 de Metrô

Vários estudos que se transformaram em contratos assinados foram conduzidos nessa fase, mas o que foi o estopim para a evolução e desenvolvimento de vários temas no âmbito do Estado de São Paulo – e que serviram de paradigma no cenário de PPPs nacional –, foi, sem dúvida, o projeto da Linha 6 de Metrô. Sendo um dos primeiros a entrar no *pipeline* em 2011, demandou o enfrentamento de alguns temas em relação aos quais a legislação era insuficiente e a experiência inexistente, exigindo muito estudo, discussão e uma boa dose de ousadia para serem implementados. Nesse período, foi formada uma equipe multidisciplinar com a participação institucional de vários órgãos estaduais, dentre os quais a Secretaria Executiva do Conselho Gestor de PPPs, a Secretaria da Fazenda, a Secretaria setorial responsável pelo projeto e a Procuradoria Geral do Estado. A seguir, os assuntos mais importantes então enfrentados.[1]

3.1 MIP/PMI

O primeiro tema que demandou atenção foi disciplinar a participação do setor privado na apresentação de sugestão de projetos ao setor público, que atualmente é formalizada por meio de Manifestações de Interesse do Privado – MIPs ou Procedimentos de Manifestação de Interesse – PMIs. Embora não houvesse impedimento legal para que uma pessoa física ou jurídica privada apresentasse sugestão de estudos com propostas para um determinado projeto, a ausência de regras sobre publicidade, transparência e participação de outros interessados em participar de um processo isonômico e republicano configurava, na prática, um óbice ao recebimento de tais estudos pelo administrador público.[2] Mais, apenas com a possibilidade de ressarcimento dos custos incorridos pelos interessados em participar, caso o projeto e/ou estudos fosse incorporado pela administração pública, é que esse instrumento despertou a atenção do setor privado.

Essa alternativa veio com a Lei de Concessões (Lei Federal nº 8.987, de 13 de fevereiro de 1995) que previu que eventuais estudos,

---

[1] Muitos outros temas tiveram que ser abordados nesse período, como o uso (ou não) do plano de negócios na licitação, os critérios de qualificação técnica e econômico-financeira, a metodologia de reequilíbrio econômico-financeiro do contrato, tratamento aos riscos de demanda e risco geológico – difíceis de serem quantificados e com enorme potencial de impacto no equilíbrio do projeto, dentre outros.

[2] Há informações de que a publicação do edital da PPP Sistema Produtor Alto Tietê foi precedida de um PMI publicado em 20.08.2005, e depois realizada consulta pública (Sistema Produtor do Alto Tietê (Estado de São Paulo). *Portal Radar PPP*, 18 jun. 2006. Disponível em: https://radarppp.com/resumo-de-contratos-de-ppps/sistema-produtor-do-alto-tiete-estado-de-sao-paulo/. Acesso em: 28 set. 2021).

investigações e projetos de utilidade para a licitação, realizados pelo poder concedente ou pelo setor privado, mediante autorização prévia, seriam ressarcidos pelo vencedor da licitação, conforme especificação no edital. Não havia referência expressa à possibilidade ou não de participação da empresa que preparou ou auxiliou na elaboração dos estudos na licitação respectiva, o que veio, no entanto, a ser esclarecido na Lei nº 9.074, de 07 de julho de 1995, que afasta qualquer dúvida sobre o tema.[3] Essas duas autorizações legais – ausência de impedimento de participação na licitação dos autores dos estudos que estruturaram o projeto e previsão de ressarcimento dos estudos realizados – foram expressamente estendidas às concessões administrativas e patrocinadas pela lei federal de PPPs. Não obstante a previsão legal, entendeu-se que essa forma de participação do setor privado poderia ser mais bem explorada caso houvesse uma regulamentação orientando o gestor público sobre a sua implementação.

Foi editado então o Decreto nº 57.289, de 30 de agosto de 2011, cuja redação foi elaborada pela equipe multidisciplinar, dispondo sobre o procedimento de apresentação, análise e aproveitamento de propostas, estudos e projetos encaminhados pela iniciativa privada, com vistas à inclusão de projetos no Programa de PPPs. Esse decreto foi substituído em 2015 pelo Decreto nº 61.371, de 21 de julho de 2015, que modernizou o processo.

Trata-se de um dos primeiros regulamentos do país disciplinando o uso da MIP – ou PMI, denominação utilizada por alguns entes públicos –, que se caracteriza por ser uma contribuição do setor privado, de forma espontânea ou a partir da convocação feita por um ente público, de estudos relativos a um determinado projeto. Com a edição do decreto, foi possível iniciar o uso do instrumento.

Conquanto algumas ressalvas possam ser dirigidas[4] a essa forma e participação do setor privado na estruturação de projetos, fato é que se tratou de instrumento inovador até então não utilizado, sendo seu uso pioneiro no bojo desse projeto.

---

[3] "Art. 31. Nas licitações para concessão e permissão de serviços públicos ou uso de bem público, os autores ou responsáveis economicamente pelos projetos básico ou executivo podem participar, direta ou indiretamente, da licitação ou da execução de obras ou serviços".

[4] Nesse sentido, ver artigo de nossa autoria: MASTROBUONO, Cristina M. Wagner. "A Parceria na Relação Público-Privada". In: SENNES, Ricardo et al. *Novos rumos para a infraestrutura:* eficiência, inovação e desenvolvimento. São Paulo: Lex Editora, 2014.

3.2 Aporte de Recursos

Em 2011-2012, tomou corpo a discussão sobre a possibilidade de o setor público efetuar aportes de valores no projeto de PPPs durante a fase de investimentos de execução contratual, ou seja, anteriormente à efetiva prestação do serviço contratado.

A lógica do modelo financeiro albergada no desenho jurídico inicialmente pensado para as PPPs transferia para o setor privado todas ou parte das obrigações relacionadas ao projeto (de maneira muito simplificada, a elaboração dos projetos de engenharia, a captação de recursos financeiros, as contratações, a execução de obra e a prestação do serviço), a depender da modelagem utilizada, sendo que a remuneração passaria a ser devida a partir da efetiva prestação do serviço, por força do artigo 7º, parágrafo único[5] da Lei de PPPs.

Nessa forma de contratação, portanto, a construção da obra necessária para a prestação do serviço e/ou a aquisição dos bens seria custeada inicialmente pelo parceiro privado, sem um único desembolso pelo ente público contratante. Isso proporcionava ao Poder Público alguns anos de folga financeira[6] entre a assinatura do contrato e o início da prestação dos serviços pela contratada, pois durante esse período não havia a possibilidade de pagamento direto à concessionária. Essa se valeria de recursos próprios para fazer frente às despesas iniciais ou captaria os fundos necessários junto ao mercado financeiro, no sistema de *project finance*.[7]

No entanto, passados alguns anos de vigência da lei de PPPs e pouquíssimos projetos contratados no âmbito nacional, logo ficou claro que o modelo econômico-financeiro poderia ser aperfeiçoado com uma flexibilização dessa lógica inicial, trazendo ganhos para o parceiro privado e, consequentemente, reduzindo a carga financeira a ser suportada pelo parceiro público.

---

[5] "Art. 7º. A contraprestação da Administração Pública será obrigatoriamente precedida da disponibilização do serviço objeto do contrato de parceria público-privada.
Parágrafo único. É facultado à Administração Pública, nos termos do contrato, efetuar o pagamento da contraprestação relativa à parcela fruível de serviço objeto do contrato de parceria público-privada".

[6] Registro há que ser feito que, não obstante a folga financeira, poderiam ocorrer repercussões durante esse período no balanço público, a depender dos riscos assumidos pelo ente público, como disciplinava a Portaria 614, de 21/08/2006, da Secretaria do Tesouro Nacional (não mais em vigor).

[7] Termo utilizado para designar a estruturação financeira de um projeto com a captação de recursos com lastro no futuro fluxo de caixa da sua operação.

Nesse cenário, os entes públicos começaram a estudar alternativas e buscar junto à esfera federal uma alteração legislativa para permitir outras formas de estruturação financeira dos projetos, atendendo às necessidades de todas as partes envolvidas.

No Estado de São Paulo, a demanda gerou uma Nota Técnica, elaborada pela Procuradoria Geral do Estado,[8] em atendimento à solicitação do Conselho Gestor de Parcerias Público-Privadas, aventando a possibilidade de segregar a parte da contraprestação destinada às obras de infraestrutura e classificá-las, sob a ótica tributário-financeira, como *subvenção de investimento*, forma de repasse de recursos públicos ao setor privado, prevista na Lei nº 4.320/64 (art. 12, §§4º e 6º). Entendeu-se, naquela oportunidade, pela possibilidade do repasse, inclusive com o pagamento da subvenção de acordo com um cronograma de entrega de obras, desde que observadas todas as recomendações ali expostas. Esse entendimento, no entanto, representava uma visão unilateral dos autores da Nota Técnica, não havendo ainda naquele momento nenhuma manifestação conclusiva por parte dos órgãos encarregados das providências relativas, como a Secretaria do Tesouro Nacional e a Procuradoria da Fazenda Nacional – o que não lhe emprestava, assim, a necessária segurança jurídica que deve embasar projeto de grande porte e comprometimento de verbas públicas.

A questão foi superada em 27 de dezembro de 2012, com a publicação da Lei nº 12.766, que criou a figura do aporte de recursos, que passou a ser utilizado em vários dos contratos que estavam então em estruturação, inclusive da Linha 6.

3.3 Certificadora da Implantação e Verificadora Independente

A utilização do repasse de recursos via aporte coordenado com um cronograma de "marcos" ou "eventos" ensejou a necessidade de controle quanto ao atingimento dessas ocorrências, ensejando a liberação do numerário. A fiscalização seria conduzida inicialmente pelo Poder Público, através de corpo técnico próprio, podendo se valer de terceiros para prestar os subsídios ou assistir à decisão, exclusiva do Poder Concedente, sobre o efetivo cumprimento da etapa que deflagraria o

---

[8] Elaborada em 11./5/2011 pela autora deste artigo e pelo Procurador do Estado Denis Dela Vedova Gomes, ambos, àquela época, na assessoria do Procurador Geral do Estado.

pagamento da remuneração. Tornou-se necessário, porém, envolver um terceiro que fosse equidistante ao Poder Concedente e à concessionária, com isenção para avaliar o efetivo cumprimento dos marcos.

A certificadora da implantação, nesse cenário, foi idealizada para auxiliar na prospecção dos elementos técnicos que contribuirão para a formação do juízo decisório do Poder Concedente, fruto da fiscalização do cumprimento dos eventos ensejadores do pagamento do aporte. Trata-se de consultoria especializada que atua na fase de investimentos do projeto, antes da entrada em operação, para verificar e certificar o cumprimento das obrigações da concessionária no que diz respeito às etapas das obras e adequação às especificações técnicas.

Já a verificadora independente atua na fase operacional do contrato, na averiguação do cumprimento dos índices de desempenho, que irão refletir na remuneração da concessionária.

Não havia experiência no âmbito do Estado de São Paulo quanto ao uso dessas duas formas de auxílio na execução contratual, o que gerou inicialmente muita discussão sobre a legalidade da utilização de terceiros para o exercício de tarefa que cabe à própria administração na fiscalização de aspectos essenciais do contrato. Considerando o caráter complementar dessas entidades, concluiu-se que tal contratação não violava nenhuma das regras aplicáveis ao poder público. Por outro lado, também a metodologia de contratação – incluindo o desembolso de valores para seu pagamento, critérios de seleção e estabelecimento de padrões de independência que a futura contratada deveria preencher foi objeto de estudos aprofundados.

3.4 Desapropriações conduzidas pela concessionária

Como invariavelmente ocorre nos contratos de concessão, também na concessão patrocinada da Linha 6 do Metrô optou-se por transferir à concessionária a obrigação pela condução das desapropriações necessárias, inclusive elaboração de laudos, preparação de todos os documentos necessários, ações judiciais e pagamentos respectivos. A precificação dos custos envolvidos e valores das indenizações correspondentes aos imóveis expropriados mostrou-se ser um grande desafio em razão da volatilidade do mercado e tempo decorrido entre a avaliação inicial e o processo judicial, agravado pelo fato de que tais montantes poderiam impactar enormemente os investimentos (*capex*) do projeto. Como solução, foi adotado o mecanismo de aporte de recursos, conforme autorizado no artigo 6º §2º da Lei nº 11.079/04, na redação dada pela Lei nº 12.766/12, cujos desembolsos teriam, por parâmetro, marcos relacionados às fases processuais das desapropriações. Foi desenhado um cronograma de aportes ligados a "marcos" que correspondiam a etapas processuais. A cada etapa alcançada, haveria o desembolso pelo Estado de parcela já preestabelecida na data de assinatura do contrato, numa conta vinculada, e, após certificação pela instituição financeira (no caso, o Banco do Brasil), o valor liberado a favor da concessionária e depositado em juízo.

O mecanismo funcionou bem. No entanto, não se vislumbrou, durante a fase de elaboração das minutas, que o Poder Judiciário Paulista adotaria uma visão muito restrita da legislação e, por que não mencionar, ideológica quanto à competência para propor as ações.

Alguns juízes das varas da Fazenda Pública da Capital entenderam que a concessionária somente poderia promover as desapropriações caso assumisse o ônus financeiro dessas. Como o contrato previa o pagamento de aporte de recursos, concluíram alguns Magistrados que estaria havendo indevido benefício da concessionária e violação, entre outros dispositivos legais, ao artigo 29, VIII da Lei nº 8.987/95 (Lei Geral de Concessões). Outro argumento foi que estaria havendo usurpação da representação judicial do Estado, que cabe à Procuradoria Geral do Estado.

De 371 ações de desapropriação propostas, 191 foram extintas por falta de legitimidade de agir da concessionária.[9] Esse ativismo judicial gerou a interposição de dezenas de recursos de apelação pela concessionária, no que foi acompanhada de perto pela PGE, demonstrando a legalidade do procedimento previsto no contrato. Todas as decisões foram revertidas, numa demonstração da absoluta confusão legal feita por alguns juízes. Essa dificuldade na interpretação da lei gerou um atraso inesperado na execução das obras e resultou em desequilíbrio contratual, apenas equacionado por ocasião do acordo celebrado na transferência da concessão, em 2020.

Esse episódio demonstrou muito bem a importância da institucionalização do acompanhamento da PGE durante a fase de preparação do modelo contratual a ser utilizado, e a definição das obrigações e deveres das partes. Assim que as decisões judiciais contrárias começaram a ser publicadas, houve uma mobilização entre as áreas de atuação com a

---

[9] Dados obtidos quando a autora acompanhava tais questões junto à PGE/SP.

incisiva orientação aos Procuradores do Estado sobre a tese desenvolvida na fase de estruturação do projeto, e o resultado foi a reversão de todas as decisões de extinção de feito.

3.5 Arbitragem

Embora o uso da arbitragem como meio de solução de disputas já fosse uma realidade nos contratos da Administração Pública paulista, tanto nos contratos envolvendo a utilização de recursos financeiros vindo de organismos financeiros multilaterais, como o Banco Mundial e Banco Interamericano de Desenvolvimento – BID, quanto nos contratos de PPPs que já haviam sido celebrados pelo Estado – Linha 4 de Metrô e Sistema Produtor Alto Tietê (Sabesp), foi a primeira vez que a PGE/SP foi instada a redigir uma cláusula de arbitragem. Essa demanda gerou inúmeras discussões internas sobre a redação de cláusula arbitral mais adequada para a Administração Pública, sobre temas arbitráveis, escolha da câmara arbitral, forma de indicação dos árbitros e como lidar com as custas.

Dentro da linha de institucionalização das decisões, os temas foram pensados e a redação aprovada internamente passou a ser utilizada nos contratos, sendo posteriormente objeto de contínuo aperfeiçoamento.

Cabe observar que, nesse fértil período de desenvolvimento de ideias, surgiram sugestões posteriormente adotadas por inúmeros outros entes públicos, como a utilização de uma sistemática de cadastramento ou credenciamento de câmaras arbitrais aptas a administrarem conflitos envolvendo a Administração Pública.

4 Consequências da institucionalização

Muitos são os reflexos positivos que são produzidos quando um projeto é conduzido de maneira estruturada, organizada, com a observância das competências institucionais de cada um dos órgãos envolvidos. Com o acionamento da PGE/SP para participar das reuniões multisetoriais e pensar os temas jurídicos na fase de estudo das alternativas, foi necessário desenvolver internamente na carreira um grupo de profissionais aptos a dar as respostas necessárias, ou apontar as dificuldades jurídicas que teriam que ser dirimidas ainda numa fase inicial da estruturação.

Criou-se um Núcleo de Estudos de PPPs, aberto à participação de Procuradores do Estado que tivessem interesse em se desenvolver nessa área, com o aprofundamento de estudos com temas relacionados, como o conhecimento de conceitos de economia, metodologias de reequilíbrio econômico-financeiro do contrato, análise da alocação de risco, do mercado de seguros e assim por diante. Isso permitiu a disseminação de um conhecimento necessário àqueles que darão a orientação jurídica nas dúvidas que surgem na fase de execução do contrato e nos demais projetos estruturados.

Foram publicadas duas coletâneas de artigos abordando os principais aspectos da fase de licitação e dos contratos de concessão, traduzindo-se em importante material de apoio aos operadores da área.[10]

Um ente público que pretenda se utilizar dos modelos de concessão – comum, patrocinada ou administrativa, deve ser preparar não apenas para estruturar e licitar um contrato. Após a assinatura, tem início um longo relacionamento que deve ser devidamente conduzido e gerido, sob pena de criar passivos indevidos e impagáveis, frustrando todas as expectativas de melhoria do serviço público ao qual o contrato se destina.

Mesmo na hipótese de ser contratada equipe externa para a estruturação do projeto, é necessário que os órgãos oficiais do ente público sejam envolvidos, adquirindo conhecimentos que precisam ser internalizados e consolidados. Esse conhecimento deve ser um ativo da Administração Pública, responsável final do projeto e que responde perante os cidadãos e órgãos de controle.

Referências

BRASIL. Assembleia Legislativa de São Paulo. *Decreto nº 57.289, de 30 de agosto de 2011*. Altera o Decreto nº 48.867, de 10 de agosto de 2004, para detalhar o procedimento de apresentação, análise e aproveitamento de propostas, estudos e projetos encaminhados pela iniciativa privada, com vistas à inclusão de projetos no Programa de Parcerias-Público

---

[10] Tratam-se de duas Revistas da Procuradoria Geral do Estado de São Paulo (vol. I e vol. II) acessíveis em: BRASIL. Procuradoria Geral do Estado de São Paulo. Parcerias Público-Privadas – Volume I. *Revista da Procuradoria Geral do Estado de São Paulo*, São Paulo, n. 77/78, p. 1-330, jan./dez 2013. Disponível em: http://www.pge.sp.gov.br/servicos/centrodeestudos/bibliotecavirtual.aspx?tipoPublicacao=82. Acesso em: 27 jun. 2022. e BRASIL. Procuradoria Geral do Estado de São Paulo. Parcerias Público-Privadas – Volume II. *Revista da Procuradoria Geral do Estado de São Paulo*, São Paulo, n. 89, p. 1-214, jan./jun. 2019. Disponível em: http://www.pge.sp.gov.br/servicos/centrodeestudos/bibliotecavirtual.aspx?tipoPublicacao=82. Acesso em: 20 set. 2021.

Privadas - PPP, e dá providências correlatas. Palácio dos Bandeirantes, 30 ago. 2011. Disponível em: https://www.al.sp.gov.br/repositorio/legislacao/decreto/2011/decreto-57289-30.08.2011.html. Acesso em: 27 jun. 2022.

BRASIL. Assembleia Legislativa de São Paulo. Decreto nº 61.371, de 21 de julho de 2015. Disponível em: https://www.al.sp.gov.br/repositorio/legislacao/decreto/2015/decreto-61371-21.07.2015.html. Acesso em: 27 jun. 2022.

BRASIL. *Lei nº 8.987, de 13 de fevereiro de 1995*. Dispõe sobre o regime de concessão e permissão da prestação de serviços públicos previsto no art. 175 da Constituição Federal, e dá outras providências. Casa Civil. Brasília, DF. Disponível em: http://www.planalto.gov.br/ccivil_03/leis/l8987cons.htm. Acesso em: 27 jun. 2022.

BRASIL. *Lei nº 9.074, de 07 de julho de 1995*. Estabelece normas para outorga e prorrogações das concessões e permissões de serviços públicos e dá outras providências. Casa Civil. Brasília, DF. Disponível em: http://www.planalto.gov.br/ccivil_03/leis/l9074cons.htm. Acesso em: 27 jun. 2022.

BRASIL. *Lei nº 11.079, de 30 de dezembro de 2004*. Institui normas gerais para licitação e contratação de parceria público-privada no âmbito da administração pública. Casa Civil. Brasília, DF. Disponível em: http://www.planalto.gov.br/ccivil_03/_ato2004-2006/2004/lei/l11079.htm. Acesso em: 27 jun. 2022.

BRASIL. *Lei nº 12.766, de 27 de dezembro de 2012*. Altera as Leis nºs 11.079, de 30 de dezembro de 2004, que institui normas gerais para licitação e contratação de parceria público-privada no âmbito da administração pública, para dispor sobre o aporte de recursos em favor do parceiro privado, 10.637, de 30 de dezembro de 2002, 10.833, de 29 de dezembro de 2003, 12.058, de 13 de outubro de 2009, 9.430, de 27 de dezembro de 1996, 10.420, de 10 de abril de 2002, 10.925, de 23 de julho de 2004, 10.602, de 12 de dezembro de 2002, e 9.718, de 27 de novembro de 1998, e a Medida Provisória nº 2.158-35, de 24 de agosto de 2001, e dá outras providências. Casa Civil. Brasília, DF. Disponível em: http://www.planalto.gov.br/ccivil_03/_ato2011-2014/2012/lei/l12766.htm. Acesso em: 27 jun. 2022.

BRASIL. Procuradoria Geral do Estado de São Paulo. Parcerias Público-Privadas – Volume I. *Revista da Procuradoria Geral do Estado de São Paulo*, São Paulo, n. 77/78, p. 1-330, jan./dez/2013. Disponível em: http://www.pge.sp.gov.br/servicos/centrodeestudos/bibliotecavirtual.aspx?tipoPublicacao=82. Acesso em: 27 jun. 2022.

BRASIL. Procuradoria Geral do Estado de São Paulo. Parcerias Público-Privadas – Volume II. *Revista da Procuradoria Geral do Estado de São Paulo*, São Paulo, n. 89, p. 1-214, jan./jun. 2019. Disponível em: http://www.pge.sp.gov.br/servicos/centrodeestudos/bibliotecavirtual.aspx?tipoPublicacao=82. Acesso em: 20 set. 2021.

MASTROBUONO, Cristina M. Wagner. "A Parceria na Relação Público-Privada". *In*: SENNES, Ricardo *et al*. *Novos rumos para a infraestrutura*: eficiência, inovação e desenvolvimento. São Paulo: Lex Editora, 2014.

Sistema Produtor do Alto Tietê (Estado de São Paulo). *Portal Radar PPP*, 18 jun. 2006. Disponível em: https://radarppp.com/resumo-de-contratos-de-ppps/sistema-produtor-do-alto-tiete-estado-de-sao-paulo/. Acesso em: 28 set. 2021.

Informação bibliográfica deste texto, conforme a NBR 6023:2018 da Associação Brasileira de Normas Técnicas (ABNT):

MASTROBUONO, Cristina M. Wagner. Institucionalidade na estruturação de projetos de infraestrutura. *In*: FAJARDO, Gabriel; COHEN, Isadora; CARELLI, Carolina (coord.). *Infracast*: Concessões, Parcerias Público-Privadas e Privatizações. Belo Horizonte: Fórum, 2022. p. 111-122. ISBN 978-65-5518-428-0.

PARTE II

TEMAS PRÁTICOS DA INFRAESTRUTURA BRASILEIRA: OS CASOS CONCRETOS

BIDSIM: O PROGRAMA PARA APRIMORAMENTO DAS LICITAÇÕES DE EXPLORAÇÃO E PRODUÇÃO DE PETRÓLEO E GÁS NATURAL NO BRASIL COMO EXEMPLO DE INSTITUCIONALIDADE, GOVERNANÇA E REGULAÇÃO

MARTHA SEILLIER
HUGO MANOEL MARCATO AFFONSO

1 Introdução

A *International Energy Agency* (IEA) publicou, em maio de 2021, o relatório *Net Zero by 2050*, propondo um roteiro para emissões líquidas de carbono iguais a zero até 2050 no setor de energia e classificando por *Net Zero Emission* – NZE o cenário no qual "nenhuma exploração de combustível fóssil é requerida, uma vez que não são necessários novos campos de petróleo e gás natural além daqueles que já foram aprovados para desenvolvimento".[1] A Agência afirma, ainda, que o pico de demanda por petróleo foi atingido em 2019, superior a 90 mb/d (milhões de barris/dia), e prevê declínio de consumo da ordem de 75% até 2050, quando a demanda seria de 24 mb/d. A IEA defende a concentração dos investimentos em energias renováveis como a chave para a substituição dos combustíveis fósseis e cita a interrupção de venda de motores a combustão e de atividades exploratórias em novos poços até

---

[1] IEA – INTERNATIONAL ENERGY AGENCY. *Net Zero by 2050* – A Roadmap for the Global Energy Sector. p. 160. Disponível em: https://iea.blob.core.windows. net/assets/20959e2e-7ab8-4f2a-b1c6-4e63387f03a1/NetZeroby2050-ARoadmap fortheGlobalEnergySector_CORR.pdf. Acesso em: 23 jun. 2021.

2035. Tais projeções representam, obviamente, um enorme obstáculo à indústria de óleo e gás mundial.

Logo após, em junho, a Empresa de Pesquisa Energética (EPE) publicou o Sumário Executivo do Plano Decenal de Expansão de Energia 2030 – PDE 2030, destacando que "mesmo diante das incertezas, o Brasil deve ampliar sua condição atual de exportador líquido de petróleo ao longo do decênio". Em 2020, produzimos 3,7 mb/d, sendo aproximadamente 70% dessa produção oriunda do Pré-Sal.[2]

Figura 1 – Produção Anual por Ambiente

Fonte: Painéis Dinâmicos de Produção de Petróleo e Gás Natural/ANP.

Em 2030, as projeções da EPE indicam produção de 5,26 mb/d no Brasil, ou seja, acréscimo de 42% em relação ao ano de 2020. Até o final da década em curso, 2/3 da produção nacional será exportada e os investimentos previstos são da ordem de R$2,25 trilhões na indústria do petróleo, somando exploração, produção, derivados e oferta de gás natural.[3] Se confirmadas essas previsões, o Brasil sairá da décima para a quinta posição no rol dos maiores exportadores mundiais de petróleo.

---

[2] http://www.anp.gov.br/paineis-dinamicos-da-anp, acessado em 25 de junho de 2021.
[3] BRASIL. Ministério de Minas e Energia. *Estudos do Plano Decenal de Expansão de Energia 2030* – Sumário Executivo. Disponível em: https://www.gov.br/mme/pt-br/assuntos/noticias/copy_of_SumrioExecutivoPDE2030.pdf. Acesso em: 27 jun. 2022.

Como esses cenários irão se ajustar no futuro, é difícil saber. Porém, muito antes dessas previsões chegarem a público e quando a ocorrência da pandemia do COVID-19 não estava nos radares, o Conselho do Programa de Parcerias de Investimentos da Presidência da República recomendou, por meio da Resolução nº 103/2019,[4] a criação de um programa para aprimorar as licitações de exploração e produção (E&P) de petróleo e gás natural e a instituição de um Comitê Interministerial para seu acompanhamento, considerando a necessidade de atrair investimentos no setor de petróleo e gás por meio do aumento da competitividade nos leilões.

Nesse sentido, foi publicado o Decreto nº 10.320,[5] de 09 de abril de 2020, instituindo o *Programa para Aprimoramento das Licitações de Exploração e Produção de Petróleo, Gás Natural – BidSIM* e o Comitê Interministerial Executivo composto por representantes do Ministério de Minas e Energia – MME, da Casa Civil – CC, do Ministério da Economia – ME e da Agência Nacional do Petróleo, Gás Natural e Biocombustíveis – ANP, tendo como convidada a EPE. A Coordenação do BidSIM ficou a cargo do MME, em face da atribuição de representante da União como poder concedente para implementar as políticas públicas para o aproveitamento dos recursos energéticos do Brasil.

Os objetivos do BidSIM foram claros: aumento da competitividade e da atratividade das áreas a serem ofertadas nas rodadas de licitações da ANP, além da maior transparência e rastreabilidade dos parâmetros adotados nesses certames. A partir da primeira reunião do Comitê Interministerial Executivo, realizada em 15 de junho de 2020, foram criados três subcomitês com os seguintes escopos:

- Subcomitê 1: regimes de contratação e aprimoramentos regulatórios, sendo incluída posteriormente a análise de aprimoramentos legais ou regulatórios que afetem, direta ou

---

[4] BRASIL. *Resolução nº 103, de 19 de novembro de 2019*. Recomenda a qualificação de projetos e empreendimentos públicos federais do setor de energia no âmbito do Programa de Parcerias de Investimentos da Presidência da República – PPI. Diário Oficial da União, Brasília, DF, 05 dez. 2019. Disponível em: https://www.in.gov.br/en/web/dou/-/resolucao-n-103-de-19-de-novembro-de-2019-231561844. Acesso em: 27 jun. 2022.

[5] BRASIL. *Decreto nº 10.320, de 9 de abril de 2020*. Institui o Programa para Aprimoramento das Licitações de Exploração e Produção de Petróleo e Gás Natural e o seu Comitê Interministerial Executivo. Secretaria-Geral. Brasília, DF, 09 abr. 2020. Disponível em: http://www.planalto.gov.br/ccivil_03/_ato2019-2022/2020/decreto/d10320.htm#:~:text=DECRETO%20N%C2%BA%2010.320%2C%20DE%209,o%20seu%20Comit%C3%AA%20Interministerial%20Executivo. Acesso em: 27 jun. 2022.

indiretamente, o potencial do Brasil em aumentar a competitividade e atrair investimentos no setor de E&P de petróleo e gás natural;
- Subcomitê 2: metodologia para definição dos parâmetros técnicos e econômicos das licitações de exploração e produção de petróleo e gás natural; e
- Subcomitê 3: metodologia para classificação de áreas estratégicas.

Assim, diante dos acontecimentos imponderáveis que afetaram todo o planeta, desde 2020, com reflexos agressivos na demanda e no preço do petróleo no presente e no futuro, o BidSIM aconteceu durante ocasião muito oportuna para o Governo Federal revisar a dinâmica das ofertas de áreas para exploração e produção no Brasil durante o período de enfrentamento da pandemia, conforme veremos a seguir. Os principais atores do mercado foram consultados e o BidSIM traduziu-se num fórum em que Institucionalidade, Governança e Regulação coexistiram em plena sintonia, gerando ferramentas que têm o potencial para alcançarmos, como Nação, resultados expressivos.

Antes de mergulharmos nas atividades desenvolvidas e nos resultados alcançados pelo Comitê Interministerial do BidSIM, é importante destacar que os relatórios foram encaminhados pelo CNPE ao Ministério da Economia no último dia 29 de junho, por meio do Ofício nº 93/2021/CNPE, com nível de acesso público no Sistema Eletrônico de Informações – SEI, sob o número 16820231, no processo 14021.179543/2021-58. Assim, neste capítulo, procuramos apresentar um sobrevoo do trabalho profundamente técnico de lavra dos destacados especialistas que participaram do Programa.

2 O desafio

A partir da descoberta do Pré-Sal houve um hiato nas rodadas de licitação da ANP: A 10ª Rodada do Regime de Concessão foi realizada em 2008 e somente em 2013 foram retomadas as licitações, quando ocorreram a 11ª Rodada de Concessões e a 1ª Rodada de Partilha de Produção. Esse intervalo foi criticado pelo mercado porque impediu a continuidade das atividades exploratórias, fundamentais no ciclo da indústria do petróleo, e desmobilizou recursos financeiros e intelectuais que haviam sido destinados ao nosso país.

Hoje, o Brasil convive com quatro regimes de contratação de atividades de exploração e produção de petróleo e gás: o Regime de Concessão, definido pela Lei nº 9.478/1997 e utilizado na contratação de áreas em todo o país, com exceção das áreas inscritas no Polígono do Pré-sal e das áreas declaradas estratégicas; o Regime de Partilha de Produção, sob a égide da Lei nº 12.351/2010, empregado na contratação de atividades no interior do polígono do Pré-sal e em áreas estratégicas; a Cessão Onerosa, instituída pela Lei nº 12.276/2010, aplicável a seis áreas específicas no interior do polígono do Pré-sal e a Produção de Área não Contratada, aplicável à produção a partir de área da União, em processo de unitização, disciplinado pela combinação das Leis nº 9.478/1997 e nº 12.351/2010.

O regime de Partilha determina que a União, por meio do Conselho Nacional de Política Energética, ofereça à Petrobrás a preferência de ser operadora em todas as áreas que serão licitadas numa rodada de Licitação do Pré-Sal. Se aceitar, a empresa deve apontar formalmente ao CNPE quais áreas são de seu interesse e poderá participar com no mínimo 30% no eventual consórcio a ser formado para a disputa. O consórcio vencedor sempre terá a participação da Pré-Sal Petróleo S.A. – PPSA, estatal representante da União. Vence a licitação, a empresa (na verdade, o consórcio, uma vez que a PPSA sempre participa) que ofertar o maior percentual de óleo-lucro. O CNPE define, por meio de Resolução, o percentual mínimo de óleo-lucro e o bônus de assinatura (fixo) para cada área ofertada e a propriedade do óleo produzido é da União, que deverá comercializá-lo, após realizada a partilha com o consórcio vencedor.

As críticas ao modelo de partilha recaem sobre a participação estatal que, como mencionado, atua como empreendedora em todos os projetos, por meio da PPSA, influenciando na governança. Porém, a representante da União não assume riscos e não responde pelos custos.

Além disso, a modelagem permite que a Petrobras "escolha" quais áreas deseja participar, mas não a obriga a ofertar lance por essas áreas no leilão. Assim, uma área inicialmente não escolhida pela Petrobrás pode ter sua atratividade considerada como inferior, afetando os lances do leilão. Outra crítica ao direito de preferência da Petrobrás foi registrada na justificativa que acompanha o PL nº 3178/2019,[6] conforme este extrato:

> O direito de preferência para a Petrobras nas licitações no regime de partilha de produção é estabelecido pelo art. 4º da Lei nº 12.351, de 2010, e regulamentado pelo Decreto nº 9.041, de 2017. Em termos práticos e sucintos, essa preferência permite que a Petrobras, caso tenha seu lance superado em um leilão, possa aderir à proposta vencedora, tornar-se o operador e ter participação de 30% no consórcio.
>
> Sabendo que poderá, posteriormente à abertura dos lances, aderir à proposta vencedora se considerá-la atrativa, a Petrobras tende a ofertar menores percentuais de excedente em óleo para a União. Se conseguir arrematar o bloco com uma proposta mais baixa do que aquela que seria ofertada em um processo de competição em igualdade de condições, a estatal embolsa um ganho extra às custas dos recursos do Fundo Social. Caso seu lance não seja o maior, a Petrobras pode juntar-se ao consórcio vencedor se julgar que a proposta ainda é lucrativa para ela.

A União também precisa comercializar sua parcela do excedente em óleo, o que envolve complexidades que vão desde a logística para descarga do óleo do FPSO para os navios aliviadores até a negociação de preços e prazos nos mercados globais, tudo isso obedecendo às regras da Administração Pública.

Também existem recomendações dos órgãos de controle ao MME[7] para que estabeleça diretrizes claras a serem seguidas pela PPSA em relação aos planos internos, metas e indicadores de desempenho, além de repassar recursos legalmente previstos à estatal, entre outras.

Soma-se a esse cenário a análise dos resultados das rodadas de Concessão e Partilha realizadas em 2019, que desencadeou a busca por aperfeiçoamentos na governança e na metodologia aplicada às rodadas de licitações de exploração e produção de petróleo e gás

---

[6] BRASIL. Senado Federal. *Projeto de Lei nº 3.178, de 2019*. Modifica a Lei nº 12.351, de 22 de dezembro de 2010, que dispõe sobre a exploração e a produção de petróleo, de gás natural e de outros hidrocarbonetos fluidos, sob o regime de partilha de produção, em áreas do pré-sal e em áreas estratégicas, para permitir a licitação com concessão nos blocos em que esse regime for mais vantajoso para o Brasil e instituir a disputa em igualdade de condições nas licitações de partilha da produção. Brasília, DF: Senado Federal, última atualização em 01 mar. 2021. Disponível em: https://www25.senado.leg.br/web/atividade/materias/-/materia/137007. Acesso em: 27 jun. 2022.

[7] BRASIL. Tribunal de Contas da União. *TC nº 031.831/2014-1*. Plenário, Entidade: Empresa Brasileira de Administração de Petróleo e Gás Natural S.A (PPSSA). Responsável: Oswaldo Antunes Pedrosa Junior (Diretor-Presidente PPSA).

natural envolvendo os regimes de contratação, o estabelecimento dos seus parâmetros técnicos e econômicos, a definição de áreas estratégicas e as simulações de modelagem que embasam as decisões do CNPE.

3 A jornada em busca dos resultados

No decorrer de 2020, o Comitê Interministerial Executivo do BidSIM trabalhou intensamente e promoveu a organização e a divisão de tarefas entre mais de 30 especialistas de cinco diferentes órgãos de governo.

O Subcomitê 1 convidou os principais agentes do mercado de exploração e produção de petróleo e gás no Brasil. Foram recebidas contribuições do Instituto Brasileiro do Petróleo – IBP e das empresas BP Energy do Brasil Ltda., Chevron Brasil Ltda., Equinor Brasil Energia Ltda., ExxonMobil Exploração Brasil Ltda., Petrogal Brasil S.A., Petrobrás, PPSA, Repsol Sinopec Brasil S.A., Shell Brasil S.A. e Total E&P do Brasil Ltda.

Entre os fatores de atenção, mereceu destaque a urgência em "destravar" a oferta de áreas no polígono do Pré-Sal. O relatório do BidSIM traz essa reflexão, constatando o declínio da produção no pós-sal combinado com o acréscimo de mais de dez anos de estudos geológicos na província do Pré-Sal. Com essas informações, foi possível afirmar que praticamente "todas as estruturas de grande porte e com baixo risco geológico na área do Pré-sal já foram contratadas" e que as "oportunidades exploratórias que ainda podem ser identificadas no play Pré-Sal da área não contratada remanescente são de pequeno volume prospectivo e/ou de grande risco exploratório".

Portanto, com o avanço do conhecimento, o "polígono do Pré-Sal" delimitado pela Lei nº 12.351/2010 não é totalmente caracterizado pelo baixo risco geológico e pela "grande rentabilidade" conforme consta na carta E.M.I. nº 00038 – MME/MF/MDIC/MP/CCIVIL, de 31 de agosto de 2009, que encaminhou o Projeto de Lei nº 5.938/2009 que deu origem à Lei nº 12.351/2010.

Por isso, alterações na legislação que permitam a contratação de áreas pelo regime de concessão dentro do polígono do Pré-Sal são urgentes no sentido de manter-se a produção nos horizontes do pós-sal. A urgência torna-se ainda mais relevante se considerarmos as metas de redução de emissões de carbono e os marcos de 2030 e 2050.

No âmbito do Subcomitê 1, as propostas levantadas pelos representantes do mercado e pelos membros do Comitê Interministerial Executivo foram consolidadas em sete temas gerais: modalidade de contrato, atratividade, alterações legais e contratuais, contemplando comentários a respeito do Projeto de Lei nº 3.178/2019, do Senador José Serra e do Projeto de Lei nº 5.007/2020, de autoria do Deputado Paulo Ganime, além de análise sobre a distribuição de royalties e participação especial em face da Lei nº 12.734/2012 e da ADI 4917 (a qual foi suspensa de forma cautelar e ainda não julgada pelo Plenário do STF), descomissionamento, modalidade de regime, participações governamentais e regime fiscal/tributário.

Diante da complexidade dos temas e dos impactos resultantes de suas alterações, a EPE contribuiu com perspicaz metodologia de classificação, em que foram estabelecidos quesitos para que cada integrante do Comitê do BidSIM pudesse classificar a complexidade (incluindo o tempo de implementação das mudanças) e o potencial de impacto nos agentes do mercado. Os resultados foram processados e expostos num gráfico impacto x complexidade, que permitiu ao Comitê indicar quais ajustes devem ser priorizados nos próximos certames licitatórios. Assim, as propostas com maior grau de impacto e menor complexidade poderão ser escolhidas pelo poder concedente como preferenciais para apreciação.

Os principais temas com potencial para aprimoramentos, visando ao aumento da competitividade e à atração de investimentos para a exploração e produção de petróleo e gás natural no Brasil são: redução de royalties em campos marginais e maduros, recalibração da relação entre royalties e participação especial, pagamento parcelado do bônus de assinatura, calibração do bônus de assinatura nas rodadas de licitação, definição de "campo", garantias para abandono e descomissionamento, licenciamento ambiental, calendário de rodadas e estabilidade de regras.

Cada uma dessas propostas possui previsão de abordagem e prazo para serem concluídas, sendo esta, resumidamente, a entrega do Subcomitê 1 do BidSIM.

O Subcomitê 2, cuja atribuição foi estabelecer a metodologia para definição dos parâmetros técnicos e econômicos das licitações de E&P no Brasil, produziu uma contextualização econômica dos sistemas fiscais e discutiu os conceitos de progressividade, flexibilidade e neutralidade desses sistemas no cenário da indústria nacional do petróleo para torná-los mais atrativos ao investidor. Os resultados dos estudos, como veremos adiante, deram origem ao que pode ser chamado de "simulador", no qual os responsáveis pela definição de parâmetros das licitações de petróleo e gás poderão estudar os cenários que serão submetidos à decisão do poder concedente. O acrônimo BidSIM pode ter surgido dessa analogia com um simulador de lances, ou *bid simulator*, em inglês.

Como diretrizes da metodologia, foram utilizados o fluxo de caixa descontado e um conjunto de variáveis de entrada, conforme disposições da Resolução ANP nº 47, de 03 de setembro de 2014, ou Regulamento Técnico de Estimativa de Recursos e Reservas de Petróleo e Gás Natural (RTR). Essa abordagem tem sido aprovada pelo Tribunal de Contas da União – TCU na avaliação econômica que antecede os leilões de partilha e da cessão onerosa.

Os dados de entrada da metodologia são: volume de óleo *in situ*, estratégia de desenvolvimento (definida a partir de estudos geológicos contemplando data de início da produção, cronograma de perfuração e completação de poços produtores e injetores, características das unidades de produção e dos sistemas de escoamento, entre outras), CAPEX e OPEX, Curva de Produção, Preços do Petróleo (tema para o qual houve rica discussão sobre os modelos de precificação disponíveis envolvendo SECAP/ME e EPE, considerando também o cálculo do preço de referência do petróleo e o diferencial de qualidade, conforme Resolução ANP nº 703, de 26 de setembro de 2017), o Custo Médio Ponderado do Capital (WACC) e a taxa de desconto da União, a qual está tecnicamente detalhada nos estudos do BidSIM e permite trazer a valor presente os ativos da União no projeto. Essa taxa de desconto deve ser aplicada apenas "para demonstrar os custos para o setor público resultantes do adiamento de um leilão em estudo, por exemplo".

O simulador funciona a partir de uma planilha eletrônica cuja utilização é bastante simples, sem exigir a interação com bancos de dados ou outras sofisticações. Com essa planilha é possível calcular os tributos e as participações governamentais (contemplando o Repetro-Sped),[8] imposto de renda e contribuição social sobre o lucro líquido – CSLL, PIS, COFINS, ICMS, despesas com PD&I (estabelecidas no Edital de

---

[8] Repetro são os regimes aduaneiros e tributários especiais de exportação e importação de bens para o setor de óleo e gás que permitem aquisição e/ou importação permanente ou temporária dos bens utilizados nas atividades de E&P com desoneração total ou parcial da cadeia. A sigla SPED significa Sistema Público de Escrituração Digital, destinado ao controle informatizado desse regime.

Licitação). O programa constrói o Fluxo de Caixa Descontado, contempla do Valor Monetário Esperado (VME) e a depreciação dos ativos.

A utilização do simulador exige a entrada de dados paramétricos (preço de mercado do óleo, diferencial de qualidade do óleo, custo de perfuração e completação por poço, CAPEX por instalação, vida útil por instalação, custo de produção do barril, lâmina d'água, distância da costa, entre outros). Também são exigidas informações sobre a estratégia de exploração (data de entrada em produção, número de poços produtores e injetores, instalações submarinas, entre outras).

O "simulador" irá calcular os tributos e participações governamentais, contemplando o Repetro-Sped e demais impostos e contribuições mencionados, produzindo o Fluxo de Caixa Descontado e o Valor Monetário Esperado (VME), considerando ainda o teto de recuperação de custo em óleo (art. 2º, inciso II, da Lei nº 12.351/2010) e o excedente em óleo da União, conforme tabela existente nos Editais de Licitação que combina o preço do barril com a produtividade do poço e com a alíquota ofertada pelo licitante.

As saídas do "simulador" são o *Government take*, ou seja, o somatório do excedente em óleo da União, os tributos e outras participações governamentais capturadas pelo Estado. Também são "saídas" do sistema os indicadores fiscais (para subsidiar o gestor público na avaliação do peso do Estado no projeto) e econômicos (custo de produção por barril, valor do preço do petróleo capaz de entregar uma determinada carga fiscal quando as demais premissas econômicas e fiscais são fixadas (em outras palavras, *breakeven,* ou ponto de equilíbrio, quando receitas e despesas se equiparam), o tempo necessário para o investimento retornar ao caixa da empresa (*payback*), o VPL e a TIR do projeto e a distribuição de receitas geradas, ou seja, como são divididas as receitas entre União, Estados e Municípios, empresa e quais serão os custos do projeto.

Uma inovação importante do BidSIM é adotar premissas variáveis ano após ano, como preço do petróleo e do gás natural, atendendo determinação expressa do TCU. Finalmente, o sistema apresenta os cenários de Carga Fiscal, Bônus de Assinatura e Alíquota de Óleo-Lucro (AOL) para subsidiar o CNPE na definição dos parâmetros das Rodadas de Partilha.

Em paralelo aos outros dois comitês, e com os subsídios das reuniões com os principais *players* do mercado de exploração e produção de petróleo e gás, o Subcomitê 3 teve como escopo: (i) estabelecer a metodologia para classificação das áreas estratégicas e (ii) avaliar se essa metodologia poderia ser aplicável para auxiliar na escolha, pelo poder concedente, entre regime de partilha e de concessão. Os trabalhos fundamentaram-se na definição de área estratégica, como consta na Lei nº 12.351/2010, e os integrantes do Subcomitê, liderados pelo time da Superintendência de Avaliação Geológica e Econômica – SAG/ANP, desenvolveram duas análises, denominadas Avaliação do Potencial de Produção – APP e Avaliação do Risco Exploratório – ARE.

Para esses estudos, como controle de qualidade, foram classificados por *play* todos os poços perfurados desde 1975 no Brasil. Em seguida, foram divididos em classes de sucesso geológico, sucesso econômico ou fracasso aqueles poços exploratórios pioneiros do *play* Pré-Sal nas bacias de Campos e Santos. O resultado das análises, detalhadamente descritas no relatório e subsidiadas por Nota Técnica da SAG/ANP, concretiza-se num fluxograma com critérios relacionados à ocorrência de petróleo e volume original *in situ* (que devem ser superiores a determinados quantitativos estabelecidos nos estudos) e teor de contaminação de CO_2 inferior a um determinado limite. Se atendidas essas condições, a área em análise pode ser considerada como detentora de "Elevado Potencial de Produção". Isso conclui a primeira análise, APP, do binômio.

Para o risco exploratório, foi utilizada metodologia inédita que considera a distância de campos produtores e poços, a qualidade de dados sísmicos, mapas de interpretação e planilhas que podem ser preenchidas de forma replicável e transparente, considerando que os critérios de preenchimento são pré-estabelecidos. São dois esses critérios: avaliação de chance geológica na escala de *play* e avaliação de chance geológica na escala de prospecto. Em seguida, a Avaliação do Risco Exploratório Final é dada pela multiplicação das probabilidades de sucesso geológico nas escalas de *play* e de prospecto. O estudo recomenda a adoção de um critério limite para a categoria de baixo risco exploratório, pela ARE. Assim, uma área pode ser classificada como estratégica se possuir risco exploratório inferior a 0,70 e elevado potencial de produção.

O Subcomitê 3 conclui seu relatório assegurando que os estudos propõem "metodologia para classificação de áreas estratégicas, a qual poderia ser utilizada para subsidiar o processo decisório de escolha do regime de contratação dentro do polígono do Pré-Sal, na hipótese de flexibilização da Lei nº 12.351/2010 para se admitir a modalidade de concessão em áreas internas a esse polígono".

4 Conclusões

O setor de petróleo e gás, no Brasil, enfrentou os desafios impostos pela pandemia com flexibilidade e dedicação ao cumprimento de suas metas. Empresas, investidores e Governo implementaram medidas de emergência e colheram 5% de crescimento de produção de óleo e gás em 2020, com destaque para a alta performance do Pré-Sal; nossas exportações no setor atingiram patamares inéditos de 1,37 mb/d, muito em função da baixa concentração de enxofre do óleo dessa região. Ainda em 2020, o 2º ciclo da Oferta Permanente foi realizado e 18 áreas foram arrematadas.

No PPI, acompanhamos de perto as licitações qualificadas no Programa e prestes a serem realizadas: 17ª de Concessão e 2ª Rodada do Excedente da Cessão Onerosa, além do Ciclo 2021 da Oferta Permanente. Estamos confiantes de que a atratividade desses ativos permanece elevada e que continuaremos a atrair investimentos e trabalho para o Brasil. Até 2025, lembramos, está prevista a entrada em operação de 15 unidades de produção marítimas e a continuidade dos desinvestimentos da Petrobrás.

Diante desses cenários, o BidSIM foi conduzido com maestria e alcançou plenamente seus objetivos: trouxe subsídios técnicos, fortemente fundamentados, e inovações na metodologia para estabelecer parâmetros licitatórios para as áreas a serem ofertadas no regime de partilha. Também atendeu à demanda de definição clara e objetiva de "área estratégica" com uma metodologia inédita, além de classificar por complexidade e potencial de impacto aqueles temas apontados como mais relevantes pelos atores do *upstream*.

Até aqui, a missão de integrar o corpo técnico, ouvir os atores do mercado e os órgãos de controle e entregar um mapa objetivo sobre os próximos passos nas licitações de petróleo e gás foi cumprida. Os próximos passos são acompanhar os desdobramentos que o CNPE terá, agora municiado com ferramentas eficazes, transparentes e rastreáveis.

Como sociedade, cabe atuarmos junto ao Congresso Nacional para que as propostas legislativas relacionadas às alterações nos regimes de partilha e de concessão sejam discutidas e resultem em ganhos de competitividade e atração de investimentos. Sabemos que o risco da inação é tremendo. A transição energética aproxima-se e irá afetar receitas públicas, privadas, postos de trabalho e investimentos. Por isso, sabemos que os resultados do BidSIM possuem o potencial de trazer a desejada solução de continuidade no setor de petróleo e gás, responsável por significativa parcela na geração de riquezas para o Brasil.

Referências

BRASIL. Agência Nacional do Petróleo, Gás Natural e Biocombustíveis. *Resolução ANP nº 47, de 03 de setembro de 2014*. Define termos relacionados com os recursos e reservas de Petróleo e Gás Natural; estabelece diretrizes para a elaboração do Boletim Anual de Recursos e Reservas (BAR); aprova o Regulamento Técnico de Estimativa de Recursos e Reservas de Petróleo e Gás Natural (RTR). Diário Oficial da União. Brasília, DF. Disponível em: https://atosoficiais.com.br/anp/resolucao-n-47-2014?origin=instituicao&q=47/2014. Acesso em: 27 jun. 2022.

BRASIL. Agência Nacional do Petróleo, Gás Natural e Biocombustíveis. *Resolução ANP nº 703, de 26 de setembro de 2017*. (Revogada pela Resolução nº 874/2022). Estabelece os critérios para fixação do preço de referência do petróleo produzido mensalmente em cada campo. Diário Oficial da União. Brasília, DF. Disponível em: https://atosoficiais.com.br/anp/resolucao-n-703-2017-estabelece-os-criterios-para-fixacao-do-preco-de-referencia-do-petroleo-produzido-mensalmente-em-cada-campo. Acesso em: 27 jun. 2022.

BRASIL. *Decreto nº 10.320, de 09 de abril de 2020*. Institui o Programa para Aprimoramento das Licitações de Exploração e Produção de Petróleo e Gás Natural e o seu Comitê Interministerial Executivo. Secretaria-Geral. Brasília, DF, 09 abr. 2020. Disponível em: http://www.planalto.gov.br/ccivil_03/_ato2019-2022/2020/decreto/d10320.htm#:~:text=DECRETO%20N%C2%BA%2010.320%2C%20DE%209,o%20seu%20Comit%C3%AA%20Interministerial%20Executivo. Acesso em: 27 jun. 2022.

BRASIL. *Lei nº 9.478, de 06 de agosto de 1997*. Dispõe sobre a política energética nacional, as atividades relativas ao monopólio do petróleo, institui o Conselho Nacional de Política Energética e a Agência Nacional do Petróleo e dá outras providências. Casa Civil. Brasília, DF. Disponível em: http://www.planalto.gov.br/ccivil_03/leis/l9478.htm, Acesso em: 27 jun. 2022.

BRASIL. *Lei nº 12.276, de 30 de junho de 2010*. Autoriza a União a ceder onerosamente à Petróleo Brasileiro S.A. – PETROBRAS o exercício das atividades de pesquisa e lavra de petróleo, de gás natural e de outros hidrocarbonetos fluidos de que trata o inciso I do art. 177 da Constituição Federal, e dá outras providências. Casa Civil. Brasília, DF. Disponível em: http://www.planalto.gov.br/ccivil_03/_ato2007-2010/2010/lei/l12276.htm. Acesso em: 27 jun. 2022.

BRASIL. *Lei nº 12.351, de 22 de dezembro de 2010*. Dispõe sobre a exploração e a produção de petróleo, de gás natural e de outros hidrocarbonetos fluidos, sob o regime de partilha de produção, em áreas do pré-sal e em áreas estratégicas; cria o Fundo Social – FS e dispõe sobre sua estrutura e fontes de recursos; altera dispositivos da Lei nº 9.478, de 6 de agosto de 1997; e dá outras providências. Casa Civil. Brasília, DF. Disponível em: http://www.planalto.gov.br/ccivil_03/_ato2007-2010/2010/lei/l12351.htm. Acesso em: 27 jun. 2022.

BRASIL. Ministério de Minas e Energia. *Estudos do Plano Decenal de Expansão de Energia 2030* – Sumário Executivo. Disponível em: https://www.gov.br/mme/pt-br/assuntos/noticias/copy_of_SumrioExecutivoPDE2030.pdf . Acesso em: 27 jun. 2022.

BRASIL. *Resolução nº 103, de 19 de novembro de 2019*. Recomenda a qualificação de projetos e empreendimentos públicos federais do setor de energia no âmbito do Programa de Parcerias de Investimentos da Presidência da República – PPI. Diário Oficial da União, Brasília, DF, 05 dez. 2019. Disponível em: https://www.in.gov.br/en/web/dou/-/resolucao-n-103-de-19-de-novembro-de-2019-231561844. Acesso em: 27 jun. 2022.

BRASIL. Senado Federal. *Projeto de Lei nº 3.178, de 2019*. Modifica a Lei nº 12.351, de 22 de dezembro de 2010, que dispõe sobre a exploração e a produção de petróleo, de gás natural e de outros hidrocarbonetos fluidos, sob o regime de partilha de produção, em áreas do pré-sal e em áreas estratégicas, para permitir a licitação com concessão nos blocos em que esse regime for mais vantajoso para o Brasil e instituir a disputa em igualdade de condições nas licitações de partilha da produção. Brasília, DF: Senado Federal, última atualização em 01 mar. 2021. Disponível em: https://www25.senado.leg.br/web/atividade/materias/-/materia/137007. Acesso em: 27 jun. 2022.

BRASIL. Tribunal de Contas da União. *TC nº 031.831/2014-1*. Plenário, Entidade: Empresa Brasileira de Administração de Petróleo e Gás Natural S.A (PPSSA). Responsável: Oswaldo Antunes Pedrosa Junior (Diretor-Presidente PPSA).

IEA – INTERNATIONAL ENERGY AGENCY. *Net Zero by 2050* – A Roadmap for the Global Energy Sector. p. 160. Disponível em: https://iea.blob.core.windows.net/assets/20959e2e-7ab8-4f2a-b1c6-4e63387f03a1/NetZeroby2050-ARoadmapfortheGlobalEnergySector_CORR.pdf. Acesso em: 23 jun. 2021.

Informação bibliográfica deste texto, conforme a NBR 6023:2018 da Associação Brasileira de Normas Técnicas (ABNT):

SEILLIER, Martha; AFFONSO, Hugo Manoel Marcato. BIDSIM: o programa para aprimoramento das licitações de exploração e produção de petróleo e gás natural no Brasil como exemplo de institucionalidade, governança e regulação. *In*: FAJARDO, Gabriel; COHEN, Isadora; CARELLI, Carolina (coord.). *Infracast*: Concessões, Parcerias Público-Privadas e Privatizações. Belo Horizonte: Fórum, 2022. p. 125-138. ISBN 978-65-5518-428-0.

A EFETIVIDADE E COMPETITIVIDADE DOS PROCEDIMENTOS DE MANIFESTAÇÃO DE INTERESSE CONDUZIDOS PELO ESTADO DE MATO GROSSO DO SUL

ELIANE DETONI
LUCAS MENDONÇA GIUSEPPIN

Introdução

É voz comum, tanto da doutrina nacional quanto na estrangeira, críticas ao Procedimento de Manifestação de Interesse (PMI), instrumento de participação da iniciativa privada durante a fase de modelagem de projetos conduzidos pelo setor público, em especial nas áreas de concessões e parcerias público-privadas.

Comum também apontar como fator de demérito desse instrumento a baixa taxa de conversão dos estudos, produzidos no âmbito dos PMIs em contratos celebrados, bem como o possível comprometimento da competitividade dos certames licitatórios oriundos desse método de modelagem, em decorrência, principalmente, da assimetria de informações entre o proponente dos estudos e os demais interessados.

Com foco nessas duas problemáticas apontadas, o presente trabalho pretende demonstrar como o Estado de Mato Grosso do Sul vem contornando tais dificuldades e conduzindo PMIs efetivos e competitivos. Inicialmente, necessário delimitar o conceito do PMI e detalhar as razões pelas quais tal instrumento é tão criticado.

1 Delimitação conceitual do PMI

O PMI não conta, no ordenamento jurídico brasileiro, com previsão em lei em sentido estrito. No âmbito da Administração Pública

Federal, o tema é regulado pelo Decreto Federal nº 8.428/2015, editado com respaldo nos artigos 21 da Lei Federal nº 8.987/1995 e 31 da Lei Federal nº 9.074/1995 (BRASIL, 2015).

O artigo 21 da Lei Federal nº 8.987/1995 (BRASIL, 1995) possibilita que estudos, investigações, levantamentos e projetos sejam realizados pelo poder concedente, ou com sua autorização, devendo o vencedor da licitação ressarcir os dispêndios correspondentes. Com base nessa previsão legal, o Decreto Federal nº 8.428/2015 conceitua o PMI como a apresentação de projetos, levantamentos, investigações ou estudos, por pessoa física ou jurídica de direito privado, com a finalidade de subsidiar a Administração Pública na estruturação de desestatização de empresa e de contratos de parcerias (BRASIL, 2015).

Na literatura nacional, não há consenso acerca da natureza jurídica do PMI. A professora Vera Monteira (*apud* MORENO, 2016), considera-o como um procedimento administrativo iniciado e conduzido pela Administração Pública para a obtenção de estudos. Por sua vez, Dinorá Grotti e Mário Saadi Lima (*apud* MORENO, 2016) consideram-no como um requerimento em que o particular formaliza seu interesse na realização de tais estudos.

Maís Moreno, ao salientar a impossibilidade de conceituar o PMI de forma conclusiva, traça algumas de suas características: "são os procedimentos administrativos que se prestam a colher contribuições dos administrados para a elaboração de contratos de PPP" (MORENO, 2016).

O artigo 21 da Lei Federal nº 8.987/1995 menciona a figura da autorização, instrumento pelo qual a Administração Pública permite ao proponente privado o desenvolvimento dos estudos. Quanto à natureza jurídica dessa autorização, Maís Moreno considera-a como uma "autorização com natureza contratual, ou, simplesmente, de um contrato administrativo atípico que se presta a conferir acesso a um bem público específico: a oportunidade de fomentar projetos da administração" (MORENO, 2016).

Enfim, não há consenso doutrinário sobre a natureza jurídica do PMI, alguns, adotando a ótica da Administração Pública, consideram-no um procedimento administrativo, outros, com uma ótica do ente privado, imputam-no como um requerimento administrativo.

2 A "proposta não solicitada" na experiência internacional

Na literatura internacional, o PMI guarda semelhanças com a figura da "proposta não solicitada" (PNS), instrumento previsto em alguns ordenamentos jurídicos estrangeiros. Bruno Belsito conceitua a PNS:

> As PNS, na experiência do direito comparado, são, em regra, expedientes não concorrenciais que antecedem a abertura propriamente dita (ou seja, a fase externa) de processos estatais voltados para a celebração de contratos públicos (processos licitatórios), normalmente contratos de PPP (no sentido amplo que se confere ao termo na experiência internacional). Nesse sentido, as PNS possuem uma identidade clara com os procedimentos de manifestação de interesse/PMI e manifestação de interesse privado/MIP, incorporados ao sistema jurídico brasileiro (BELSITO, 2015).

O autor destaca que, nos países de referência, quais sejam os que contam com uma sólida tradição na área de parcerias público-privadas, as PNS são utilizadas apenas com um caráter residual e, na maioria das vezes, vetadas para projetos já mapeados pela Administração Pública e incluídos em seus planejamentos estratégicos. As PNS, nesses países, são utilizadas apenas para projetos inesperados ou cuja tecnologia pertence com exclusividade ao proponente privado (BELSITO, 2015).

Como motivação para essa utilização residual, aponta-se o comprometimento da competitividade nas futuras licitações, considerando que o proponente dos estudos no âmbito das PNS possui ganhos de tempo e se beneficia da assimetria de informações em relação aos outros interessados. Adicionalmente, aponta-se para o baixo grau de efetividade dos estudos, com base em dados históricos (BELSITO, 2015).

Ocorre que, nos países em desenvolvimento, as limitações técnicas quando da estruturação de projetos de concessões e PPP realizados exclusivamente pela Administração Pública acabam por superar esses pontos de atenção, o que culmina com a utilização, cada vez maior, das PNS (que, no Brasil, é mais comumente denominado de PMI) para a obtenção de estudos, considerando que, nesses países, ainda se caminha para a construção de uma estrutura institucional adequada em relação às parcerias público-privadas.

3 A experiência sul-mato-grossense na condução de PMI

Traçando um paralelo com a experiência internacional quanto às PNS, o PMI brasileiro sofre com problemáticas semelhantes, ou seja, a baixa efetividade, com um número reduzido de contratos celebrados oriundos desse instrumento, e um possível comprometimento da competitividade de futuro certame licitatório (BELSITO, 2015).

Na contramão dessa realidade, o Estado de Mato Grosso do Sul finalizou, bem como atualmente conduz, PMIs efetivos, constatando satisfatórias taxas de conversão em contratos celebrados, e os processos licitatórios despertam o interesse de diversos *players* do mercado, com propostas econômicas arrojadas.

Em relação aos PMIs já licitados e que culminaram com a celebração de contrato, o Estado conta com dois: a modelagem da concessão para a operação de 219,5 km da rodovia estadual MS-306, projeto que previu um volume de investimentos de R$1,77 bi. Quanto a esse projeto, dois consórcios participaram do processo licitatório, o Via Brasil MS 306, liderado pela empresa CONASA, e o Way-306, liderado pela Bandeirantes LTDA, sendo esse último o vencedor da concorrência, que utilizou como critério de julgamento a maior outorga, sendo proposta pela vencedora a outorga de R$605.306.000,00 (MATO GROSSO DO SUL, 2020).

O segundo PMI foi o responsável pela estruturação da parceria público-privada, na modalidade concessão administrativa, para operação do sistema de esgotamento sanitário dos 68 municípios atendidos pela Empresa de Saneamento do Estado de Mato Grosso do Sul – SANESUL, com previsão de investimento de R$3,8 bi. A concorrência contou com quatro participantes: as empresas Aegea Saneamento e Participações S.A e Iguá S.A, e os consórcios "Avançar BR" e COSAMS. O critério de julgamento na concorrência foi o menor valor por metro cúbico de esgoto tratado, sendo ofertada pela empresa Aegea Saneamento e Participações S.A a tarifa de R$1,36/m^3 (a tarifa-teto prevista no modelo era de R$2,21) (MATO GROSSO DO SUL, 2020).

Um terceiro PMI, licitado recentemente, foi o destinado à estruturação da parceria público-privada, na modalidade concessão administrativa, para a construção e operação de uma infraestrutura de rede de fibra óptica de alta capacidade, para atender as unidades administrativas do governo do Estado de Mato Grosso do Sul, com investimentos previstos de R$887 mi. O critério de julgamento na concorrência foi o menor valor de contraprestação mensal, sendo ofertada pelo Consórcio Sonda Infovia Digital, liderado pela empresa Sonda Brasil S.A a contraprestação de R$2.290.000,00 (a proposta representou um deságio de 53,05% em relação à contraprestação-teto) (MATO GROSSO DO SUL, 2022).

Atualmente, o Estado conduz mais dois PMIs: i) para a modelagem da concessão da operação de 413,9 km de um lote de rodovias, projeto que possui um valor de investimento estimado em R$2,75 bi e se encontra-se em período de consulta pública; ii) para a estruturação da parceria público-privada, na modalidade concessão administrativa, para a implantação e operação de centrais de energia elétrica fotovoltaica, com gestão de serviços de compensação de créditos, para atender à demanda energética das estruturas físicas da Administração Pública Estadual (MATO GROSSO DO SUL, 2022).

A seguir, busca-se identificar os fatores que contribuíram para os bons resultados colhidos no âmbito dos PMIs lançados pelo Estado.

3.1 Planejamento estratégico

A doutrina especializada aponta para a dificuldade quanto ao planejamento a longo prazo na Administração Pública, setor no qual imperam políticas públicas mais imediatistas, com vistas a sanar gargalos urgentes, descuidando para a previsão de demandas futuras. Essa ausência de planejamento a longo prazo impacta também na taxa de conversão dos estudos desenvolvidos no âmbito dos PMIs em contratos celebrados. Nesse sentido, são as lições de Mário Saadi:

> Trazendo a questão para a infraestrutura, debruçamo-nos mais sobre como viabilizar investimentos em cenários nos quais são discutidos gargalos emergenciais ou quando há necessidade imediata de reaquecimento da economia. Mas nos esquecemos de que a aplicação de recursos deve ser feita antes da demanda (para garantia de que o ativo existirá quando ela chegar...) e que a maturação de projetos que podem gerar impactos econômicos significativos não é simples, tampouco rápida. A falta de planejamento impactará a conversão de estudos apresentados em PMIs em projetos. O número de projetos infrutíferos aumentará. (SAADI, 2020).

A carteira de projetos de parcerias do Estado de Mato Grosso do Sul é pensada e maturada desde 2016, justamente com uma perspectiva de longo prazo, sempre com o olhar para necessidades que, em um futuro próximo, se mostrarão prementes.

Cite-se, como exemplo, o projeto Infovia Digital, concessão administrativa que pretende a construção, operação e manutenção de infraestrutura de rede de fibra óptica de alta capacidade para o atendimento às unidades administrativas estaduais.

A máquina administrativa estadual, hoje, desenvolve suas atividades satisfatoriamente mediante o fornecimento de internet por intermédio das operadoras comerciais. Contudo, em um cenário futuro não muito distante, mostra-se previsível que a demanda pelos serviços de transmissão de dados será exponencialmente majorada.

Isso porque a tecnologia 5G aponta para a "era da internet das coisas": "Há uma série de situações, ou aplicações, nas quais se pensa em internet das coisas, por exemplo, ambiente inteligente, computação ubíqua, web das coisas, internet do futuro ou cidades inteligentes" (GALEGALE *et al*, 2016).

Com esse cenário de expansão da utilização de banda, e ainda a complementariedade que a estrutura de redes de fibra óptica exerce para o funcionamento da tecnologia 5G, o Estado já matura o projeto de concessão administrativa para a construção de sua rede de fibra óptica, buscando antever gargalos que se imporão em futuro próximo.

Mas dentro desse planejamento estratégico inserem-se outros fatores. É o caso da avaliação de pré-viabilidade dos projetos que constam da carteira do Estado. Em Mato Grosso do Sul, as modelagens estruturadas, antes de se iniciar os estudos, devem ser previamente incluídas no Programa Estadual de Parcerias.

Para que haja essa inclusão, eventuais demandas oriundas de órgãos ou entidades da Administração Estadual, ou por provocação de entes privados, passam por uma avaliação prévia, na qual se analisa a mínima viabilidade de um futuro projeto de parceria.

Essa avaliação preliminar mostrou-se crucial para que a equipe do Estado focasse seus esforços em PMIs potencialmente viáveis e que possuíssem a probabilidade de conversão em contratos assinados, conferindo maior confiabilidade nesse instrumento.

Outro fator relevante quanto ao planejamento estratégico é a construção de um ambiente institucional permeado pela confiabilidade e segurança jurídica. Nesse sentido, são contínuos os esforços do Estado para que o arcabouço legislativo estadual acerca de parcerias seja condizente com as melhores práticas nacionais e internacionais.

Com essa perspectiva, o Estado desenvolveu estudos para a reestruturação legislativa, pretendendo a unificação de toda a legislação estadual sobre parcerias em um único instrumento legal. Como fruto dessas análises, foi aprovada a Lei Estadual nº 5.829/2022, que institui o Programa Estadual de Parcerias, com regras atinentes à governança, bem como sobre todos os procedimentos para a estruturação de projetos, desde sua inclusão no planejamento estratégico até a execução contratual. Além disso, a nova legislação regula alguns instrumentos relevantes, como é o exemplo do próprio PMI.

3.2 Acompanhamento contínuo dos estudos

Conforme lições de Bruno Belsito, a baixa efetividade das PNS, em âmbito internacional, está relacionada ao elevado grau de rejeição dos estudos pela própria Administração Pública. O autor releva que:

> caso este sucesso seja medido apenas em relação aos projetos aceitos pelo ente público (após a obtenção do primeiro juízo positivo acerca da continuidade da proposta), a efetividade do instrumento alcança 68% [...] a admissibilidade das PNS é o verdadeiro "pente fino", na medida em que a maioria das propostas não é admitida (BELSITO, 2015).

Com essa perspectiva, um dos caminhos adotados pelo Estado de Mato Grosso do Sul foi o acompanhamento, *pari passu*, de seus PMIs, com reuniões periódicas (periodicidade semanal em fases mais intensas dos estudos) entre a equipe técnica do proponente privado e a do Estado.

Busca-se abandonar uma posição estática, deixando de lado o mero fornecimento de informações e dados solicitados pelo proponente privado e adotando uma conduta efetiva e proativa durante a estruturação do projeto, de modo que, ainda em sua fase de elaboração, os referidos estudos já convirjam para os objetivos efetivamente perseguidos pelo Estado.

Essa troca de informações e impressões preliminares culmina com um estudo final mais alinhado com as expectativas do Estado, o que pode ser verificado pelo fato de que, em relação aos PMI já finalizados por Mato Grosso do Sul até o momento, todos foram aceitos, com grau elevado de aproveitamento.

De 2016 a 2021, todos os PMIs finalizados pelo Estado de Mato Grosso do Sul foram aprovados por seu Conselho Gestor de Parcerias Público-Privadas. Cite-se, por exemplo, os projetos de concessão das

Rodovias MS-306, MS-112 e trechos das BR-158 e BR-436, a PPP do Esgotamento Sanitário e a PPP Infovia Digital.

3.3 Disponibilidade da equipe técnica

Para o acompanhamento contínuo dos estudos realizados no âmbito dos PMIs, é crucial a dedicação e disponibilidade do corpo técnico do Estado durante todo o período de sua realização.

Nesse processo, é importante que ocorram discussões periódicas sobre o escopo dos estudos, bem como a revisão, pelo Estado, de relatórios preliminares. Tudo isso, notadamente, depende de tempo e disponibilidade da equipe profissional do Estado.

É por esse motivo que o número de PMI lançado pelo Estado de Mato Grosso do Sul parece conservador, pois o Estado, que conta com equipe enxuta para tratar dos projetos de parceria, busca com primazia a maior efetividade dos PMIs.

Salienta-se que, atualmente, o Escritório de Parcerias Estratégicas do Governo do Estado, órgão especial ligado à Secretaria de Governo e Gestão Estratégica e responsável pela estruturação de projetos de parcerias, passa por uma reestruturação institucional, que pretende ampliar o número de profissionais técnicos, justamente para fazer frente aos PMIs a serem lançados pelo Estado, conservando a mesma efetividade observada naqueles já lançados.

Além do aumento da equipe, é essencial a constante capacitação do corpo técnico. Nesse sentido, a equipe toda, em 2016, passou por reconhecido curso de especialização na área de concessões e parcerias público-privadas e, desde então, os profissionais são submetidos à atualização profissional.

Além da capacitação por meio de cursos e eventos, mostram-se relevantes para o aprimoramento técnico da equipe as trocas de experiências entre gestores públicos das áreas de concessão e parcerias público-privadas.

O Escritório de Parcerias Estratégicas está inserido na Rede Intergovernamental para o Desenvolvimento das Parcerias Público-Privadas (Rede PPP), entidade que congrega gestores de diversos Estados, o que proporciona uma ampla visão sobre perspectivas plurais diante de problemáticas que são constatadas no dia a dia dos projetos de parceria.

Ainda nessa seara, outro aspecto a ser destacado é que a equipe responsável pela estruturação dos projetos de parceria é formada por profissionais que são exclusivamente dedicados a tal tarefa e não desenvolvem qualquer outra função na Administração Estadual.

3.4 Cooperações técnicas e consultorias para o auxílio na avaliação de estudos

A depender da complexidade do objeto de estudo do PMI, o Estado promove contratações de consultorias, por meio de cooperações técnicas com organismos multilaterais, a exemplo do Programa das Nações Unidas para o Desenvolvimento (PNUD), órgão da Organização das Nações Unidas, que já auxiliou o Escritório de Parcerias Estratégicas quando da avaliação de estudos apresentados via PMI.

Pode ser citado como exemplo o Projeto da PPP de Esgotamento Sanitário, desenvolvido por meio de um PMI e que, desde a seleção dos estudos até a sua revisão pelo Estado, contou com o auxílio de consultores externos, contratados via cooperação técnica, resultando no aprimoramento de diversas diretrizes inicialmente previstas no projeto, com o fim de maximizar o custo-benefício da futura contratação.

A participação de consultores externos, por meio de cooperações técnicas, acarreta proveitosa transferência de conhecimento, bem como contribui para a transparência e legitimidade de todo o projeto, que é avaliado por instituições de prestígio internacional.

3.5 A evolução para o autorizado único

Os três primeiros PMIs conduzidos pelo Estado possibilitaram a participação de qualquer interessado na modelagem do projeto. O PMI da rodovia MS-306 contou com três proponentes e o PMI do Esgotamento Sanitário, com quatro proponentes. O PMI Infovia Digital, apesar de oportunizar ampla participação, contou com apenas um autorizado a desenvolver os estudos (esse último projeto resultou da conversão de uma Manifestação de Interesse Privado em PMI).

A experiência desses primeiros projetos revelou um gargalo, diante da dificuldade técnica da Administração Pública de avaliar todos os estudos apresentados com a devida celeridade, o que acaba por enfraquecer o instrumento do PMI, que tem como um de seus fundamentos justamente o desenvolvimento mais ágil do processo de estruturação dos projetos de parceria.

Utilizando como exemplo o PMI de concessão da Rodovia MS-306, verifica-se que, entre a data final de entrega dos estudos e a escolha de um deles, transcorreram mais de sete meses (MATO GROSSO DO SUL, 2022). Além dessa dificuldade na avaliação dos estudos, a existência de vários interessados torna mais complexa, durante a fase de modelagem do projeto, a interação entre Estado e a equipe técnica dos proponentes, considerando que é necessário, sempre, observar a simetria de informações, fator que acaba por reduzir a sinergia entre as equipes.

Diante dessas experiências, em seus últimos PMIs, o Estado adotou a figura do autorizado único, ou seja, após lançado o chamamento público, apenas um proponente foi autorizado a desenvolver os estudos para a modelagem do projeto, selecionado com base em suas experiências e em seu plano de trabalho.

Mário Saadi aponta que a figura do autorizado único é posta como uma opção à Administração Pública e deve ser avaliada conforme o caso: "a depender do que se pretende estudar concretamente, da forma que se quer estudar, da interação que se pretende ter com o agente interessado, poderia ser emitida única autorização, ou seriam expedidas diversas autorizações" (SAADI, 2020).

Foi justamente fruto de uma avaliação dos PMIs pretéritos que o Estado chegou à conclusão de que, para a realidade sul-mato-grossense, o autorizado único confere maior fluidez aos estudos e ainda maior sinergia entre a equipe do Estado e a do proponente dos estudos na fase de modelagem, corroborando para a construção de um projeto que, desde o início, já se mostra convergente com as expectativas do Estado.

Aqui cabe uma ressalva: caso o objeto do PMI se revele como inédito ou possuir complexidade elevada, sobretudo quando se espera colher inovações do mercado – por exemplo, o desenvolvimento de nova tecnologia –, mostra-se justificável a recepção de mais de um proponente dos estudos, até para que haja uma análise do melhor custo-benefício de cada nova tecnologia apresentada.

3.6 Da interação com órgãos de controle

A cultura jurídica brasileira não conta, como já foi citado, com uma vasta experiência em projetos de parceria. De tal fato decorre que, em muitos casos, órgãos de controle, a exemplo de Tribunais de Contas, acabam por não compreender toda a sistemática aplicável a esses contratos.

Diante desse cenário, essencial que, desde a concepção do projeto, se estabeleça um diálogo transparente com esses órgãos de controle, para evitar que, ao final da modelagem, existam entraves para que haja a chancela deles.

Em Mato Grosso do Sul, não há a necessidade de análise prévia, anterior à licitação, do Tribunal de Contas do Estado. Apesar disso, busca-se, desde o início, a interação com a Corte de Contas Estadual, mediante reuniões com seu corpo técnico e participação nas audiências públicas, justamente para conferir maior efetividade à estruturação e evitar que discussões sejam suscitadas apenas quando do final dos estudos.

4 Da competitividade no certame licitatório

Um dos problemas apontados em relação às PNS é a possível fragilização da competitividade nos processos licitatórios oriundos de PMI. Bruno Belsito conclui que a competitividade é um pré-requisito em modelos de regulação por contrato e, citando relatório do Banco Mundial, descreve que:

> A amostra considerada no estudo realizado com o apoio do Banco Mundial em 2007 revela que 90% das licitações processadas na Coreia do Sul foram vencidas pelos proponentes originais. Nas Filipinas, esse percentual foi de 92%. Em Taiwan, foram contratados mais de 29 projetos e houve mais de um licitante em apenas um dos processos. Em relação à experiência chilena, menciona-se que 12 projetos foram originados de PNS (de 1993 a 2007), sendo que destes, apenas um licitante diferente do proponente inicial adjudicou o contrato (BELSITO, 2015).

Ao defender o instituto do PMI, Mário Saadi resume as críticas ao instrumento, destacando que elas geralmente focam em apontar a assimetria de informações entre os desenvolvedores dos estudos e outros agentes do mercado, bem como a baixa capacidade estatal de avaliar criticamente os estudos desenvolvidos:

> Pela crítica, há quem diga que gerariam privilégios em favor de quem deles participa e fariam com que houvesse assimetria de informações entre os agentes econômicos que desenvolvem estudos nesta fase de planejamento de parcerias público-privadas – PPPs e aqueles que não o fazem; em certos casos, haveria pouca capacidade institucional para que a Administração Pública avaliasse criticamente toda a documentação recebida da iniciativa privada (SAADI, 2020).

Retornando aos PMIs sul-mato-grossenses, frise-se que não foram vedadas as participações dos proponentes privados na fase licitatória, exceto quanto aos PMIs de autorizado único. Para mitigar problemas de competitividade no certame licitatório, percebeu-se que a filtragem dos estudos, por parte da equipe técnica do Estado, se mostra, de fato, essencial para avaliação crítica da modelagem apresentada, em especial quanto à análise de custo-benefício, o *Value for Money*, do projeto.

Essa avaliação criteriosa merece particular atenção do Estado, para se evitar qualquer tentativa de reserva de mercado durante a realização dos estudos, sempre com foco na vantagem da contratação para a Administração Pública.

Em regra, a avaliação final dos estudos desenvolvidos não conta com a participação do proponente do PMI, exceto no caso de autorizado único, mas, nessa hipótese, há a vedação de participação do proponente dos estudos no futuro certame licitatório.

Com vistas a evitar a fragilização da competitividade, frise-se que, em relação aos PMIs com autorizado único já lançados pelo Estado, o chamamento público vedou ao proponente a participação na futura licitação. Além disso, estabeleceu a obrigação de guardar confidencialidade sobre todas as informações produzidas no âmbito do PMI.

Em relação à assimetria de informações e o benefício do tempo em favor dos proponentes dos estudos realizados no âmbito dos PMIs, em todos os projetos realizados pelo Estado buscou-se uma ampla divulgação dos resultados, franqueando tempo razoável, tanto no período de consulta pública quanto para a formulação de propostas econômicas, justamente para que o mercado maturasse todos os dados e levantamentos colhidos durante a fase de estruturação do projeto.

Nos projetos finalizados, foram concedidos extensos períodos entre o início da consulta e a data de entrega das propostas econômicas. Por exemplo, no projeto de concessão da operação da rodovia MS-306, os dados levantados por meio do PMI estiveram sob o escrutínio do mercado durante seis meses.

Como resultado, percebeu-se acirrada competitividade nos certames licitatórios, em alguns sequer houve a participação dos proponentes dos estudos no âmbito dos PMIs, justamente o caso do projeto de concessão da rodovia MS-306.

Em relação à competitividade, frise-se que no Projeto Infovia Digital apresentaram propostas, e participaram da fase de lances, três proponentes. Uma delas, a empresa que conduziu os estudos no âmbito do PMI.

Em razão da transparência e a constante preocupação em oportunizar, de forma equânime, o conhecimento do projeto a todos os possíveis interessados no certame, o problema quanto à possível assimetria de informações entre o Proponente dos estudos e os demais *players* foi atenuado. Disso resultou que outros grupos empresariais também participaram da Concorrência, sendo que a proposta vencedora partiu de um parceiro privado que não atuou na fase de estruturação via PMI, o Consórcio Sonda Infovia Digital.

Conclusão

As críticas aos PMIs geralmente são centradas na baixa conversão dos estudos realizados em contratos celebrados, bem como na possível fragilização da competitividade em futuros certames licitatórios.

Na contramão dessas críticas, o Estado de Mato Grosso do Sul finalizou procedimentos de manifestação de interesse que se converteram em contratos celebrados e os respectivos processos licitatórios se mostraram competitivos e contaram com ampla participação do mercado.

Da análise empírica-indutiva dos PMI realizados, podem ser constatados alguns fatores que contribuíram para o sucesso do instrumento: o planejamento estratégico dos projetos de concessão e PPPs, no qual buscou-se o planejamento a longo prazo, tentando antecipar demandas futuras. Nesse planejamento, presente ainda a avaliação de pré-viabilidade dos projetos desenvolvidos, com vistas a reservar os esforços em PMI com certo grau de viabilidade, bem como a construção de um ambiente institucional confiável, por exemplo, com a reestruturação do arcabouço legislativo, tornando-o mais racional.

Outro fator identificado foi o acompanhamento contínuo dos estudos pelo Ente Público, ainda durante a sua realização, para que o resultado final convergisse para as expectativas do Estado. Para tanto, mostrou-se essencial uma efetiva disponibilidade da equipe técnica durante toda a realização dos levantamentos. Nessa seara, a evolução para o PMI de autorizado único também acarretou ganhos de eficiência, agilizando a análise da estruturação do projeto.

Ademais, também com vistas à efetividade dos estudos, tentou-se sempre a construção de um diálogo transparente com os órgãos de controle, em especial junto ao Tribunal de Contas Estadual, para evitar que, ao final do projeto, se suscitassem problemáticas que poderiam ser discutidas durante sua modelagem.

Por outro lado, para conferir a mais ampla competitividade ao certame licitatório, foi crucial a avaliação criteriosa dos estudos apresentados, mantendo sob o radar a análise de custo-benefício e qualquer tentativa de reserva de mercado ou direcionamento. Por fim, um amplo prazo para maturação dos estudos pelo mercado também foi importante, com período alargado de consulta pública e para a apresentação de propostas econômicas.

Todos esses fatores, verificados durante a modelagem dos projetos no âmbito de PMI, corroboram para que houvesse contratos celebrados após processos licitatórios competitivos e que contaram com a ampla participação do mercado.

Um bom termômetro para aferir o sucesso desse instrumento em Mato Grosso do Sul pode ser a participação de consultores especializados na estruturação de concessões e parcerias público-privadas, o que denota uma confiabilidade tanto na análise de pré-viabilidade dos projetos realizada pelo Estado, quanto no ambiente institucional. Ora, em se tratando de apenas estruturadores de projetos, esses somente serão remunerados diante de uma contratação exitosa.

Referências

BELSITO, Bruno Gazzaneo. *O Procedimento de Manifestação de Interesse/PMI na estruturação de contratos de concessão*: exame crítico e propostas de aperfeiçoamento do instrumento no Direito brasileiro. 2015. 316 f. Dissertação (Mestrado em Direito Público) – Faculdade de Direito, Universidade do Estado do Rio de Janeiro, Rio de Janeiro, 2015.

BRASIL. *Decreto nº 8.428, de 02 de abril de 2015*. Dispõe sobre o Procedimento de Manifestação de Interesse a ser observado na apresentação de projetos, levantamentos, investigações ou estudos, por pessoa física ou jurídica de direito privado, a serem utilizados pela administração pública. Brasília, DF: Presidência da República, [2021]. Disponível em: http://www.planalto.gov.br/ccivil_03/_ato2015-2018/2015/decreto/d8428.htm. Acesso em: 10 jan. 2022.

BRASIL. *Lei Federal nº 8.987, de 13 de fevereiro de 1995*. Dispõe sobre o regime de concessão e permissão da prestação de serviços públicos previsto no art. 175 da Constituição Federal, e dá outras providências. Brasília, DF: Presidência da República, [2021]. Disponível em: http://www.planalto.gov.br/ccivil_03/leis/l8987cons.htm. Acesso em: 10 jan. 2022.

GALEGALE, Gustavo Perri; SIQUEIRA, Érica; SILVA, Carolina Bertolucci Hilário e; SOUZA, César Alexandre. Internet Das Coisas Aplicada A Negócios: um Estudo Bibliométrico. JISTEM – *Journal of Information Systems and Technology Management Revista de Gestão da Tecnologia e Sistemas de Informação*, v. 13, n. 3, p. 423-438, set/dez. 2016.

MATO GROSSO DO SUL. *Escritório de Parcerias Estratégicas*. Disponível em: https://www.epe.segov.ms.gov.br. Acesso em: 10 jan. 2022.

MATO GROSSO DO SUL. *Lei Estadual nº 5.829, de 09 de março de 2022*. Institui o Programa de Parcerias do Estado de Mato Grosso do Sul (PROP-MS), e dá outras providências. Campo Grande, MS: [2022]. Disponível em: http://aacpdappls.net.ms.gov.br/appls/legislacao/secoge/govato.nsf/1b758e65922af3e904256b220050342a/e656ef603efcaee4042588020047f922?OpenDocument&Highlight=2,5.829. Acesso em: 07 abr. 2022.

MORENO, Maís. *A participação do administrado no processo de elaboração dos contratos de PPP*. 2016. 260 f. Dissertação (Mestrado em Direito) – Faculdade de Direito, Universidade de São Paulo, São Paulo, 2016.

SAADI, Mário. A questão da taxa de mortalidade do PMI. O problema é dele mesmo? *Canal PPP Infraestrutura*, 17 jun. 2019. Disponível em: https://www.canalppp.com.br/post/a-quest%C3%A3o-da-taxa-de-mortalidade-do-pmi-o-problema-%C3%A9-dele-mesmo. Acesso em: 10 jan. 2022.

SAADI, Mário. O PMI e a proposta de "dupla autorização exclusiva": sugestões para utilização. *Direito do Estado*, 03 fev. 2020. Disponível em: http://www.direitodoestado.com.br/colunistas/mario-saadi/o-pmi-e-a-proposta-de-dupla-autorizacao-exclusiva-sugestoes-para-utilizacao. Acesso em: 10 jan. 2022.

Informação bibliográfica deste texto, conforme a NBR 6023:2018 da Associação Brasileira de Normas Técnicas (ABNT):

DETONI, Eliane; GIUSEPPIN, Lucas Mendonça. A efetividade e competitividade dos procedimentos de manifestação de interesse conduzidos pelo estado de Mato Grosso do Sul. *In*: FAJARDO, Gabriel; COHEN, Isadora; CARELLI, Carolina (coord.). *Infracast*: Concessões, Parcerias Público-Privadas e Privatizações. Belo Horizonte: Fórum, 2022. p. 139-153. ISBN 978-65-5518-428-0.

DESENVOLVENDO INFRAESTRUTURAS SUSTENTÁVEIS POR MEIO DE PARCERIA: O CASO DA CONCESSÃO DA ROTA DE GRUTAS PETER LUND

SERGIO GUSMÃO SUCHODOLSKI
VICTOR BASTOS LIMA

1 Introdução

Segundo estimativas do relatório *The New Climate Economy Report* (2018), o mundo precisa investir 90 bilhões de dólares em infraestrutura sustentável até 2030 para atingir as metas fixadas pela comunidade internacional para o desenvolvimento sustentável. Embora ainda não exista uma definição consolidada sobre o conceito, infraestrutura sustentável pode ser entendida enquanto toda infraestrutura que (i) contribua para a redução de emissões de carbono, que (ii) seja mais resiliente aos efeitos das mudanças climáticas do século XXI e que (iii) tenha impactos positivos nas condições de vida da população.

Estudos mais recentes indicam que os multiplicadores desse tipo de investimento sobre emprego e produção são ainda maiores do que os de projetos tradicionais de infraestrutura, tornando-os estratégicos para vencer três desafios:

I. **reativar o crescimento econômico:** elevar os investimentos em infraestrutura sustentável pode estimular a demanda em um momento delicado para muitas economias;

II. **atingir os Objetivos do Desenvolvimento Sustentável:** a infraestrutura sustentável é a base para garantir uma série de serviços essenciais e é fundamental para que se atinjam os Objetivos de Desenvolvimento Sustentável previstos na Agenda 2030 da Organização das Nações Unidas; e

III. combater as mudanças climáticas: a infraestrutura é subjacente a todas as principais fontes de emissões de gases de efeito estufa – sistemas de energia e transportes, construções, indústria e uso do solo, conforme prevê o Acordo de Paris.

Caso priorizasse a infraestrutura sustentável em sua carteira de investimentos, o Brasil teria a oportunidade de promover o crescimento econômico inclusivo, aumentar o acesso aos serviços urbanos básicos capazes de reduzir a pobreza e promover o desenvolvimento sustentável, amenizando os riscos das mudanças climáticas. A substituição das antigas infraestruturas urbanas por outras mais modernas e sustentáveis teria o condão de converter as cidades em lugares mais habitáveis e inclusivos, propiciando uma gama de benefícios.

Primeiramente, um melhor planejamento urbanístico com infraestruturas mais sustentáveis seria capaz de evitar a emissão de cerca de 3,7 gigatoneladas anuais de CO_2 no planeta pelos próximos 15 anos, reduzindo, assim, a pegada ambiental e de carbono (THE GLOBAL COMISSION ON ECONOMY AND CLIMATE, 2018).

Além disso, o investimento em fontes de energia renováveis, atrelada ao desenvolvimento de uma rede elétrica digitalizada e descentralizada, teria o condão de levar eletricidade a um bilhão de pessoas em todo o mundo, que atualmente não dispõem desse acesso. Vale destacar quanto a esse último ponto que infraestruturas sustentáveis também tem largo potencial para promover a geração de empregos. Estima-se que apenas o setor de energias renováveis seria capaz de passar de 2,3 milhões de empregos verdes para aproximadamente 20 milhões até 2030.

Um terceiro benefício consiste na promoção de um crescimento econômico verde, pilar da nova economia e orientado a um desenvolvimento sustentável, inteligente e justo. Adicionalmente, infraestruturas sustentáveis poderiam ser uma inovadora solução para as remanescentes desigualdades de acessos a serviços públicos, especialmente em países emergentes, tais como abastecimento de água potável, esgotamento sanitário, transporte urbano, dentre outras.

Vale lembrar que o Acordo de Paris prevê que ocorra até 2050 uma descarbonização da economia global, bem como uma transição energética para matrizes baseadas em fontes de energia renováveis. Se esse prognóstico vier a se materializar, a Comissão Global da Economia e do Clima estima que as cidades com infraestrutura sustentável poderiam economizar cerca de 17 bilhões de dólares até 2050 apenas com a mudança de matriz energética para fontes renováveis (THE GLOBAL COMISSION ON THE ECONOMY NA CLIMATE, 2018).

Dois dos Objetivos do Desenvolvimento Sustentável (ODS) por meio dos quais é estruturada a Agenda 2030 da Organização das Nações Unidas dialogam diretamente com essa agenda: o ODS 9, *"Construir infraestrutura resiliente, promover a industrialização inclusiva e sustentável, e fomentar a inovação"*, bem como o ODS 17, *"Fortalecer os meios de implementação e revitalizar a parceria global para o desenvolvimento sustentável"*.

Figura 1 – Objetivo do Desenvolvimento Sustentável 9

Figura 2 – Objetivo do Desenvolvimento Sustentável 17

Fonte: (ONU, 2015).

Por sua vez, o referido ODS é estruturado por uma série de metas concretas estabelecidas pela ONU, mas que também possuem sua internalização para o contexto específico do Brasil. Dentre tantas, cabe destacar as conotações internacional e brasileira da meta 9.4 e 17.7. (IPEA, 2019):

Quadro 1 – Metas associadas a investimentos em infraestruturas sustentáveis

META	ONU	BRASIL
9.4	Até 2030, modernizar a infraestrutura e reabilitar as indústrias para torná-las sustentáveis, com eficiência aumentada no uso de recursos e maior adoção de tecnologias e processos industriais limpos e ambientalmente adequados; com todos os países atuando de acordo com suas respectivas capacidades.	Até 2030, modernizar a infraestrutura e reabilitar as atividades econômicas para torná-las sustentáveis, com foco no uso de recursos renováveis e maior adoção de tecnologias e processos industriais limpos e ambientalmente adequados.
17.17	Incentivar e promover parcerias públicas, público-privadas e com a sociedade civil eficazes, a partir da experiência das estratégias de mobilização de recursos dessas parcerias.	Incentivar e promover parcerias eficazes nos âmbitos públicos, público-privados, privados e da sociedade civil, a partir da experiência das estratégias de mobilização de recursos dessas parcerias.

Fonte: Elaboração própria com base em IPEA, 2019.[1]

É sabido que um dos maiores desafios para o desenvolvimento humano sustentável, prescrito na agenda 2030, reside na concretização de infraestruturas sustentáveis. A questão que vem inquietando a comunidade internacional, incluindo o Brasil, é como tornar realidade essa meta (ENAP, 2018; KOGA *et al.*, 2020).

Partindo desse incômodo, vamos demonstrar que a gestão de bens e serviços públicos por meio do modelo de concessão[2] pode ser um meio disponível promissor aos gestores públicos para concretizar a missão de desenvolver, operar e manter infraestruturas sustentáveis. O estudo de caso do projeto de infraestrutura sustentável desenvolvido pelo Estado de Minas Gerais: a concessão da rota das Grutas Peter Lund, realizado pelo Banco de Desenvolvimento de Minas Gerais (BDMG), é um excelente exemplo nessa direção.

---

[1] BRASIL. Instituto de Pesquisa Econômica Aplicada. *Objetivos de Desenvolvimento Sustentável*. 2019. Disponível em: https://www.ipea.gov.br/ods. Acesso em: 28 out. 2021.

[2] Cabe aqui ressaltar que há distintas espécies jurídicas de concessão (de obra pública, de serviço, de uso de bem público, administrativa, patrocinada), mas que se está fazendo referência ao gênero concessório.

2 Concessão da rota das Grutas Peter Lund[3]

O projeto do complexo das Grutas Peter Lund, a primeira concessão pública de atividades de ecoturismo e visitação dentro do Programa de Concessão de Parques Estaduais (Parc), concluiu sua licitação e assinatura do contrato em 2021. Nesta seção, expõe-se o histórico de sua criação, seguido de informações a respeito da modelagem atualmente em vigor.

2.1 Histórico e descrição da rota das Grutas Peter Lund

A Rota das Grutas Peter Lund surgiu inicialmente como uma ação do Programa Estruturador da Região Metropolitana de Belo Horizonte, sob responsabilidade da Secretaria de Estado de Meio Ambiente e Desenvolvimento Sustentável (SEMAD), e se destinava à estruturação de três unidades estaduais de conservação[4] em processo de implementação: (i) o Parque Estadual do Sumidouro, localizado nos municípios de Lagoa Santa e Pedro Leopoldo; (ii) o Monumento Natural Estadual Gruta Rei do Mato, localizado no município de Sete Lagoas; e (iii) o Monumento Natural Estadual Peter Lund, localizado no município de Cordisburgo (CGE, 2012).

---

[3] O nome dado ao complexo remete a um dos mais importantes naturalistas de todos os tempos, Peter Wilhelm Lund, responsável por contribuições efetivas para o conhecimento sobre a botânica e a zoologia, sendo pioneiro e principal referência para estudo da paleontologia, arqueologia e espeleologia no Brasil.

[4] Nos termos da Lei Federal nº 9.985/2000, unidade de conservação é um "espaço territorial e seus recursos ambientais, incluindo as águas jurisdicionais, com características naturais relevantes, legalmente instituído pelo Poder Público, com objetivos de conservação e limites definidos, sob regime especial de administração, ao qual se aplicam garantias adequadas de proteção" (art. 1º, I) (BRASIL. *Lei nº 9.985, de 18 de julho de 2000*. Regulamenta o art. 225, §1º, incisos I, II, III e VII da Constituição Federal, institui o Sistema Nacional de Unidades de Conservação da Natureza e dá outras providências. Casa Civil. Brasília, DF. Disponível em: http://www.planalto.gov.br/ccivil_03/leis/l9985.htm. Acesso em: 28 jun. 2022).

Figura 3 – Mapa da Rota das Grutas Peter Lund

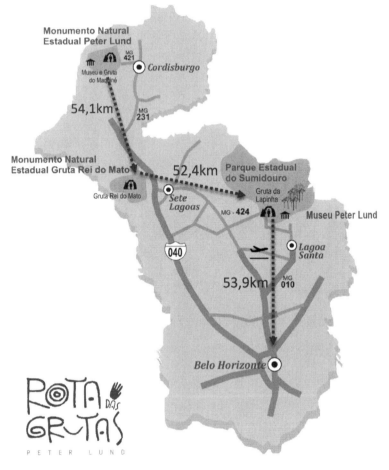

Fonte: (IEF, 2020).[5]

A Figura 3 ilustra a dimensão territorial da Rota das Grutas Peter Lund. Em cada uma dessas áreas, está situada uma relevante gruta nacional, a saber: (i) a Gruta da Lapinha, no Parque Estadual do Sumidouro; (ii) a Gruta Rei do Mato, no Monumento Natural Estadual de mesmo nome; e (iii) a Gruta de Maquiné, no Monumento Natural Estadual Peter Lund.

---

[5] Concessão de Uso Rota de Grutas Peter Lund. Disponível em: http://www.ief.mg.gov.br/images/stories/2020/PARC/Rota_Lund_Road_Show_2_rodada.pdf. Acesso em: out. 2021.

Figuras 4 e 5 – Gruta da Lapinha, integrante
do Parque Estadual do Sumidouro

Fonte: (IEF, 2020).

Diante dessa relevância natural e cultural, foi criada a Rota das Grutas Peter Lund, integrando as três unidades estaduais de conservação ambiental, com diferentes objetivos, dentre os quais a promoção de desenvolvimento econômico local alinhado à conservação ambiental e valorização do patrimônio histórico-cultural. Tais ativos ambientais configuram uma área de elevada relevância científica, especialmente de caráter histórico-cultural, uma vez que tal região foi palco de diversas descobertas arqueológicas e paleontológicas.

Figura 6 – Gruta de Maquiné, integrante do
Monumento Natural Peter Lund

Fonte: (IEF, 2020).

Figura 7 – Gruta Rei do Mato, integrante do
Monumento Natural Rei do Mato

Fonte: (IEF, 2020).

Atualmente, a Rota das Grutas Peter Lund configura o maior roteiro espeleológico/ arqueológico do Brasil. A despeito da magnitude e importância histórico-cultural da rota, os estudos de viabilidade prévia para a concessão desses ativos sinalizaram uma dificuldade a ser enfrentada: o desconhecimento da população (mineira e turistas que vem a Minas Gerais) a respeito da existência e relevância desse roteiro turístico.

A Figura 8, disposta a seguir, apresenta o resultado final de uma pesquisa *survey* realizada *in loco* com uma amostra de passageiros que utilizavam o Aeroporto Internacional de Confins – Tancredo Neves, situado a dezenas de quilômetros da Rota das Grutas Peter Lund.

Figura 8 – Resultado de pesquisa sobre conhecimento da Rota das Grutas

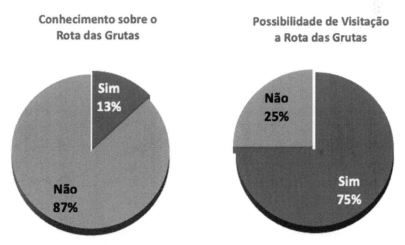

Fonte: OMT/2010 – Anexo XIII do Edital de Concorrência NPE/IEF Nº01/2020.

Conforme observa-se do gráfico, 87% dos participantes da pesquisa desconheciam a existência da Rota das Grutas Peter Lund, ao passo que 75% dos participantes afirmaram ter interesse em visitar o referido roteiro turístico. No que toca ao primeiro resultado, isto é, o percentual de desconhecimento, o resultado parece ser ainda mais surpreendente quando se considera que parcela significativa dos respondentes eram mineiros habitantes de municípios próximos à rota, inclusive integrantes da Região Metropolitana de Belo Horizonte.

Nesses termos, tal levantamento inicial apontava para a Administração Estadual mineira a necessidade de buscar alavancar a Rota das Grutas Peter Lund a destino turístico de relevância para a população mineira e nacional. Motivado por esse desafio, bem como a necessidade de novos investimentos e melhorias na gestão desses ativos públicos, o Estado de Minas Gerais optou por incluir a Rota das Grutas Peter Lund no seu programa de concessões de parques naturais.[6]

2.2 Modelagem da Concessão

De antemão, é digno de nota que houve uma primeira tentativa de licitação de concessão da Rota das Grutas Peter Lund em 2014, com definições distintas de objeto, mas cujo certame não teve desfecho com assinatura contratual.

O referido complexo de unidades de conservação é de competência do Instituto Estadual de Florestas (IEF), que atualmente figura enquanto poder concedente da respectiva concessão, a qual fora estruturada pelo Banco de Desenvolvimento de Minas Gerais – BDMG, no exercício da sua missão institucional de fomentar o desenvolvimento sustentável do estado (SUCHODOLSKI et al., 2021). Além das instituições descritas anteriormente, o processo de estruturação do projeto, bem como o arranjo institucional final da concessão, abarcaram uma pluralidade de organizações (públicas e privadas), de modo que demandou um complexo arranjo institucional de governança desses diferentes atores envolvidos (FIANI, 2013), como meio de criação de capacidades estatais para o desenvolvimento de projetos de infraestrutura (GOMIDE; PEREIRA, 2018).

Os principais atores envolvidos no processo de estruturação foram: (i) IEF; (ii) SEMAD-MG; (iii) BDMG e (iv) Instituto Semeia, sendo que a partir da execução contratual passam a compor o arranjo também (v) o concessionário e (vi) o verificador independente. O Quadro 2, disposto abaixo, descreve os atores envolvidos no processo de estruturação do projeto e na execução da concessão, discriminando seu papel nesse arranjo institucional, bem como responsabilidades atribuídas a cada um.

---

[6] Cabe ressalvar que o objeto da concessão não correspondia à totalidade dos bens públicos que compõem a Rota das Grutas Peter Lund. A definição exata do objeto da concessão pode ser verificada no âmbito conforme delimitações previstas no Termo de Contrato de Concessão NPE/IEF nº 01/2021.

Quadro 2 – Descritivo do arranjo institucional da concessão

ATOR	PAPEL	ATRIBUIÇÕES
IEF-MG	Poder Concedente	- Fornecimento das informações e técnicas para a modelagem da concessão; - Monitoramento e fiscalização da concessão; - Encargos de manejo arbóreo, conservação ambiental e proteção dos recursos naturais e áreas verdes das unidades de conservação.
SOCIEDADE DE PROPÓSITO ESPECÍFICO	Concessionário	- Responsável pelos serviços de gestão, operação e exploração econômica dos atrativos turísticos existentes e a serem implantados, bem como de atividades de ecoturismo e da visitação da Rota das Grutas Peter Lund.
SEMAD-MG	Órgão da administração direta do Estado de Minas Gerais ao qual o IEF está vinculado	- Supervisão da concessão; - Apoio na interface com os órgãos da administração direta do Estado de Minas Gerais.
BDMG	Estruturador	- Estruturação da concessão; - Assessoria técnica ao IEF no processo de modelagem.
Instituto Semeia	Interlocutor da sociedade civil	- Apoio com subsídios técnicos para a modelagem;
Verificador Independente	Medidor dos indicadores de desempenho	- Aferição dos indicadores de desempenho da concessão.

Fonte: elaboração própria.

A concessão teve como objeto a outorga dos serviços de gestão, operação e exploração econômica dos atrativos turísticos existentes e a serem implantados, bem como de atividades de ecoturismo e visitação da Rota das Grutas Peter Lund. No que concerne à modelagem jurídica, o projeto foi estruturado sob a forma de concessão de uso de bem público, em consonância com o padrão que vem sendo adotado pela maioria dos entes federativos na estruturação de parques naturais, unidades de conservação e atrativos turísticos. Trata-se, portanto, da delegação a um agente privado de um complexo de bens públicos para o desenvolvimento das atividades para as quais os referidos bens estão afetados, bem como para a exploração econômica e implantação de novos usos suplementares e não conflitantes com a destinação primordial e regime jurídico dos bens. Ainda na seara contratual, a concessão tem prazo de vigência de 28 anos, bem como valor total de R$294,6 milhões.

A contratação foi licitada por meio de concorrência pública, de abrangência internacional, com critério de julgamento de maior outorga fixa paga ao poder concedente, partindo de um patamar mínimo de R$0 (zero reais). Quanto ao preço público cobrado dos usuários pelo acesso aos atrativos concedidos, a modelagem contratual previu (i) a manutenção das gratuidades e benefícios assegurados em lei até a data da licitação; (ii) a liberdade comercial do concessionário para fixação dos preços a serem cobrados em contrapartida ao acesso aos atrativos da rota;[7] (iii) proibição de elevação do valor cobrado acima do preço praticado no momento da licitação até que as obras de requalificação mínimas sejam implementadas pelo concessionário.[8]

Em relação aos meios de gestão por resultados do contrato, a concessão previu um mecanismo de correlação entre a outorga variável, a ser paga mensalmente pelo concessionário ao poder concedente, inversamente proporcional ao resultado do desempenho da execução contratual. Nesses termos, quanto mais bem avaliados forem os indicadores de desempenho da concessão, menor será o valor de outorga variável a ser desembolsada pelo concessionário, podendo essa cifra variar entre 1,51% e 4,51% do faturamento líquido do concessionário. Desse modo, a modelagem da concessão garantiu um incentivo contratual de ordem pecuniária para que o concessionário mantenha parâmetros elevados de desempenho da execução contratual, na medida em que quanto maior for o desempenho do concessionário, menor será a outorga variável devida por ele ao poder concedente.

No que toca à modelagem econômico-financeira, a concessão foi estruturada com uma Taxa Interna de Retorno de 10,37% a.a., com previsão de despesas de capital (CAPEX) pelo concessionário em torno de

---

[7] TERMO DE CONTRATO DE CONCESSÃO NPE/IEF Nº 01/2021: "9.2. A partir da conclusão das OBRAS MÍNIMAS NAS GRUTAS, a CONCESSIONÁRIA poderá estabelecer livremente a cobrança de ingressos pelo acesso dos USUÁRIOS às UNIDADES DE CONSERVAÇÃO e aos SERVIÇOS TURÍSTICOS".

[8] TERMO DE CONTRATO DE CONCESSÃO NPE/IEF Nº 01/2021: "9.1. Até a conclusão das OBRAS MÍNIMAS NAS GRUTAS, a CONCESSIONÁRIA poderá estabelecer a cobrança de ingressos pelo acesso dos USUÁRIOS às UNIDADES DE CONSERVAÇÃO, limitada ao preço máximo de R$25,00 (vinte e cinco reais), por ingresso, permanência e utilização por UNIDADE DE CONSERVAÇÃO, nas seguintes estruturas: 9.1.1. Acesso às grutas; 9.1.2. Acesso aos Centros de Visitantes; e 9.1.3. Acesso aos museus, exceto Museu do Castelinho".

R$6,4 milhões ao longo de todo o contrato, bem como despesas voltadas à operação e manutenção dos ativos estimadas em R$6,1 milhões ao ano. O quadro 3, disposto abaixo, apresenta uma síntese da modelagem da concessão da Rota das Grutas Peter Lund.

Quadro 3 – Síntese da modelagem do projeto de concessão

Objeto	Concessão para fins de exploração econômica de atividades de ecoturismo e visitação, bem como serviços de gestão e operação dos atrativos existentes e a serem implantados, na Rota das Grutas Peter Lund.
Modelo jurídico	Concessão de uso de bem público.
Critério de licitação	Maior outorga fixa (Mínimo: R$0,00).
Prazo e valor do Contrato	28 anos / R$294,6 milhões.
Preço Público	Mantidas as gratuidades e benefícios existentes em lei até a data da licitação. R$25 reais (eventual aumento condicionado à conclusão das obras mínimas nas grutas).
Outorga Variável	Entre 1,51% e 4,51% do faturamento líquido da SPE (a depender do desempenho operacional do concessionário).
CAPEX estimado	R$6,4 milhões.
OPEX anual estimado	R$6,1 milhões.
TIR estimada	10,37% a.a.

Fonte: Elaboração própria com base em Edital de Concorrência NPE/IEF nº 01/2020.

2.3 Benefícios estimados da Concessão

Concessões devem ser estruturadas para garantir a melhor prestação de serviços públicos e a gestão de bens públicos viável, com os maiores ganhos de eficiência possíveis. No caso da concessão da Rota das Grutas Peter Lund, não foi diferente, havendo sua modelagem se orientado a uma série de retornos positivos, quantitativos e qualitativos – para os usuários, para a população no entorno, bem como para o turismo e economia locais.

Em primeiro lugar, estima-se que a concessão da Rota das Grutas Peter Lund gerará, potencialmente, pelo menos 122 mil empregos, entre diretos e indiretos, consequência que beneficia diretamente as populações locais.

Além disso, a concessão prevê a injeção de pelo menos 12 milhões de reais em investimentos (CAPEX) nas infraestruturas públicas que compõem a rota, os quais deverão ser arcados exclusivamente pelo concessionário em prol da modernização, ampliação e aperfeiçoamento desses ativos verdes.

Ainda, o arranjo contratual da concessão prevê a possibilidade do concessionário ofertar aos usuários novos serviços de lazer e turismo, ainda não em funcionamento na rota, tais como atividades de ecoturismo. Trata-se de uma abertura contratual benéfica para o sucesso do projeto, uma vez que amplia o rol de opções de entretenimento à disposição dos usuários da rota, como também corrobora a sustentabilidade econômico-financeira da concessão, visto que viabiliza a exploração de fontes de receitas acessórias pela concessionária.[9]

Apoiando-se em todas as previsões de investimento e melhorias a serem implementadas, inclusive com a ampliação do leque de atividades de lazer e turismo ofertadas, estima-se que até o final da concessão a quantidade de visitantes seja triplicada, de modo a ampliar a projeção da Rota das Grutas Peter Lund entre os roteiros de turismo nacionais.

Por fim, é digno de destaque que a modelagem econômico-financeira estimou que a referida concessão teria potencial para gerar uma economia anual de cerca de R$4 milhões aos cofres do Tesouro Estadual mineiro durante toda a vigência do contrato, considerando a desoneração do poder público dos gastos em zeladoria, operação e manutenção dos ativos que compõem a rota.

A Figura 8, disposta abaixo, demonstra os principais retornos positivos projetados para a concessão da Rota das Grutas Peter Lund.

---

[9] Lei Federal nº 8.987/1995: "Art. 11. No atendimento às peculiaridades de cada serviço público, poderá o poder concedente prever, em favor da concessionária, no edital de licitação, a possibilidade de outras fontes provenientes de receitas alternativas, complementares, acessórias ou de projetos associados, com ou sem exclusividade, com vistas a favorecer a modicidade das tarifas, observado o disposto no art. 17 desta Lei" (BRASIL. *Lei nº 8.987, de 13 de fevereiro de 1995*. Dispõe sobre o regime de concessão e permissão da prestação de serviços públicos previsto no art. 175 da Constituição Federal, e dá outras providências. Casa Civil. Brasília, DF. Disponível em: http://www.planalto.gov.br/ccivil_03/leis/l8987cons.htm. Acesso em: 28 jun. 2022).

Figura 8 – Benefícios estimados com a concessão

Fonte: Elaboração própria.

É importante frisar a dimensão sustentável que perpassou todo o projeto estruturado pelo BDMG que, além dos benefícios econômicos e financeiros evidenciados, contou com a valorização e exploração sustentável dos parques com foco no uso de recursos renováveis e adoção de tecnologias e processos ambientalmente adequados.

3 Considerações finais

A Agenda 2030 da ONU, que instituiu para o mundo contemporâneo 17 objetivos orientadores de um desenvolvimento sustentável – ODS – estabelece o desafio de atrair os projetos de infraestrutura para a pauta de sustentabilidade. E, especialmente na Administração Pública contemporânea, o desenvolvimento de infraestruturas sustentáveis figura enquanto um dos elementos essenciais para a construir uma sociedade/economia resiliente, inclusiva e sustentável.

Diante desse cenário, a partir da análise do caso da concessão da Rota das Grutas Peter Lund, observamos como o instrumento de concessão pode ser usado como uma forma efetiva para fomentar a estruturação e implementação de tais infraestruturas. Tal projeto fora licitado no primeiro semestre de 2021, tendo seu contrato assinado em agosto do mesmo ano com a Concessionária Rota das Grutas Peter Lund S/A, sociedade de propósito específico formada pelos participantes do Consórcio Gestão Parques MG – Urbanes – B2I.

Conforme demonstramos, a metodologia de concessão da Rota usada pelo BDMG teve como premissa a promoção de uma série de benefícios qualitativos e quantitativos para as unidades de conservação que compõem esse complexo, tais como (i) geração de empregos diretos e indiretos; (ii) aumento dos investimentos (de origem privada) na melhoria desses ativos públicos; (iii) triplicação do número de visitas ao atrativos turísticos envolvidos; (iv) aumento e diversificação dos usos desses equipamentos, considerando a oferta de novas atividades de ecoturismo e lazer; (v) desoneração do tesouro estadual de Minas Gerais das despesas de zeladoria, operação e manutenção desses equipamentos e (vi) fomento ao investimento sustentável/ agenda global.

Diante do exposto, concluímos que concessões podem ser um eficaz instrumento de implementação de infraestruturas com resultados positivos para reativar o crescimento econômico e construir uma nova economia mais sustentável e em diálogo com a agenda global, especialmente os ODS 9 e ODS 17, da Agenda 2030 da ONU.

Referências

BRASIL. *Lei nº 8.987, de 13 de fevereiro de 1995*. Dispõe sobre o regime de concessão e permissão da prestação de serviços públicos previsto no art. 175 da Constituição Federal, e dá outras providências. Casa Civil. Brasília, DF. Disponível em: http://www.planalto.gov.br/ccivil_03/leis/l8987cons.htm. Acesso em: 28 jun. 2022.

BRASIL. *Lei nº 9.985, de 18 de julho de 2000*. Regulamenta o art. 225, §1º, incisos I, II, III e VII da Constituição Federal, institui o Sistema Nacional de Unidades de Conservação da Natureza e dá outras providências. Casa Civil. Brasília, DF. Disponível em: http://www.planalto.gov.br/ccivil_03/leis/l9985.htm. Acesso em: 28 jun. 2022.

BRASIL. Instituto de Pesquisa Econômica Aplicada. *Objetivos de Desenvolvimento Sustentável*. 2019. Disponível em: https://www.ipea.gov.br/ods. Acesso em: 28 out. 2021.

ESCOLA NACIONAL DE ADMINISTRAÇÃO PÚBLICA. Desafios e condicionantes para implementação da Agenda dos ODS na administração pública federal brasileira. *Caderno Enap 57*. Brasília: Enap, 2018.

FIANI, R. *Arranjos institucionais e desenvolvimento*: o papel da coordenação em estruturas híbridas. (Texto para discussão n. 1815) Instituto de Pesquisa Econômica Aplicada – IPEA. Rio de Janeiro: Ipea, 2013.

GOMIDE, A. A; PEREIRA, A. K. Capacidades estatais para políticas de infraestrutura no Brasil contemporâneo. *Rev. Adm. Pública*, Rio de Janeiro, v. 52, n. 5, p. 935-955, out. 2018.

GOVERNO DO ESTADO DE MINAS GERAIS. Controladoria Geral do Estado de Minas Gerais. *Relatório de Avaliação do Programa "Destino Minas"*: Relatório de Auditoria nº 1410.6876.12. 2012.

INSTITUTO ESTADUAL DE FLORESTAS. *Edital de Concorrência NPE / IEF nº 01/2020*.

KOGA, N. M.; FILGUEIRAS, F.; BAIA DO NASCIMENTO, M. I.; BORALI, N.; BASTOS, V. Policy capacity and governance conditions for implementing sustainable development goals in Brazil. *Revista do Serviço Público*, [S. l.], v. 71, n. b, p. 38-77, 2020.

MARQUES-NETO, F. A. *Concessões*. 1. ed. Belo Horizonte: Fórum, 2015.

OLIVEIRA, A. P. G. S. *Conectando trechos do caminho*: turismo, lazer e desenvolvimento regional no contexto do projeto estruturador Rota das Grutas de Peter Lund – MG. 2018. 195 f. Tese (doutorado) – Universidade Federal de Minas Gerais, Escola de Educação Física, Fisioterapia e Terapia Ocupacional, 2018.

SUCHODOLSKI, S. G. et al. From Global to Local: Subnational Development Banks in the Era of Sustainable Development Goals. *Review of Political Economy*, 2021.

THE GLOBAL COMISSION ON THE ECONOMY AND CLIMATE. *The New Climate Economy Report*. Unlocking the inclusive growth story of the 21st century: accelerating the climate actions in urgent times, 2018.

Informação bibliográfica deste texto, conforme a NBR 6023:2018 da Associação Brasileira de Normas Técnicas (ABNT):

SUCHODOLSKI, Sergio Gusmão; LIMA, Victor Bastos. Desenvolvendo infraestruturas sustentáveis por meio de parceria: o caso da concessão da Rota de Grutas Peter Lund. *In*: FAJARDO, Gabriel; COHEN, Isadora; CARELLI, Carolina (coord.). *Infracast*: Concessões, Parcerias Público-Privadas e Privatizações. Belo Horizonte: Fórum, 2022. p. 155-171. ISBN 978-65-5518-428-0.

PPP HOSPITAIS

RICARDO TARDELLI

1 Introdução

A iniciativa privada sempre foi fundamental na assistência hospitalar à população brasileira, seja por intermédio do financiamento público ou do privado, o primeiro hospital brasileiro foi a Santa Casa de Santos, fundada em 1543, por iniciativa da população local. Seu sustento ao longo dos séculos foi resultado das doações e esforço da sociedade.

Pelos séculos seguintes, eram as Santas Casas de Misericórdia e hospitais beneficentes que procuravam oferecer atenção hospitalar, com recursos advindos de doações e contribuições da comunidade. A partir do século XX, o poder público passou a criar hospitais ou sanatórios próprios que tratavam de condições específicas, como tuberculose, hanseníase e doenças mentais, ainda assim com grande dificuldade porque o orçamento para a saúde pública era mínimo.

Com efeito, até a Constituição de 1988 o Brasil *não reconhecia a saúde como um direito social* e só se garantia assistência médica aos beneficiários da previdência social ou àqueles que podiam pagar pelo atendimento. A maioria da população não tinha acesso às mais elementares ações de assistência hospitalar.

Foi pela Constituição de 1988 que se criou o SUS, com o tripé de princípios ousados para a sua época, como a **universalidade**, que garante o atendimento para todos, a **integralidade**, que garante o oferecimento de tratamento a todas as condições que o cidadão necessitar, e a **equidade**, que obriga o sistema a equilibrar sua oferta às diferentes necessidades.

Essa revolução de ousadia e inclusão social, iniciada há pouco mais de 30 anos, obrigou os gestores a remodelar toda a assistência hospitalar, abrindo oportunidades de novos arranjos de oferecimento de serviços públicos relacionados à saúde. É importante destacar o conceito de serviços públicos *versus* serviços privados, uma vez que o tema ainda desperta acalorados debates com defensores apaixonados de ambos os lados. Há aqueles que pensam que a saúde pública deva ser exercida exclusivamente pela Administração Pública, e os que admitem que a saúde pública pode ser oferecida pelo privado, respeitando a gratuidade do SUS e subordinando-se à gestão estatal do sistema.

A Constituição, no 1º parágrafo do Art. 199, já prevê a parceria da iniciativa privada na saúde, podendo a atividade ser exercida por estabelecimentos do governo, com administração e quadro de funcionários públicos tanto quanto o atendimento por instituições privadas, preferencialmente filantrópicas. Dessa forma, cabe o entendimento que uma entidade de saúde é pública, governamental ou não, quando recebe financiamento público, está sob controle e regulação das autoridades competentes do SUS e atende à população sem qualquer ônus financeiro para o cidadão.

No Estado de São Paulo, mais da metade da assistência hospitalar se dá por instituições filantrópicas – Santas Casas ou pelas Organizações Sociais de Saúde (OSS), que também são entidades filantrópicas.

Segundo a Secretaria de Estado da Saúde de São Paulo, cerca de 25 milhões de pessoas dependem do SUS no Estado, o que corresponde a 61% da população estadual.[1] São cerca de 60 mil leitos hospitalares no Estado, para uma população usuária do SUS de aproximadamente 27 milhões de pessoas, que resulta em 2,2 leitos/mil habitantes. O parâmetro recomendado é de 2,5 leitos/habitante, portanto, ainda há déficit de cerca de 12% de leitos SUS no Estado de São Paulo. Evidentemente, há importantes diferenças regionais a serem levadas em consideração para um eventual planejamento de expansão.

Em referência aos 60 mil leitos destinados ao SUS, aproximadamente 30 mil são filantrópicos, outros 20 mil são ligados à Secretaria de Estado da Saúde e 10 mil são leitos mantidos pelas prefeituras (números aproximados).

---

[1] Como pode ser conferido em: saude.sp.gov.br.

Figura 1 – Distribuição dos 20 mil leitos hospitalares
ligados à Administração Estadual São Paulo

Fonte: saúde.sp.gov.br.

Dentro desse montante de 20 mil leitos, em 2012, o Governo do Estado de São Paulo iniciou as ações para uma nova modalidade de gestão, as Parcerias Público-Privadas – PPP, para gerenciamento da infraestrutura de aproximadamente 600 leitos em três hospitais a serem detalhados a seguir. Cabe destacar que a Secretaria de Estado da Saúde é a gestora estadual do SUS, cabendo a ela definir as melhores estratégias para a condução do conjunto de serviços que caracterizam a gestão hospitalar. Responsável por 20 mil leitos, a SES-SP é responsável por um dos maiores sistemas hospitalares existentes. Faz parte de sua estratégia diversificar as modalidades de gerenciamento hospitalar, definindo os melhores arranjos para as mais diversas necessidades.

2 PPP na Saúde

Apesar de não existir uma definição consensual para as PPP, essas podem ser descritas como "Um contrato de longo prazo entre uma empresa privada e um governo ou agência, para o fornecimento de um bem ou serviço público, no qual a empresa privada assume uma responsabilidade significativa em termos de risco e gestão" (Roehrich *et al.*, 2014).

Os hospitais são considerados parte essencial dos sistemas de saúde e consomem uma grande fatia dos seus recursos. Nesse sentido, a melhoria do desempenho dos hospitais é vital para consumir os recursos de forma mais eficiente e reduzir as despesas de saúde. Foi essa busca por eficiência que motivou o Governo a propor uma contratação de uma PPP. No modelo Private Finance Initiative (PFI), muito utilizado no Reino Unido, o parceiro privado é responsável pelo fornecimento da infraestrutura e equipamentos hospitalares, não sendo, no entanto, responsável pelos serviços de saúde (Barlow e Köberle-gaiser, 2009).[2] Entre nós designamos essa modelagem de Bata Cinza/Bata Branca. Há experiências nacionais, como o Hospital do Subúrbio, e internacionais, como os quatro hospitais de PPP de Portugal, em que a concessão foi integral, ou seja, infraestrutura e assistência.

A partir de 2012, foram realizados os estudos de modelagem econômico-financeiras para a implantação de três hospitais públicos em regime de concessão administrativa, por meio do qual o parceiro privado se incumbe da elaboração do projeto executivo, construção, aquisição de equipamentos, mobiliários, instrumentais e implantação de sistema de Tecnologia da Informação e Comunicação – TIC. Além disso, a concessionária assume toda a manutenção e operação da infraestrutura hospitalar, tais como limpeza, portaria, vigilância, alimentação e outros. A concessão dura 20 anos e, ao seu término, os bens patrimoniais revertem para o Estado.

3 Desafios anteriores à implantação da PPP dos hospitais

Alguns desafios que precediam a implantação das PPP dos hospitais deveriam estar alcançados. De fato, alguns deles precederam a iniciativa do hospital, como:

- Aprimoramento do Marco Regulatório – No Estado de São Paulo, já havia outras iniciativas de PPP, em especial na área de transportes e rodovias, anteriores aos hospitais. A base regulatória e de apoio, como a existência de um Conselho Superior de Parcerias e Concessões, formado por secretários de estado tais como Planejamento, Fazenda, Secretaria de Governo, PGE e outros, já estava consolidada. Também

---

[2] BARLOW, J. G.; KOBERLE-GAISER, M.; MOSS, R.; NOBLE, A.; SCHER, P.; STOW, D. Adaptability and innovation in healthcare facilities. *Lessons from the past for future developments*, 2009..

foi criada a Companhia Paulista de Parcerias, tendo como missão apoiar o Governo do Estado de São Paulo na prospecção, concepção, estruturação, modelagem, implementação e monitoramento de arranjos negociais, com ênfase na gestão de ativos e nas parcerias com o setor privado, sobretudo quando envolvam a prestação de garantias ou algum suporte financeiro inicial e transitório;

- Manejo eficiente da engenharia financeira – Para a elaboração dos documentos do Edital de Licitação, foi contratada a FIPE – Fundação Instituto de Pesquisas Econômicas – USP, para modelagem econômico-financeira, análise de riscos e de gestão;
- Penetração internacional do programa – Seguindo modelagem amplamente utilizada em outros países, em especial no Reino Unido, o modelo seguiu as melhores práticas internacionais adotadas;
- Necessidade de qualificação da Administração Pública para a regulação e fiscalização do serviço contratado – Desafio permanente para o novo Estado que surge com a transição do Governo Executor para Governo Gestor. A boa gerência de contratos de alta complexidade estimula o aparecimento de novos e desafiadores papéis para a Administração Pública. Múltiplos conhecimentos na área de administração hospitalar, direito, engenharia, contabilidade e finanças, trazem maiores exigências de qualificação para a equipe gestora do contrato.

4 Modelo Bata Branca/Bata Cinza

A escolha do modelo Bata Branca/Bata Cinza foi justificada pela condição local de ampla experiência em contratos de gestão com OSS e início de um novo modelo de PPP. A concessão apenas da infraestrutura, tal como ocorre na maior parte das experiências nacionais ou internacionais, dava mais confiança no início da implantação do modelo. Com efeito, a junção de instituições altamente qualificadas em suas respectivas áreas, traria sinergia e máxima eficiência aos novos hospitais. A expertise da empreiteira na manutenção e implantação de toda a infraestrutura, em associação com OSS de alta qualificação na assistência, dão aos hospitais o que há de melhor disponível no nosso meio.

A concessão integral do serviço hospitalar, como a existente em outros hospitais também se constitui alternativa válida, a depender das condições de cada território, da vivência da equipe de governo na gestão de contratos, da disponibilidade local de prestadores qualificados e outros fatores. Naquele momento de 2012, o Governo de SP avaliou que seria mais conveniente a concessão da infraestrutura, deixando as atividades assistenciais ao encargo do Poder Concedente. Na atualidade, com a experiência acumulada, seria possível a concessão integral, uma vez que há capacidade gestora do Estado e prestadores qualificados para desempenhar a gestão global do hospital.

5 Construção e início das operações

Os hospitais de São José dos Campos e Sorocaba tiveram o início das obras em setembro de 2015. Concluídas rigorosamente no prazo, foram entregues à população em abril de 2018. O Centro de Referência em Saúde da Mulher na cidade de São Paulo, mais conhecido como Hospital Pérola Byington, teve suas obras iniciadas em julho de 2019, com previsão de inauguração para julho de 2022.

O certame licitatório dividiu os três hospitais em dois lotes – Lote 1 – Sorocaba e Lote 2 – São José dos Campos e São Paulo. Para os dois lotes, a empresa vencedora foi a Construcap, que ofereceu descontos de 31,3% para o Lote 1 e para o Lote 2, 20,8%. O desconto global foi de 24,6%. Para a gestão dos hospitais, foi constituída a SPE Inova Saúde Sorocaba e Inova Saúde São Paulo. Como se pode concluir, são dois contratos com duas SPE distintas, embora ambas sejam mantidas pela mesma empresa – Construcap.

5.1 Hospital de Sorocaba

Hospital Regional de Sorocaba "Dr. Adib Domingos Jatene"

Possui 260 leitos, dos quais 144 de internação, 96 de UTI e 20 de cirurgia ambulatorial, distribuídos em 27 mil m² de área construída. Conta ainda com ambulatório de especialidades médicas – cirurgia geral, cirurgia plástica, ortopedia, urologia, anestesiologia e cardiologia clínica, além de centro de reabilitação e fisioterapia, serviço de diagnósticos clínicos e por imagem e setor de urgência e emergência.

Funciona 24h e suas unidades de emergência atendem adultos e crianças.

O gerenciamento Bata Cinza é feito pela Inova Saúde Sorocaba e a Bata Branca é gerenciada pela SPDM.

Diferenciais do hospital:

Certificação ONA 3 – A premissa para alcançar esse nível é a "excelência em gestão". Uma Organização ou Programa da Saúde Acreditado com excelência atende aos níveis 1 e 2, além dos requisitos específicos de nível 3. A instituição já deve demonstrar uma cultura organizacional de melhoria contínua com maturidade institucional. Destaque para o tempo de funcionamento de apenas três anos para alcançar essa certificação, que normalmente é obtida por hospitais de mais de dez anos de operação com seus processos e protocolos amadurecidos;

Uso da Ferramenta DRG (*Diagnoses Related Groups*) – Desenvolvido na Universidade de Yale, a ferramenta usa Inteligência Artificial para predição de resultados, adequação de custos e melhoria de qualidade. Essa metodologia, largamente utilizada na iniciativa privada e países desenvolvidos, já está implantada no hospital;

Automação – Tendência dos serviços mais atualizados, a automação reduz riscos de erros, fadiga e melhora a qualidade com maior agilidade e precisão nos processos. O hospital conta com farmácia robotizada, sistema de tubos pneumáticos para transporte interno, uso de tecnologia RFID (Identificação por Rádio Frequência), rastreamento de instrumentais por QRcode, 4 mil sensores conectados à rede para monitoramento de itens de segurança como energia, água, tráfego de dados, qualidade de processos de trabalho e outros;

Satisfação do Usuário acima de 90% – As pesquisas de satisfação mostram índices acima de 90% de satisfação do usuário do serviço;

Acesso 100% regulado pela Central de Regulação Estadual (CROSS) – tal tipo de organização do fluxo de entrada dos pacientes permite à Secretaria da Saúde o monitoramento de origem, diagnóstico, complexidade do caso e desfecho. Essencial para as ações de planejamento dos gestores do SUS, a governabilidade da porta de entrada do hospital se constitui fator crítico.

5.2 Hospital de São José dos Campos

O Hospital Regional de São José dos Campos "Dr. Rubens Savastano" (HRSJC) foi inaugurado no dia 02 de abril de 2018, sendo a primeira parceria público-privada na saúde pública do estado de São Paulo. Todos os serviços são oferecidos pelo Sistema Único de Saúde (SUS), 100% gratuito. É um hospital referenciado, com todas as vagas reguladas pela Central de Regulação de Oferta de Serviços de Saúde do Estado de São Paulo (CROSS). No dia 20 de maio de 2021, o HRSJC conquistou o selo de Acreditação com Excelência (nível 3) da Organização Nacional de Acreditação (ONA), em 3 anos de operação, comprovando a qualidade e a eficiência dos serviços prestados.

O Hospital possui a seguinte estrutura operacional:

- 20 leitos de Clínica Médica;
- 36 leitos de Clínica Cirúrgica;
- 16 leitos de Pediatria;
- 36 leitos de Ortopedia;
- 14 leitos de Hospital Dia;
- 30 leitos de UTI Adulto;

- 10 leitos de UTI Pediátrica.
- **Total: 162 leitos**

Diferenciais do hospital:
Certificação ONA 3 – O princípio desse nível é a "excelência em gestão". Uma Organização ou Programa da Saúde Acreditado com excelência atende aos níveis 1 e 2, além dos requisitos específicos de nível 3. A instituição já deve demonstrar uma cultura organizacional de melhoria contínua com maturidade institucional. Destaque para o tempo de funcionamento de apenas três anos para alcançar essa certificação, que normalmente é obtida por hospitais de mais de dez anos de operação com seus processos e protocolos amadurecidos;

Uso da Ferramenta DRG (*Diagnoses Related Groups*) – Desenvolvido na Universidade de Yale, a ferramenta usa Inteligência Artificial para predição de resultados, adequação de custos e melhoria de qualidade. Essa metodologia, largamente utilizada na iniciativa privada e países desenvolvidos, já está implantada no hospital;

Automação – Tendência dos serviços mais atualizados, a automação reduz riscos de erros, fadiga e melhora a qualidade com maior agilidade e precisão nos processos. O hospital conta com farmácia robotizada, sistema de tubos pneumáticos para transporte interno, uso de tecnologia RFID (Identificação por Rádio Frequência), rastreamento de instrumentais por QRcode, 4 mil sensores conectados à rede para monitoramento de itens de segurança como energia, água, tráfego de dados, qualidade de processos de trabalho e outros;

Satisfação do Usuário acima de 90% – As pesquisas de satisfação mostram índices acima de 90% de satisfação do usuário do serviço;

Acesso 100% regulado pela Central de Regulação Estadual (CROSS) – tal tipo de organização do fluxo de entrada dos pacientes permite à Secretaria da Saúde o monitoramento de origem, diagnóstico, complexidade do caso e desfecho. Essencial para as ações de planejamento dos gestores do SUS, a governabilidade da porta de entrada do hospital se constitui fator crítico.

5.3 Centro de Referência em Saúde da Mulher – Hospital Pérola Byington

Fotografia de 20.12.2021.

Projeção artística do Hospital Pérola Byington

Inaugurado em 1959 por iniciativa de Dona Pérola Byington, começou as atividades como Hospital Infantil e Maternidade da Cruzada Pró-infância. Pérola Byington foi diretora-geral da Cruzada desde a fundação até a sua morte, em 1963, e seu nome sempre estará associado à história da assistência à infância e maternidade no Brasil.

O antigo Hospital da Cruzada, que depois da morte de sua fundadora, recebeu o nome de Hospital Pérola Byington em sua homenagem, é hoje o nosso Centro de Referência da Saúde da Mulher (CRSM), que é administrado pela Secretária de Estado da Saúde.

O CRSM – Pérola Byington, tem por finalidade prestar assistência médico-hospitalar na área ginecológica. Dentre outros objetivos, destacam-se seu papel no tratamento do câncer ginecológico e mamário, reprodução humana, planejamento familiar, esterilidade, sexualidade, violência sexual e uroginecologia. Sua atuação, contudo, não se restringe a assistência médico-hospitalar, em seus objetivos consta, ainda, a educação em saúde da comunidade, a pesquisa, o ensino, o desenvolvimento de tecnologias apropriadas e o intercâmbio com instituições de ensino.

Gerenciado e operado pela administração direta do Governo do Estado de São Paulo, conta com renomado corpo de profissionais médicos e outros profissionais da saúde. No entanto, a edificação ocupada pelo hospital encontra-se numa área alugada, com impossibilidade de expansão ou maiores adequações. Com o objetivo de ampliar a atuação do hospital, foi decidida a reconstrução de uma nova sede, com maior capacidade de produção, tecnologia de ponta e reforço no seu quadro de servidores.

Ainda com vistas à recuperação urbana da área central da cidade, o novo hospital foi projetado para a região dos Campos Elíseos, no centro de São Paulo. Área de passado nobre, com edificações históricas, como o Palácio dos Campos Elíseos, que já foi sede do Governo do Estado, a Sala São Paulo, uma das melhores salas de concertos musicais do país, e intenso comércio nas redondezas da Rua Santa Efigênia. No entanto, a região sofre com a presença de dependentes de crack, álcool e outras drogas, denominada de Cracolândia.

A expectativa com a construção do hospital é a reurbanização da zona central. Hospitais são boas alternativas para essa finalidade, uma vez que seu funcionamento se dá por 24 horas ininterruptas, favorecendo a ocupação urbana mais do que a atividade comercial que se restringe a parte do horário do dia.

Por se tratar de área central, com longo histórico de moradias e ocupações, condições sociais complexas e legislação municipal que destina a região a moradias populares, a transferência da propriedade de toda a quadra para o Governo do Estado foi mais demorada do que se planejou inicialmente. Os processos de desapropriação continham componentes sociais de muitas necessidades. Foram necessárias ações intersetoriais com a Secretaria de Habitação, Desenvolvimento Social, PGE, Secretaria de Governo, Segurança Pública, Judiciário, Ministério Público, Defensoria e, obviamente a Secretaria da Saúde.

As obras do novo Pérola Byington iniciaram-se em julho de 2019, com previsão de finalização em junho de 2022.

A expansão do novo hospital está resumida no quadro seguinte:

Estrutura	Atual	Novo CRSM	Crescimento
Leitos de Internação	126	152	21%
Leitos de UTI Adulto	7	10	43%
Leitos de Hospital Dia	0	10	NOVO
Salas Cirúrgicas Gerais	9	12	33%
Salas de Reprod. Humana	2	2	0%
Salas de Endoscopia Ginec.	4	6	50%
Poltronas Quimioterapia	22	40	82%
Leitos Quimioterapia	1	4	300%
Consultórios	51	69	35%
Radioterapia	0	1	NOVO
Ressonância Magnética	0	1	NOVO
PET-CT	0	1	NOVO
Área Construída (m²)	17.200	44.500	159%

Projeção Inicial de Crescimento Estrutural

6 Resultados

6.1 Gestão dos Contratos

A iniciativa da Parceria Público-Privada – PPP representa uma nova forma de gestão de hospitais públicos. Com pouco mais de três anos de experiência, esse período tem sido de intenso aprendizado por parte de todos os integrantes do processo. A princípio, houve a necessária adaptação para harmonizar a convivência produtiva entre instituições tão tradicionais e diferentes entre si. Delimitação de competências, responsabilidades, riscos e toda a sorte de imprevistos foram temas comuns nesse início. Por mais completo e abrangente que sejam os contratos de PPP, e esses contratos são, de fato, muito bem elaborados, e por mais experiência em gestão com as OSS, obviamente, o cotidiano dos hospitais traz inúmeras situações imprevistas e que devem ser tratadas caso a caso. Por essa razão, a disposição para o entendimento e a negociação devem estar sempre presentes, respeitando, evidentemente, os limites impostos pela legislação.

Um dos diferenciais dos contratos de PPP dos hospitais está na atuação multifacetada do poder concedente. Com efeito, diferentemente dos demais contratos da Secretaria da Saúde, nesse caso há uma conjugação de segmentos de governo a fazerem a gestão do contrato. Tal arranjo confere maior qualidade e segurança às decisões por parte do governo.

A seguir, breve descrição da atuação dos parceiros que integram o arranjo organizacional para a PPP.

6.2 Poder Concedente

O Governo do Estado de São Paulo estabelece um conjunto de segmentos que se encarregam da gestão do contrato:

- Secretaria da Saúde;
- Subsecretaria de Parcerias e Concessões/CAC-PPP;
- Procuradoria Geral do Estado – PGE;
- Companhia Paulista de Parcerias – CPP.

No *link* a seguir é possível conhecer a atuação detalhada desses segmentos citados:

http://www.parcerias.sp.gov.br/parcerias/docs/manual_de_parcerias_do_estado_de_sao_paulo.pdf.

6.3 Concessionária

Sociedade de Propósito Específico (SPE), é um modelo de organização empresarial pelo qual se constitui uma nova empresa, limitada ou sociedade anônima, com um objetivo específico, ou seja, cuja atividade é bastante restrita, podendo, em alguns casos, ter prazo de existência determinado. No caso dos três hospitais, são duas concessionárias – Inova Saúde Sorocaba e Inova Saúde São Paulo, ambas mantidas pela Construcap, empreiteira da construção civil, atuando no mercado desde 1944.

Com pouco mais de três anos de funcionamento, os Hospitais de Sorocaba e São José dos Campos cumprem o esperado em oferecer excelência em resultados tanto pela Bata Cinza quanto pela Bata Branca. São unidades que se destacam, com pleno alcance dos indicadores de infraestrutura e assistenciais. Especificamente, a Concessionária fez uma opção por um tripé de sustentação: tecnologia, automação e controle.

Tendo implantado software de monitoramento dos indicadores chave – *KPI*, o parceiro privado garante a qualidade de suas entregas.

6.4 Verificador Independente

Merece destaque a contratação pelo poder concedente do Verificador Independente (VI). No caso de São Paulo, o contrato do VI foi celebrado com a FIPE, por meio de contratação direta pela Secretaria Estadual da Saúde. De maneira inovadora, o sistema automatizado de monitoramento utilizado pela concessionária é compartilhado com o VI, por um módulo de acesso pleno. Tal medida oferece segurança ao poder concedente de que a entrega pelo privado corresponde rigorosamente ao estabelecido no Contrato de Concessão.

6.5 Perspectivas de futuro

A administração pública nacional passa por uma transição entre o modelo do Estado executor para Estado gestor. Dessa forma, embora os resultados sejam animadores, há desafios que os governos devem enfrentar para estruturar modelos de PPP na saúde.

Ponto essencial para o êxito da iniciativa é a capacidade do governo em atrair bons parceiros, com sólida participação no mercado e capazes de assumir as responsabilidades estabelecidas contratualmente. Para esse objetivo, as condições que precedem a licitação são importantes. Marco regulatório amadurecido e estabelecido, estruturas de garantias de ambas as partes e justa elaboração da matriz de riscos, são condições a serem alcançadas previamente.

Estruturação de equipe gestora do contrato é tema fundamental. Por tratar-se de assunto novo, complexo, de valores elevados e da exigência de perfeita compreensão das partes quanto ao modelo do negócio, cabe ao poder concedente qualificar o seu time e aperfeiçoar a ação intersetorial do contrato.

A existência do Verificador Independente (VI) é outra forma de trazer equilíbrio à relação. É necessário o entendimento de que o VI está equidistante das partes e zela pela regularidade do contrato. O VI confere credibilidade às partes, checa os resultados por meio dos indicadores, busca a intermediação técnica justa, com o objetivo de apoiar e garantir o êxito do empreendimento.

Por se tratar de investimentos de alto valor e de longo prazo, a modelagem do negócio precisa ser cuidadosamente precedida de estudos que demonstrem as vantagens do modelo – *Value for Money*, conhecimento das necessidades de saúde da região e conhecimento das melhores práticas de mercado, *Benchmarking*.

Igualmente importante é o planejamento da integração do novo serviço à rede pré-existente. Avaliar a expectativa de potencial de produção do novo hospital e o impacto que trará ao cenário epidemiológico local. Estruturar o novo de forma complementar ao que já funciona, evitando a superposição de ofertas de serviços. Estabelecer previamente os fluxos de chegada e saída dos pacientes. Ainda fundamental é um plano de comunicação que seja capaz de dissipar dúvidas e temores. Que seja inclusivo com o corpo de trabalhadores já existentes.

A expansão de modelagens de PPP na saúde é uma tendência muito presente na realidade nacional. A possibilidade de trazer as melhores práticas da iniciativa privada e conferir resultados eficientes e de qualidade, despertam a atenção dos gestores que estão em busca de respostas às demandas cada vez maiores da população. Ferramenta poderosa de gestão, as PPP podem vir a ser a próxima etapa na história da gestão hospitalar brasileira, que começou em 1543, como mencionado no primeiro parágrafo.

Referências

BARLOW, J. G.; KOBERLE-GAISER, M.; MOSS, R.; NOBLE, A.; SCHER, P.; STOW, D. Adaptability and innovation in healthcare facilities. *Lessons from the past for future developments*, 2009.

Informação bibliográfica deste texto, conforme a NBR 6023:2018 da Associação Brasileira de Normas Técnicas (ABNT):

TARDELLI, Ricardo. PPP Hospitais. *In*: FAJARDO, Gabriel; COHEN, Isadora; CARELLI, Carolina (coord.). *Infracast*: Concessões, Parcerias Público-Privadas e Privatizações. Belo Horizonte: Fórum, 2022. p. 173-188. ISBN 978-65-5518-428-0.

FINANCIAMENTO DA INFRAESTRUTURA URBANA COM PARTICIPAÇÃO DO MERCADO IMOBILIÁRIO: OUTORGA ONEROSA, OPERAÇÕES URBANAS E PROJETOS DE INTERVENÇÃO URBANA

MARCELO IGNATIOS

Em 2021, completamos 20 anos de vigência da Lei Federal nº 10.257, também conhecida como Estatuto da Cidade (EC), que tem por finalidade estabelecer as diretrizes da política urbana nacional, implementando os artigos 182 e 183 da Constituição Federal de 88. Como sabemos, a Carta Magna conferiu aos municípios atribuições e responsabilidades indelegáveis, e esses passaram a figurar como os protagonistas de suas próprias políticas públicas voltadas ao desenvolvimento urbano sustentável.

De acordo com o EC, a "política urbana tem por objetivo ordenar o pleno desenvolvimento das funções sociais da cidade e da propriedade urbana". Nesse sentido, diversas são as definições trazidas logo no início (Art. 2º), para traduzir, em termos práticos, as principais diretrizes a serem seguidas, dentre as quais destacamos aqui apenas as que correlacionam à regulação do uso do solo com a infraestrutura urbana, e os agentes produtivos:

> I – garantia do direito a cidades sustentáveis, entendido como o direito à terra urbana, à moradia, ao saneamento ambiental, à infraestrutura urbana, ao transporte e aos serviços públicos, ao trabalho e ao lazer, para as presentes e futuras gerações;
> III – cooperação entre os governos, a iniciativa privada e os demais setores da sociedade no processo de urbanização, em atendimento ao interesse social;

V – oferta de equipamentos urbanos e comunitários, transporte e serviços públicos adequados aos interesses e necessidades da população e às características locais;
VI – ordenação e controle do uso do solo, de forma a evitar:
a) a utilização inadequada dos imóveis urbanos; b) a proximidade de usos incompatíveis ou inconvenientes; c) o parcelamento do solo, a edificação ou o uso excessivos ou inadequados em relação à infra-estrutura urbana; d) a instalação de empreendimentos ou atividades que possam funcionar como pólos geradores de tráfego, sem a previsão da infra-estrutura correspondente; e) a retenção especulativa de imóvel urbano, que resulte na sua subutilização ou não utilização; f) a deterioração das áreas urbanizadas; g) a poluição e a degradação ambiental;
IX – justa distribuição dos benefícios e ônus decorrentes do processo de urbanização;
X – adequação dos instrumentos de política econômica, tributária e financeira e dos gastos públicos aos objetivos do desenvolvimento urbano, de modo a privilegiar os investimentos geradores de bem-estar geral e a fruição dos bens pelos diferentes segmentos sociais;
XI – recuperação dos investimentos do Poder Público de que tenha resultado a valorização de imóveis urbanos;

Adentrando especificamente aos incisos III, X e XI, vemos que a legislação articulou, pela primeira vez, (i) o manejo dos recursos financeiros – receitas e despesas, com (ii) as estratégias do desenvolvimento urbano, que até então caminhavam em trilhas separadas, (iii) inserindo a iniciativa privada, em seu amplo espectro, como força motriz desses objetivos. A partir daí, esses elementos passaram a figurar como insumos fundamentais para a confecção dos planos diretores municipais, e esses começaram, também, a delinear as outras determinações constitucionais relativas à gestão orçamentária, quais sejam, os Planos Plurianuais (PPA), aprovados a cada quatro anos, as Leis de Diretrizes Orçamentárias (LDO) e as Leis Orçamentárias (LOA), alteradas anualmente.

Nessa direção, são estabelecidos pelo marco legal instrumentos que, concatenados, consigam trabalhar para o alcance das cidades mais equilibradas, justas e bem equipadas. Dentre eles, estão os institutos "tributários e financeiros" (Art. 4º, inc. IV), como o IPTU e a contribuição de melhoria, e os institutos "jurídicos e políticos" (Art. 4º, inc. V), incluindo a outorga onerosa do direito de construir (OODC) e as operações urbanas consorciadas (OUC).

Feito esse preâmbulo contextual, pretendemos apresentar nas próximas linhas como vêm sendo aplicados esses dois últimos instrumentos à realidade brasileira, destacadamente no município de São Paulo, onde há mais três décadas as discussões acerca do tema do financiamento dos investimentos em infraestrutura urbana vêm se consolidando e ganhando contornos cada vez mais sofisticados.

Desde os anos 1970 discute-se entre urbanistas e juristas a noção de "solo criado", de modo a compreender os efeitos causados, pelo poder público, de diversos e distintos coeficientes de aproveitamento (CA), na legislação de zoneamento, permitindo a ocorrência de inúmeras situações de injustiça[1] em nível individual:

> a definição de um ou outro coeficiente de aproveitamento poderá alterar substancialmente o valor dos terrenos. Daí o volume extremamente significativo de pressões que se exercem sobre o poder público, no sentido de pretender-se a alteração da legislação de zoneamento, sempre para o fim de que sejam ampliados os coeficientes de aproveitamento. (GRAU, 1976, p. 135)

Ao permitir o estabelecimento de mais de um nível de coeficiente de aproveitamento para o município, o Estatuto da Cidade acolheu o conceito de solo criado (Art. 28), conferindo ao plano diretor municipal a definição das áreas nas quais o direito de construir poderá ser exercido acima do coeficiente de aproveitamento básico, mediante pagamento de contrapartida financeira. O poder público passou a deter, portanto, um valioso ativo imobiliário correspondente ao estoque potencial construtivo regulado sob sua gestão, sempre com base nas diretrizes de uso e ocupação do solo, uma vez que a todo e qualquer terreno urbano são determinados índices construtivos *mínimos* – abaixo dos quais o imóvel poderá ser considerado subutilizado[2] –, *básicos* e *máximos*. O CA básico é aquele que irá referenciar qual é o potencial construtivo – ou o direito de construir – em que não se exige qualquer contrapartida de seu proprietário, e o CA máximo tem a função de delimitar o

---

[1] "A injustiça aqui apontada se manifesta a nível individual mesmo quando tais definições são urbanisticamente exatas e justas, do ponto de vista social" (GRAU, 1976).
[2] Lei Federal nº 10.257, Art. 5º "Lei municipal específica para área incluída no plano diretor poderá determinar o parcelamento, a edificação ou a utilização compulsórios do solo urbano não edificado, subutilizado ou não utilizado, devendo fixar as condições e os prazos para implementação da referida obrigação".

potencial construtivo máximo do imóvel, para o qual fica autorizada a cobrança pelos metros quadrados da diferença entre esse e o CA básico.

Historicamente, dentro do contexto dos estudos relativos ao planejamento urbano, o município de São Paulo é conhecido por ter aplicado instrumentos que recuperam a valorização fundiária gerada pela atuação do poder público através da legislação urbana, como as operações interligadas, a outorga onerosa do direito de construir e as operações urbanas consorciadas. Tais instrumentos são similares entre si no que se refere ao mecanismo de recuperação da mais-valia fundiária que se apoia no princípio do solo criado, mas apresentam diferenças quanto à maneira pela qual se relacionam com as estratégias de ordenamento territorial estabelecidas nos planos diretores e no zoneamento.

Embora o mecanismo do solo criado tenha sido experimentado inicialmente na década de 1980 por meio das operações interligadas (MONTANDON, 2009, p. 32), foi apenas no Plano Diretor Estratégico de 2002 e no zoneamento de 2004[3] que o instrumento da OODC foi regulamentado. Desde então, ele tem sido objeto de diversos estudos (SANDRONI, 2010; CYMBALISTA, SANTORO, 2014; FURTADO, et al. 2007) dando conta de seu alcance e importância para as políticas públicas de desenvolvimento urbano, tanto quanto alvo de crítica e questionamentos por parte de construtores e incorporadores, qualificando-o como prejudicial para a atividade produtiva na medida em que se apresenta como ônus excessivo aos empreendimentos privados.[4]

O processo de valorização decorre dos investimentos públicos realizados no território urbano, tais como novas avenidas, pontes, parques, obras de saneamento e contenção de enchentes que, com isso,

---

[3] Lei nº 13.430/02 e nº 13.885/04, respectivamente (BRASIL. Câmara Municipal de São Paulo. *Lei nº 13.430, de 13 de setembro de 2002*. Plano Diretor Estratégico, revoga a lei nº 10.676/88 e dispositivos das leis nº s 13.260/01, 8.881/79, 9.049/80, 9.411/81. (Projeto de Lei nº 290/02, do Executivo). Disponível em: https://cm-sao-paulo.jusbrasil.com.br/legislacao/813196/lei-13430-02. Acesso em: 29 jun. 2022.
BRASIL. Câmara Municipal de São Paulo. *Lei nº 13.885, de 25 de agosto de 2004*. Estabelece normas complementares ao Plano Diretor Estratégico, institui os Planos Regionais Estratégicos das Subprefeituras, dispõe sobre o parcelamento, disciplina e ordena o Uso e Ocupação do Solo do Município de São Paulo. Disponível em: https://legislacao.prefeitura.sp.gov.br/leis/lei-13885-de-25-de-agosto-de-2004. Acesso em: 29 jun. 2022.

[4] Vide artigo publicado pelo Núcleo de Real Estate da EPUSP: LIMA-JR, João da Rocha. Corredores de Botequins? *Núcleo de Real Estate da EPUSP*, n. 34-13, out./dez. 2013. Disponível em: https://www.realestate.br/dash/uploads/sistema/Carta_do_NRE/cartanre34_4_13.pdf. Acesso em: 04 dez. 2021.

proporcionam maior qualificação das ocupações nos terrenos privados e novo ciclo de valorização da terra – com maior chance de captura de parte desse excedente pelo poder público. Esse círculo, que se pretende virtuoso, vive em constante busca por um utópico equilíbrio, no qual o valor do solo criado deve ser tão alto quanto não inviabilize a atuação privada, nem tão baixo que seja imperceptível por parte dos empreendedores e proprietários de terrenos. Dos três agentes envolvidos nessa atividade – poder público, iniciativa privada e proprietários de terrenos – os últimos, detentores da matéria prima para produção imobiliária cujos resultados devem estar orientados pelas políticas de desenvolvimento urbano, serão os maiores beneficiados quanto mais distante esse equilíbrio se encontra.

Com efeito, exercícios de simulação e elaboração de estudos econômico-financeiros têm papel importante durante a construção dos planos urbanísticos, estimando a capacidade de geração de recursos para aplicação na cidade, com a consequente indicação do rol prioritário de intervenções urbanas, objetivando atingir melhores índices de adensamento populacional, diversidade de rendas e distribuição de equipamentos de serviços públicos.

Um dos fundamentos do atual Plano Diretor Estratégico de São Paulo (PDE),[5] revisado e aprovado em 2014, foi estabelecer de modo universal para toda a cidade o potencial construtivo básico igual a 1,0 (CA básico), o que permitiu que concessão do CA máximo pudesse ocorrer de modo abrangente, por meio do pagamento da contrapartida financeira em outorga onerosa, bem como indicasse certas tipologias edilícias incentivadas (aquelas com usos mistos, com calçadas alargadas, com lojas no térreo ou ambientalmente corretas), demonstrando de modo muito claro as diretrizes do Plano para o desenvolvimento urbano de longo prazo.

Por essa razão, é interessante frisar que, para o PDE de 2014, embora o impacto econômico do potencial construtivo concedido fosse uma fonte considerável de obtenção de recursos financeiros em favor do financiamento urbanístico, o aumento da arrecadação não foi sua única missão. Em outras palavras, além de possibilitar o retorno financeiro para a geração de melhorias urbanísticas através de investimentos

---

[5] Lei nº 16.050/14 (BRASIL. Câmara Municipal de São Paulo. *Lei nº 16.050, de 31 de julho de 2014*. Aprova a Política de Desenvolvimento Urbano e o Plano Diretor Estratégico do Município de São Paulo e revoga a Lei nº 13.430/2002. Disponível em: http://legislacao.prefeitura.sp.gov.br/leis/lei-16050-de-31-de-julho-de-2014. Acesso em: 29 jun. 2022).

em espaços públicos, equipamentos ou serviços mais qualificados, aos instrumentos urbanísticos decorrentes do PDE, conferiu-se a possibilidade de manejar o preço desse potencial construtivo (reduzindo ou elevando seu valor), de modo a indicar e induzir a melhor forma de ocupação na cidade, conforme a intenção do plano.

Considerando que a OODC é aplicada em todo o território urbanizado da cidade, mas que sua principal incidência ocorre nas regiões onde existe maior atividade imobiliária, verifica-se que há uma forte tendência de que o instrumento tenha força distributiva no território, arrecadando nas áreas mais ricas e infraestruturadas e executando os recursos nas áreas mais pobres e periféricas. O que o planejamento paulistano propôs relativamente à aplicação da OODC foi a exacerbação de seu papel indutor, assumindo uma dimensão urbanística, acima de sua faceta econômica. Além de reforçar o caixa da prefeitura, a aplicação do instrumento também tem a possibilidade de buscar importantes resultados urbanísticos, sociais e ambientais desejados pelo plano, cumprindo com a finalidade da política urbana.

Apontamentos sistematizados pela Secretaria Municipal de Desenvolvimento Urbano (atual SMUL) demonstram através dos dois mapas da Figura 1 a tendência distributiva proporcionada pela aplicação do instrumento da OODC. Os dados foram obtidos a partir da leitura dos relatórios de acompanhamento do FUNDURB,[6] que é o veículo financeiro utilizado para recepcionar as contrapartidas da outorga onerosa, bem como dos orçamentos aprovados pelo Conselho Gestor do fundo.

---

[6] Fundo de Desenvolvimento Urbano, Lei nº 16.050/14, Art. 337, inc. VIII.

Figura 1 – Arrecadações acima e investimentos abaixo

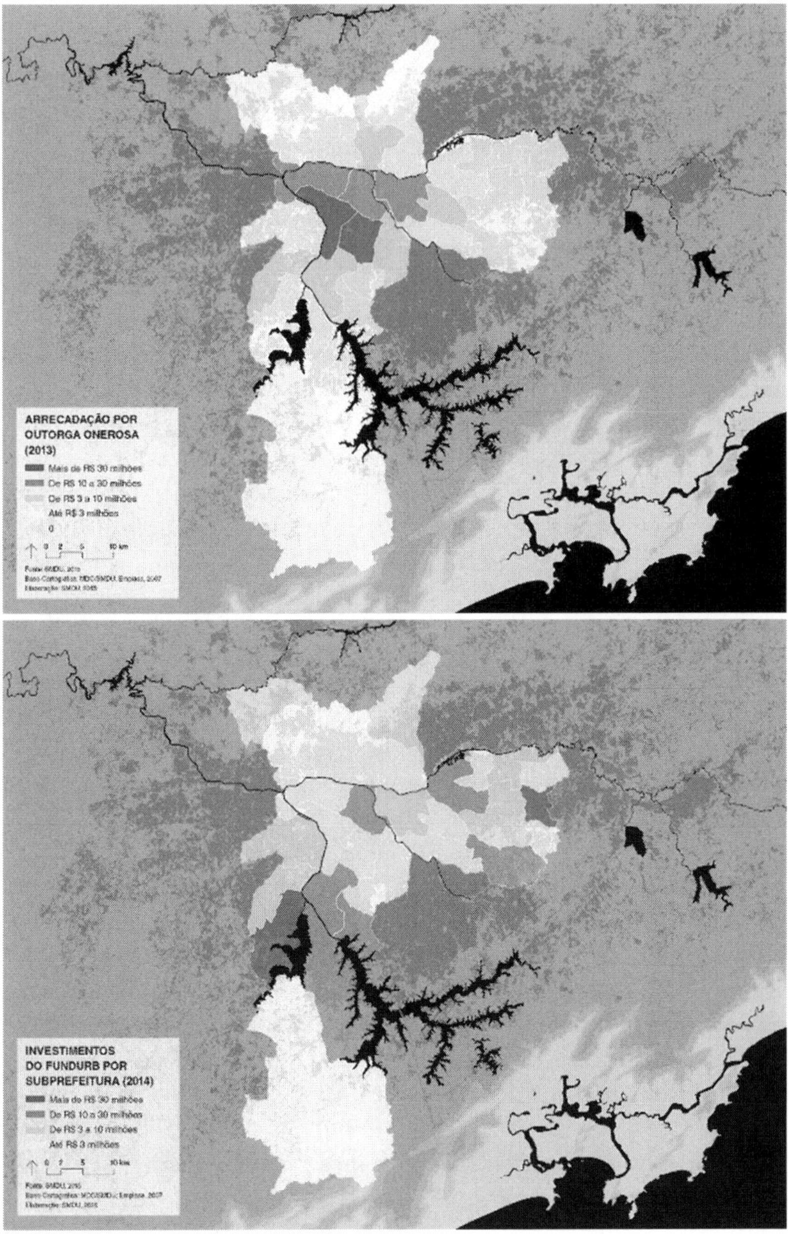

Fonte: PMSP/SMUL.

Apesar dessa característica benéfica para a redução das desigualdades socioterritoriais, a leitura dos relatórios anuais dos últimos anos (CORRENTE, 2020) demonstra que os recursos aprovados para serem executados pelos órgãos da administração guardam pouca ou quase nenhuma relação com os planos articulados de desenvolvimento urbano: a maioria dos investimentos é de cunho emergencial (reassentamento de famílias em áreas de risco, acessibilidade, regularização de conjunto habitacional) e intervenções pontuais (reformas de calçadas, praças, instalação de playground e ciclovia).

Paralelamente à implementação da OODC, na busca por efeitos mais concentrados de captura da valorização do solo urbano (*land value capture – LVC*), envolvendo a dinâmica imobiliária e os investimentos públicos em infraestrutura, vem ganhando cada vez mais relevância no planejamento a delimitação de perímetros específicos dentro dos quais vigoram parâmetros diferentes e em geral mais atraentes para o mercado. Vamos tratar desse tema, como desdobramento do princípio do solo criado, no tópico a seguir, dedicado às operações urbanas.

1 Operações Urbanas Consorciadas (OUC) com contas vinculadas

Diferentemente de qualquer outra cidade do Brasil, em São Paulo as OUC foram largamente aplicadas desde a década 1990, e não faltam análises acerca de seu desempenho – sucessos e insucessos, virtudes e deficiências, abrangência e limitações (FIX, 2001; NOBRE, 2009; MONTANDON, 2009; KLINK, STROHER, 2017; SANTORO, ROLNIK, 2017). Estão em vigor atualmente na cidade três operações urbanas consorciadas: Água Espraiadas (2001) com 1.100ha (mil e cem hectares), Faria Lima (2004) com 450ha (quatrocentos e cinquenta hectares) e Água Branca (2013) com 650ha (seiscentos e cinquenta hectares). Todas essas já contam com leis específicas editadas após o EC e, portanto, dentre outros aspectos, consideram como veículo para a comercialização do potencial construtivo adicional os CEPACs (Certificados de Potencial Adicional de Construção).

Esses títulos mobiliários já vinham sendo desenhados anos antes da aprovação do EC, mas apenas com a sua promulgação e com a publicação da Instrução Normativa 401 em 2003, pela CVM, é que eles puderam ser ofertados publicamente. Nesse momento, o ativo público passou a estar lastreado por um papel similar às ações de uma empresa ou às cotas de um fundo listado na bolsa de valores, tendo agora condições de ser comercializado por meio de leilão realizado em balcão organizado e permitir a criação de um mercado secundário de venda e compra realizado apenas entre particulares. Outras características, típicas de um mercado regulado pela autarquia federal, permitiram maior confiabilidade das transações feitas entre o poder público e a iniciativa privada, como a necessidade de tornar público o Prospecto dos investimentos previstos pela operação urbana, o gerenciamento financeiro auditado por terceira parte e a divulgação de fatos relevantes que possam provocar interferências no avanço da OUC (como a mudança de leis urbanísticas durante seu curso, por exemplo).

De forma a diferenciar os instrumentos, discriminamos algumas diferenças importantes entre o CEPAC e a OODC, quanto à forma onerosa de se acessar o estoque de área adicional para além do CA básico:

- OODC: a aquisição do potencial por outorga onerosa é feita diretamente da prefeitura e sempre para aplicação imediata aos empreendimentos; pela fórmula de cálculo,[7] quanto mais próximo do CA máximo o empreendimento imobiliário pretendido estiver, menor será o valor unitário do metro quadrado adicional (CAb/CAm); o valor financeiro da terra está baseado em um cadastro municipal atualizado periodicamente (V); a tipologia do empreendimento pretendido pode impactar em descontos da contrapartida financeira, visto que aplica-se um fator redutor (fator de interesse social – Fs) para unidades habitacionais de interesse social (HIS), de mercado popular (HMP) ou simplesmente menores, em intervalo de 50 a 70m²; as regras de aplicação abrangem todo o território urbanizado, permitindo a existência de valores diferenciados conforme a infraestrutura urbana e incentivos, através de descontos, conforme a intenção do planejamento (estímulo a empregos em certas regiões, ou maior controle das densidades habitacionais em regiões já muito adensadas);
- CEPAC: o preço do Certificado parte de um valor-piso definido pela lei específica da OUC que, ao longo dos anos, vai sendo "corrigido" através de sua oferta nos leilões públicos; o valor unitário do metro quadrado adicional é constante,

---

[7] C = CAb/CAm × V × FS × FP.

independentemente do quanto o empreendimento necessitar, sempre limitado ao CA máximo; a lei específica sempre apresenta uma tabela fixando um fator de equivalência de 1,0 CEPAC em certa quantidade de metros quadrados, variando conforme a localização do terreno dentro dos limites da OUC; é permitido adquirir o título sem que necessariamente haja um empreendimento para que esse seja vinculado imediatamente; também é possível a prática de mercado secundário, realizada entre particulares detentores do papel, e independente dos leilões.

Para que a operação urbana funcione, é necessário que o tripé de variáveis esteja disponível conforme a necessidade do empreendimento: i) terreno transformável, ii) estoque de potencial construtivo no local e iii) quantidade de CEPAC suficiente. Portanto, os componentes mercadológicos de oferta e demanda estão fortemente presentes na lógica de financiamento da OUC: quanto mais próximo da escassez de qualquer dos três elementos citados, mais caro e disputado fica o território, permitindo, ao menos em tese, que o poder público se aproprie de parte expressiva da valorização territorial, reinvestindo recursos nele mesmo.

A soma da área coberta pelas operações urbanas consorciadas vigentes perfaz cerca 2.200 ha (dois mil e duzentos hectares), o que representa menos de 4% de todo o território do município de São Paulo delimitado pela Macrozona de Estruturação e Qualificação Urbana. Esse instrumento permite o financiamento parcelado da cidade, calcado em um programa de obras específico e, em geral, sem o suporte de um projeto urbanístico. A principal exigência feita pelos órgãos públicos é a elaboração de EIA-RIMA com fins de obtenção da licença ambiental preliminar (LAP), sendo essa baseada nas obras e ações mitigadoras do impacto decorrente do incremento da densidade habitada e construída e que servirá de referência técnica para a gestão do empreendimento público.

Os recursos auferidos com a venda de CEPACs são direcionados para uma conta específica vinculada a cada OUC, sujeita a rendimentos financeiros conservadores enquanto não utilizados, cujo único propósito é realizar os investimentos previstos e autorizados pela lei. Não há hipótese de que os recursos sejam remetidos para ações externas ao perímetro da OUC – exceto para aqueles casos expressos em suas leis.

2 Recursos para o fundo público

Os atores privados que demandam a aquisição de potencial construtivo adicional são tipicamente aqueles ligados ao setor imobiliário para o exercício de sua atividade: incorporações imobiliárias (residenciais ou não), construções institucionais, shopping centers, grandes equipamentos de varejo etc. Os valores arrecadados com a venda do potencial construtivo adicional são apartados da conta geral da Prefeitura, podendo estar no Fundo de Desenvolvimento Urbano (FUNDURB), se obtidos através da outorga onerosa do direito de construir, ou nas contas específicas das operações urbanas consorciadas (OUC), quando auferidos a partir da venda dos CEPACs.

Para se ter uma ideia da crescente importância que esse instrumento vem tomando nas contas públicas municipais, desde 2004, quando a contrapartida financeira em outorga onerosa passou a ser aplicada em toda a cidade, o FUNDURB já arrecadou e executou mais de R$3,5 bilhões, representando arrecadação média anual de R$300 milhões (em valores atualizados). Em relação aos investimentos do município, seu peso alcançou 10% das receitas totais, sendo que nos últimos três anos a arrecadação mais que dobrou em razão da alteração da fórmula de cálculo aprovada em 2014, chegando à média de R$600 milhões/ano.[8]

Analisando somente as operações urbanas, nas quais a aplicação da arrecadação obtida a partir da oferta pública de CEPACs está vinculada obrigatoriamente a seus perímetros específicos, o montante já alcançou a marca dos R$7 bilhões[9] nos últimos 20 anos.

Quando convertidos em investimentos na cidade, a destinação final de tais recursos terá natureza semelhante e restrita ao campo do desenvolvimento urbano, visando à redução das desigualdades socioespaciais e a melhoria da qualidade ambiental. Objetivamente, fazem parte do rol de investimentos autorizados o incremento da infraestrutura de saneamento, de transporte e mobilidade (corredores de ônibus, novas ruas, manutenção de calçadas, pontes etc), a construção ou reforma de equipamentos públicos coletivos (escolas, praças,

---

[8] Ver página de acompanhamento da arrecadação de outorga onerosa em BRASIL. Cidade de São Paulo Urbanismo e Licenciamento. *Arrecadação de Outorga Onerosa*. Disponível em: https://www.prefeitura.sp.gov.br/cidade/secretarias/licenciamento/desenvolvimento_urbano/participacao_social/fundos/fundurb/index.php?p=202443. Acesso em: 04 dez. 2021.

[9] Considerando as Operações Urbanas Água Branca (Lei nº 11.774/95) e as Consorciadas Água Espraiada (Lei nº 13.260/01) e Faria Lima (Lei nº 13.769/04).

postos de saúde etc.) e, principalmente, a promoção de programas de habitação de interesse social.

Mas algumas diferenças importantes determinam a vocação e o papel urbanístico da venda desse potencial construtivo se esses estiverem ou não determinados por perímetros específicos de OUC.[10] Na primeira situação, de alcance geral na cidade, como vimos, a contrapartida financeira é definida por uma planta oficial de valores[11] e é paga exclusivamente à Prefeitura, sendo sua aplicação de caráter redistributivo – a arrecadação ocorre com maior profusão nas áreas nobres e o investimento, nas mais carentes –, discricionário ao gestor público. Nas demais situações, em que ocorrem leis supervenientes ao zoneamento, o potencial construtivo é escriturado na forma de títulos mobiliários, e seus preços negociados em balcão do mercado de capitais ou através da compra direta entre privados, no mercado secundário; os recursos são vertidos para os programas de obras previamente definidas em suas leis.

Quadro 1 – dinâmica da oferta potencial construtivo adicional e incidência da aplicação de seus recursos financeiros

	outorga onerosa (OODC)	CEPAC (operações urbanas)
APLICAÇÃO	em toda a cidade	perímetro específico
INCIDÊNCIA	redistributiva	concentrada
NEGOCIAÇÃO	diretamente com prefeitura	oferta pública ou livre mercado
VALOR	definido por tabela	leilão público
INVESTIMENTO	Discricionário ao gestor público	predefinido por projeto específico
ESTOQUE MÁXIMO	limitado apenas ao lote	limitado ao lote e ao projeto específico

Fonte: elaboração própria.

O efeito, em ambos os casos, mas com diferentes medidas, é a divisão de parte do valor do imóvel entre o proprietário do terreno e o poder público. Em outras palavras, a partir do surgimento da regra que definiu que todo local da cidade onde se pretender edificar acima do

---

[10] Ou de Projetos de Intervenção Urbana (PIU), no caso do novo instrumento instituído pelo PDE/2014.
[11] Valor de Cadastro de Terrenos para cálculo da Outorga Onerosa (Lei nº 16.050/14, Quadro 14).

CA básico demandará aquisição do potencial construtivo da Prefeitura, passa a existir uma interferência no preço da terra: seu titular não detém mais a totalidade de seu valor econômico, pois uma fração desse sempre está sendo requisitado pela Administração, com vistas a seu retroinvestimento na cidade.

Em novembro de 2019, ocorreu a mais recente oferta pública de CEPAC da OUC Faria Lima, que está com seus estoques praticamente exauridos, alcançando ágio de 160% em relação ao valor na abertura do leilão, atingindo o impressionante preço de R$17.601 (numa 1:1, o equivalente a R$17.601 por metro quadrado), encerrando captação de R$1,7 bilhão.

Para 2020 e 2021, a Prefeitura programava a realização da 6ª distribuição de CEPACs da OUC Água Espraiada,[12] após oito anos sem novas ofertas públicas, objetivando alavancar recursos para produção de habitação de interesse social (HIS) e conclusão das obras de infraestrutura em curso, previamente definidas em sua lei.

3 Projetos de Intervenção Urbana (PIU) e o futuro das operações urbanas

Para a consecução de seus objetivos, o PDE 2014 determinou que os Projetos de Intervenção Urbana – PIUs (Lei nº 16.050/14, art. 136) devem demonstrar quais são as ações mais adequadas para a sua eficiente implantação, utilizando-se de instrumentos urbanísticos disponíveis. Os instrumentos urbanísticos capazes de colaborar na implantação dos PIUs devem trazer mecanismos para a composição de investimentos e formas de financiamento da proposta; incentivos econômicos e estratégias de gestão quando de sua implantação e as ações mitigadoras vinculadas às condições socioambientais da região a ser requalificada. Assim como as operações urbanas consorciadas (art. 137), surgem agora as áreas de intervenção urbana – AIU (art. 145) como um novo instrumento urbanístico, não regulamentado pelo Estatuto da Cidade, mas adequado para a implantação de tais Projetos de Intervenção Urbana.

O PDE traz as definições gerais sobre o instrumento AIU, descrevendo que estas áreas sejam porções do território delimitadas como regiões de especial interesse para a reestruturação, transformação,

---

[12] Conforme fato relevante publicado no Diário Oficial da Cidade no dia 15 de setembro de 2020.

recuperação e melhoria ambiental, com o objetivo de gerar efeitos positivos na qualidade de vida, no atendimento às necessidades sociais e no desenvolvimento econômico do município. A exemplo da OUC, a AIU deve reunir um programa de intervenções associado a parâmetros urbanísticos e à definição de quantidades necessárias de área construída adicional para atender ao adensamento populacional e construtivo desejado ao território; e deve ser, também, instituída por meio de uma lei específica.

Verifica-se através desse instrumento a recorrente estratégia de se compartimentar as ações pelo território para requalificar, reestruturar ou transformar a cidade, com o objetivo de proporcionar o financiamento do todo – a cidade – em partes, etapas ou perímetros. Entretanto, como característica diferencial entre estes dois instrumentos (AIU e OUC), está a forma de regulação da outorga onerosa do direito de construir a partir das conclusões e diretrizes entabuladas pelo PIU.

Na busca da viabilidade e do financiamento das propostas de transformação, o PDE permitiu que cada AIU defina o i) valor do potencial construtivo adicional em seu território, valendo-se de fatores de planejamento (Fp) e de interesse social (Fs) próprios, por intermédio do ii) controle do estoque de potencial construtivo adicional. De acordo com os estudos e modelagens, a composição destes dois índices (preço e disponibilidade de estoques) permite identificar o volume de recursos disponíveis que contribuirá para o financiamento das intervenções previstas no PIU. Os valores arrecadados, obtidos por mecanismos específicos de alienação, podem ser segregados em conta especial do FUNDURB (Art. 145, inc. iii, §5º), para exclusiva utilização na implantação do projeto.

Dentro de uma AIU, e conforme preconiza o PDE, o projeto pode definir o valor do Fp para fins de cálculo da outorga onerosa – nesse modelo não há utilização de CEPACs –, e fixar novos índices urbanísticos apoiados pelo projeto urbanístico (CA máximo, gabarito de altura, recuos, quota ambiental etc), que passam a vigorar sobre as regras ordinárias do zoneamento. Não há caráter de exceção, como ocorre nas OUC (MALERONKA, 2010), mas sim a fixação dos novos parâmetros obrigatórios. Para participar do projeto (fato que seria comparável à vinculação de CEPACs aos terrenos de uma OUC), basta estar contido em seu perímetro, mesmo que não seja adquirido potencial construtivo adicional.

Para o caso dos PIU viabilizados por meio de AIU, também ficariam definidos pela lei específica o programa de intervenções e as formas de gerenciamento de sua priorização ao longo do tempo. Quanto ao destino do valor arrecadado com a OODC comercializada no perímetro específico, essa iria para a conta vinculada da própria AIU, sendo certo que a valorização do preço do metro quadrado adicional, e a consequente captura dessa mais-valia, dar-se-ia apenas no ritmo da atualização do Valor de Cadastro, conforme publicações anuais da prefeitura.

4 Conclusões

As ferramentas aqui descritas, voltadas para induzir de forma sustentável e adequada a ocupação do solo urbano, indicando pelo aumento das densidades junto às áreas mais infraestruturadas, de modo a coibir o espraiamento desordenado, guardam estreita relação com as dinâmicas imobiliárias, que se tornam força motriz no desenvolvimento urbano.

Além disso, cada vez mais os instrumentos urbanísticos permitem o ingresso de fluxos de capital estruturados e de longo prazo, somando esforços na tarefa de conferir infraestrutura em ritmo acelerado, como demandam as nossas cidades, defasadas no quesito qualidade de vida e bem-estar coletivo – seja para a oferta de saneamento básico, sistema de mobilidade ou habitação a preços acessíveis. Tais mecanismos, aqui descritos, trabalham a favor dessa agenda.

De um jeito ou de outro, generalizado para toda a cidade ou concentrado aos projetos específicos, o manejo da ferramenta do "solo criado" através da caracterização do potencial construtivo adicional com a participação vigorosa dos agentes privados, vem se mostrando como a principal forma de financiamento dos investimentos urbanos, apresentando fluxo de arrecadação constante, em montantes previsíveis e de incidência não vinculada (discricionária).

Referências

APPARECIDO-JR, J.A. *Propriedade Urbanística & Edificabilidade*: o plano urbanístico e o potencial construtivo na busca das cidades sustentáveis. Curitiba: Juruá, 2012.

BRASIL. Câmara Municipal de São Paulo. *Lei nº 15.893 de 7 de novembro de 2013*. Estabelece novas diretrizes gerais, específicas e mecanismos para a implantação da Operação Urbana Consorciada Água Branca e define programa de intervenções para a área da Operação. Disponível em: http://legislacao.prefeitura.sp.gov.br/leis/lei-15893-de-07-de-novembro-de-2013. Acesso em: 29 jun. 2022.

BRASIL. Câmara Municipal de São Paulo. *Lei nº 13.260 de 28 de dezembro de 2001*. Estabelece diretrizes urbanísticas para a área de influência da atual Avenida Água Espraiada, de interligação entre a Avenida Nações Unidas (Marginal do Rio Pinheiros) e a Rodovia dos Imigrantes, cria incentivos por meio de instrumentos de política urbana para sua implantação, institui o Grupo de Gestão, e dá outras providências. Disponível em: http://legislacao.prefeitura.sp.gov.br/leis/lei-13260-de-28-de-dezembro-de-2001. Acesso em: 29 jun. 2022.

BRASIL. Câmara Municipal de São Paulo. *Lei nº 13.769 de 26 de janeiro de 2004*. Altera a Lei nº 11.732, de 14 de março de 1995, que estabelece programa de melhorias para a área de influência definida em função da interligação da Avenida Brigadeiro Faria Lima com a Avenida Pedroso de Moraes e com as Avenidas Presidente Juscelino Kubitschek, Hélio Pellegrino, dos Bandeirantes, Engº Luis Carlos Berrini e Cidade Jardim, adequando-a à Lei Federal nº 10.257, de 10 de julho de 2001 (Estatuto da Cidade). Disponível em: http://legislacao.prefeitura.sp.gov.br/leis/lei-13769-de-26-de-janeiro-de-2004/detalhe. Acesso em: 29 jun. 2022.

BRASIL. Câmara Municipal de São Paulo. *Lei nº 16.402 de 22 de março de 2016*. Disciplina o parcelamento, o uso e a ocupação do solo no Município de São Paulo, de acordo com a Lei nº 16.050, de 31 de julho de 2014 – Plano Diretor Estratégico (PDE).. Disponível em: http://legislacao.prefeitura.sp.gov.br/leis/lei-16402-de-22-de-marco-de-2016. Acesso em: 29 jun. 2022.

BRASIL. Câmara Municipal de São Paulo. *Lei nº 16.050, de 31 de julho de 2014*. Aprova a Política de Desenvolvimento Urbano e o Plano Diretor Estratégico do Município de São Paulo e revoga a Lei nº 13.430/2002. Disponível em: http://legislacao.prefeitura.sp.gov.br/leis/lei-16050-de-31-de-julho-de-2014. Acesso em: 29 jun. 2022.

BRASIL. Cidade de São Paulo Urbanismo e Licenciamento. *Arrecadação de Outorga Onerosa*. Disponível em: https://www.prefeitura.sp.gov.br/cidade/secretarias/licenciamento/desenvolvimento_urbano/participacao_social/fundos/fundurb/index.php?p=202443. Acesso em: 04 dez. 2021.

BRASIL. *Lei nº 10.257, de 10 de julho de 2001*. Regulamenta os arts. 182 e 183 da Constituição Federal, estabelece diretrizes gerais da política urbana e dá outras providências. Csa Civil. Brasília, DF. Disponível em: http://www.planalto.gov.br/ccivil_03/leis/leis_2001/l10257.htm. Acesso em: 29 jun. 2022.

CORRENTE, P. B. *A produção do espaço urbano e os stakeholders envolvidos na infraestrutura da cidade de São Paulo*: uma análise da atuação do FUNDURB. 2020. Dissertação (mestrado) – Universidade federal do ABC, São Bernardo do Campo, 2020.

FIX, M. *Parceiros da Exclusão*: duas histórias da construção de uma nova cidade em São Paulo: Faria Lima e Água Espraiada. São Paulo: Boitempo, 2001.

FURTADO, F.; REZENDE, V. L. F. M.; OLIVEIRA, M. T. C.; JORGENSEN, P.; BACELLAR, I. Outorga Onerosa do Direito de Construir: panorama e avaliação de experiências municipais. *In*: XII Encontro Nacional da ANPUR, 2007, Belém.

GALDIANO, A. J.; IGNATIOS, M. F.; RODRIGUES, G. P. *Atividade Imobiliária e os Cenários de Transformação Urbana em São Paulo*: o caso do Arco Tietê. 17. ed. São Paulo, Conferência Internacional da Latin American Real Estate Society, 2017.

GRAU, E. Aspectos Jurídicos da Noção de Solo Criado. *In*: FUNDAÇÃO PREFEITO FARIA LIMA. *O Solo Criado*. Anais do Seminário. São Paulo: Fundação Prefeito Faria Lima, 1976. Disponível em: https://edisciplinas.usp.br/pluginfile.php/1894685/mod_resource/content/0/08%20Carta%20do%20Embu.pdf. Acesso em: 20 jan. 2022.

LIMA-JR, João da Rocha. Corredores de Botequins? *Núcleo de Real Estate da EPUSP*, n. 34-13, out./dez. 2013. Disponível em: https://www.realestate.br/dash/uploads/sistema/Carta_do_NRE/cartanre34_4_13.pdf. Acesso em: 04 dez. 2021.

MALERONKA, C. *Projeto e Gestão na Metrópole Contemporânea*: um estudo sobre as potencialidades do instrumento operação urbana consorciada à luz da experiência paulistana. 2010. Dissertação (doutorado) – Faculdade de Arquitetura e Urbanismo da USP, São Paulo, 2010.

MONTANDON, D. T. *Operações urbanas em São Paulo*: da negociação financeira ao compartilhamento equitativo de custos e benefícios. 2009. Dissertação (mestrado) – Faculdade de Arquitetura e Urbanismo da USP, São Paulo, 2009.

SANDRONI, P. Captura de Mais Valias Urbanas em São Paulo através do binômio Solo Criado / Outorga Onerosa: análise do impacto do coeficiente de aproveitamento único como instrumento do Plano Diretor de 2002. *Relatório 20*. São Paulo: FGV EAESP, 2010.

SANTORO, P.F. Rentabilidade e Direito à Cidade: uma equação (im)possível? *In*: LAZZARINI, S. (org.). *Arq.futuro*: financiamento da inovação urbana – Novos modelos. 1. ed. São Paulo: Bei Comunicação, 2014.

SANTORO, P. F.; ROLNIK, R. Novas frentes de expansão do complexo imobiliário-financeiro em São Paulo. *Cad. Metrop.*, São Paulo, v. 19, n. 39, p. 407-431, 2017.

SMOLKA, M. *Implementing Value Capture in Latin America*. Cambridge: Lincoln Institute of Land Policy, 2013. Disponível em: https://www.lincolninst.edu/sites/default/files/pubfiles/-implementing-value-capture-in-latin-america-full_1.pdf. Acesso em: 20 jan. 2022.

Informação bibliográfica deste texto, conforme a NBR 6023:2018 da Associação Brasileira de Normas Técnicas (ABNT):

IGNATIOS, Marcelo. Financiamento da infraestrutura urbana com participação do mercado imobiliário: outorga onerosa, operações urbanas e projetos de intervenção urbana. *In*: FAJARDO, Gabriel; COHEN, Isadora; CARELLI, Carolina (coord.). *INFRACAST*: Concessões, Parcerias Público-Privadas e Privatizações. Belo Horizonte: Fórum, 2022. p. 189-205. ISBN 978-65-5518-428-0.

INOVA DUTRA: A NOVA ERA DAS CONCESSÕES RODOVIÁRIAS FEDERAIS

FERNANDO CAMACHO

1 Introdução

A Presidente Dutra é considerada uma das rodovias mais importantes do país. Oitocentos mil viagens por dia transitam nessa rodovia, que conecta as duas maiores e principais metrópoles nacionais, que representam 50% do PIB brasileiro e englobam 34 milhões de habitantes.

A primeira ligação rodoviária asfaltada entre as cidades de Rio de Janeiro e São Paulo foi inaugurada em 1928. No final da década de 1940, a industrialização e a necessidade de uma ligação viária mais segura levaram à construção da atual Via Dutra, inaugurada em 1951. Em 1967, foi entregue a via duplicada em toda a sua extensão, tornando-se a principal autoestrada do país. Em março de 1996, a operação da rodovia foi concedida à iniciativa privada, atualmente administrada pela empresa NovaDutra S/A, do Grupo CCR, que realizou obras de melhoria e ampliação da pista, como as pistas marginais em São José dos Campos.

A concessão da rodovia Dutra, pela sua importância, sempre foi cercada de polêmicas. É consenso que a administração privada nos últimos 25 anos propiciou um bom nível de serviço e investimentos adicionais relevantes. Entretanto, obras essenciais, como a expansão da Serra das Araras, região com pouca segurança viária e muitos acidentes, não foram realizadas, embora pelo menos esteja prevista em contrato. Recentemente, a concessão da Via Dutra fez parte ainda da eterna batalha entre prorrogações e relicitações contratuais. Em 2016, muitos economistas e juristas defendiam a proposta da atual concessionária CCR, que envolvia a inclusão de investimentos da ordem de R$4,4 bilhões (inclusive a expansão da Serra das Araras), em troca de uma prorrogação contratual de 17 anos. O argumento baseava-se na urgência de investimentos em um momento de crise, que traria maior vantagem para a sociedade em comparação com uma eventual relicitação da via. Alguns anos depois, após decidir pela relicitação da via, em 29 de outubro de 2021, o governo federal leiloou o trecho em que a atual concessionária CCR sagrou-se novamente vencedora, com um lance de 15,31% de desconto tarifário (35% de redução total frente às atuais tarifas, sendo que a sua principal praça de pedágio, a Viúva Graça, fará parte de outra concessão), somado a um lance de outorga de R$1,77 bilhões, em um contrato que envolverá R$15 bilhões de investimentos esperados e em um modelo contratual totalmente novo, que poderá tornar essa rodovia a mais moderna do país.

O objetivo desse capítulo é descrever como se deu o processo de estruturação da concessão dessa importante rodovia, rebatizada de Inova Dutra, assim como suas principais características e inovações contratuais.

2 Equipe de Estruturação e o Papel da *International Finance Corporation*

A estruturação do projeto Inova Dutra pelo Governo Federal, através da Empresa de Planejamento e Logística (EPL), faz parte da parceria com a *International Finance Corporation* (IFC), do Grupo Banco Mundial, que engloba 10 concessões rodoviárias, totalizando mais de 6.000 km e R$80 bilhões de investimentos esperados. Essa parceria começou no final de 2017 e teve como objetivo o desenvolvimento de um novo modelo regulatório para as concessões rodoviárias federais, baseado nas boas práticas internacionais e nacionais, de modo que a malha federal passasse a ter o estado da arte em operação de rodovias.

Para o desenvolvimento do conjunto de recomendações regulatórias que foi feito ao governo, nas diversas dimensões contratuais, a IFC fez uma profunda sondagem com agentes de mercado, dos mais diversos perfis (operadores, fundos, construtoras e financiadores), além de uma análise minuciosa dos relatórios e acórdãos do Tribunal de Contas da União (TCU) à época, que detalhavam os problemas existentes das rodadas anteriores de concessões federais. Além disso, é importante dizer que a IFC também utilizou como referência sua carteira de projetos, em especial a bem-sucedida parceria com o Governo de São Paulo, que também culminou na criação de um novo modelo regulatório de concessões no estado.

Além da EPL e IFC, o time de estruturação contou com importantes parceiros contratados, como o escritório Lobo de Rizzo, as consultorias de tráfego Logit, Kido Dynamics e Comap, a consultoria de engenharia francesa Egis, a consultoria socioambiental JGP e a consultoria de engenharia e segurança viária Pavesys. O projeto Inova Dutra também contou com o importante apoio financeiro do *Global Infrastructure Facility* (GIF)[1] e da PSP Infra, parceria entre BNDES, BID e IFC para estruturação de projetos no Brasil.[2]

3 Processo de Estruturação

Dada a importância do projeto, a estruturação da nova concessão da via Dutra contou com a supervisão de um extenso time de governo. Além da equipe da EPL, o projeto contou com a forte coordenação do Ministério da Infraestrutura, através de duas secretarias, SNFP e SNTT, da ANTT, do PPI e também do TCU.[3] As inovações contratuais que serão detalhadas adiante foram discutidas a exaustão, de modo a passar pelo crivo técnico de todos os envolvidos. O projeto passou também por quase três meses de consulta pública, com sete reuniões presenciais em diferentes localidades ao longo das rodovias BR-116 e BR-101, além de inúmeras reuniões técnicas com as equipes do governo do RJ e municípios nos estados do RJ e SP. O projeto passou ainda pela minuciosa análise do TCU, que durou oito meses. Finalmente, as equipes de estruturação fizeram inúmeras sondagens de mercado e *road shows*, com *players* nacionais e internacionais, até chegar à sua configuração final.

---

[1] GLOBAL INFRASTRUCTURE FACILITY. *GIF em Resumo*. Disponível em: https://www.globalinfrafacility.org/. Acesso em: 30 jun. 2022.

[2] Time IFC: Bernardo Almeida, Richard Cabello, João Vitor Pedrosa, Rafael Maia, Tomas Anker, Renata Dantas Perez, Maria Virginia Nabuco Nasser, Otavio Fernandes, Theodora Alencastro, Sofia Amorim, Fernanda Nonaka.

[3] Ressalta-se o papel essencial de todos os servidores envolvidos da EPL, Minfra, ANTT, PPI e TCU, mas é preciso destacar a liderança do Ministro Tarcísio de Freitas e dos Secretários Natália Marcassa e Marcelo da Costa, que tomaram a decisão de um novo modelo regulatório, além da forte coordenação durante todo o projeto. Arthur Lima e Rafael Benini, presidente e diretor da EPL, exerceram papel fundamental desde a formatação e o planejamento da estruturação do projeto. Renan Brandão, Marcelo Fonseca, Paulo Roberto de Oliveira Junior e Larissa Wendling da ANTT, assim como Fábio Amorim, Secretário de Aeroportos e Rodovias do TCU.

4 Objetivo do Governo

Os novos projetos estruturados pelo governo federal tiveram os seguintes macro-objetivos: (i) não repetir resultados das rodadas de concessões anteriores, em especial atrasos e inexecuções de investimentos e obrigações contratuais; e (ii) maximização de investimentos, com a adição de trechos administrados pelo DNIT e DERs.

Com relação ao primeiro objetivo, é inegável que a participação privada em projetos de concessões rodoviárias no Brasil contribuiu para a melhoria de serviço nesse tipo de infraestrutura. Por exemplo, a CNT (2017)[4] aponta que, das 20 melhores rodovias do país, 19 eram concedidas. Por sua vez, ABCR (2018)[5] indica que 74,5% das rodovias concedidas eram consideradas de ótima/boa qualidade em comparação com apenas 26,6% das rodovias administradas pelo poder público. Entretanto, também era evidente nessa época que ajustes deveriam ser feitos nos modelos contratuais das concessões rodoviárias federais. Muitos dos projetos licitados, em especial os da 3ª etapa, apresentaram deságios tarifários agressivos, seguidos de atrasos e inexecuções contratuais, culminando, por exemplo, na caducidade de um dos contratos, referente à concessão da BR-153. Desse modo, apesar da melhoria dos serviços, o modelo de concessão a nível federal sofria muitos questionamentos por parte da sociedade. Era preciso, portanto, produzir um novo modelo que incentivasse a boa execução contratual (disponibilidade de infraestrutura e melhor qualidade de serviço na operação das vias).

O segundo objetivo era reflexo de uma situação fiscal delicada, não só a nível federal mas também em estados e municípios. O poder público já apresentava restrições significativas de orçamento para investimentos nas vias, mas ao mesmo tempo era preciso expandir a capacidade da malha e mantê-la, de modo a evitar sua deterioração. Desse modo, o governo federal optou por aplicar o conceito de "fillet com osso", em que o excedente de trechos superavitários, de maior demanda, subsidiam trechos deficitários, de menor demanda. Esse conceito tem sido aplicado não só no setor rodoviário mas também em projetos aeroportuários (lotes com ativos âncora) e de saneamento. No exterior, esse racional recebe o nome de *asset monetization*, em que o

---

[4] *Pesquisa CNT de Rodovia 2017* – Relatório gerencial. Brasília. CNT: SEST: SENAT, 2017.
[5] ABCR – Associação Brasileira de Concessionárias e Rodovias. *Novos Caminhos para Concessões de Rodovias no Brasil*. 2. ed. São Paulo: ABCR, 2018.

chamado excedente do produtor em um ativo é utilizado para investimentos no mesmo setor ou em outros setores de infraestrutura. A monetização de ativos tem sido largamente utilizada, por exemplo, na Austrália e Índia (Marsh&McLennan (2018) e Sundararajan (2021)).[6]

5 Escopo

O escopo do projeto, após inúmeras análises, tomou então o seguinte formato: (i) transferência da principal praça de pedágio do trecho Rio-São Paulo da BR-116 para o novo lote CRT (Rodovia Rio-Valadares); (ii) inclusão de trecho da BR-101, entre Itaguaí e Ubatuba; (iii) manutenção da localização das demais praças na BR-116; e (iv) redução tarifária de partida da ordem de 20%, de modo a garantir benefícios imediatos aos usuários da via (Figura 1 a seguir).

Figura 1 – Escopo do Projeto

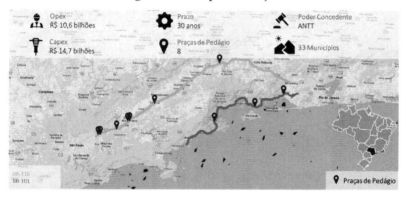

Fonte: elaboração própria.

Reparem que a transferência da praça Viúva Graça para o lote Rio-Valadares e a inclusão do trecho da BR-101 no lote Dutra não só

---

[6] Infrastructure Asset Recycling – Insights for governments and investors. *Marsh&McLennan*, 2018. Disponível em: https://www.marshmclennan.com/insights/publications/2018/jul/infrastructure-asset-recycling-insights-for-governments-and-investors.html. Acesso em: 30 jun. 2022.
SUNDARARAJAN, Satheesh. Asset recycling in EMDE infrastructure development can be a win-win-win. *World Bank Blogs*, 04 ago. 2021. Disponível em: https://blogs.worldbank.org/ppps/asset-recycling-emde-infrastructure-development-can-be-win-win-win. Acesso em: 30 jun. 2022.

possibilitaram investimentos em trechos rodoviários que não seriam viáveis de forma isolada no formato de concessão comum (conceito de monetização de ativos) mas também tornaram a configuração do lote Dutra muito diferente da atual, mitigando a informação assimétrica da incumbente. De fato, além dos objetivos descritos acima, o projeto Inova Dutra contava com um desafio adicional: minimizar a informação assimétrica entre a atual incumbente (CCR) e demais potenciais licitantes, de modo a garantir um leilão competitivo. A manutenção das demais praças nas suas localidades originais também permitiu que 25 anos de informação sobre a demanda na via fossem preservados. Outra medida importante com o mesmo objetivo foi a disponibilização ao mercado dos projetos de expansão planejados pela concessionária atual.

6 Investimentos e Operação

Com relação à definição de investimentos e requisitos operacionais, é importante ressaltar que a ligação Rio-São Paulo é dividida em três segmentos com propriedades muito distintas. A parte central da rodovia é caracterizada, sobretudo, por tráfego de longa distância, enquanto os dois extremos são predominantemente ocupados por viagens de curta distância entre as regiões metropolitanas de Rio e São Paulo e suas capitais. Portanto, era necessário desenvolver soluções de engenharia e operação customizadas para cada segmento.

6.1 Zona Rural

Para o tramo central, denominado "Zona Rural", adotou-se o clássico estudo de tráfego de quatro etapas, seguido da aplicação do software *Highway Capacity Manual* (HCM), desenvolvido pelo Banco Mundial, para estimar a necessidade de expansão de capacidade na via durante o termo contratual. Como resultado, o trecho RJ-SP, hoje duplicado, terá quatro faixas por sentido em praticamente toda a sua extensão ao final do 9º ano da concessão. Na BR-101, estão também previstos 80 km de duplicação entre Itaguaí e Angra dos Reis e mais 39 km de faixas adicionais até Ubatuba. Foram definidas também uma série de intervenções a nível municipal, de modo a atender ao crescente dinamismo econômico da região do Vale do Paraíba e suas novas conurbações. Estão previstas, por exemplo, 147 obras de arte especiais, 128 novas passarelas, 616 pontos de ônibus, 4 paradas de descanso de caminhoneiros e 134 km de vias marginais, definidas em conjunto com os 33 municípios que intersectam a nova concessão.

Destaca-se também o novo projeto de expansão da Serra das Araras, superior em capacidade e nível de serviço, se comparado ao projeto anterior, que teria sido implementado caso o contrato tivesse sido prorrogado. Os principais objetivos do novo projeto da Serra das Araras foram tornar o trecho mais seguro e compatível em conforto e fluidez com os demais segmentos da rodovia. A nova concessionária deverá realizar a construção de uma nova pista ascendente, tendo como solução a utilização de viadutos e um túnel. A atual pista ascendente deverá ser adequada para ser a pista descendente. São previstas 4 faixas de rolamento por sentido, em comparação com apenas 3 do projeto anterior.

A operação da via também passará por profundas transformações, que a tornarão a mais moderna do país. A rodovia BR-116 terá iluminação eficiente LED, com telegestão em toda a sua extensão, o que poderá gerar melhor distribuição de tráfego para horários noturnos, fora do pico. Além disso, espera-se a diminuição de roubos de carga, comuns na região.

Figura 2 – Modelo Operacional

Fonte: elaboração própria.

A concessionária deverá implantar um Sistema de Gestão de Ativos (SGA), de modo a planejar as intervenções e manutenções no pavimento e obras de arte especiais de forma proativa e não reativa, minimizando o custo total da vida útil dos ativos. A concessionária deverá implementar também um Sistema de Apoio à Gestão do Tráfego (SAGT), que recebeu a nomenclatura de SIGACO em contrato. Esse sistema será o cérebro da operação viária e receberá informações online de estações meteorológicas, aplicativos de usuários e sistemas de detecção automática de acidentes (DAI). Com essas informações, o novo centro de controle operacional poderá acionar as bases ou veículos que estejam mais próximos dos eventos de alerta, minimizando o tempo de atendimento médico e mecânico (Figura 2 acima). Foram definidas também áreas críticas (Região Metropolitana de São Paulo, Região de São José dos Campos e Serra das Araras), em que haverá maior densidade de equipamentos, para subsidiar a concessionária na operação da via.

Está prevista ainda a aplicação da metodologia de segurança viária iRAP desenvolvida pela ONU.[7] A metodologia desenha e repensa a malha rodoviária de forma a limitar a probabilidade e severidade dos acidentes. A iRAP usa modelos universalmente robustos para gerar um *rating* de segurança viária (Classificações de Estrelas) para 4 tipos de usuários: motoristas, motociclistas, pedestres e ciclistas, sendo a maior classificação cinco estrelas e a menor, uma estrela. O Sistema de Classificação por Estrelas é uma medida objetiva da probabilidade de ocorrência de acidentes rodoviários e sua severidade. São codificados 171 elementos pela metodologia iRAP, baseada nos dados coletados durante pesquisas de campo. Os dados codificados são submetidos à auditoria de acordo com o iRAP *Road Coding Quality Assurance Guide*, de forma a produzir um conjunto de intervenções complementares ao programa de engenharia, desde medidas simples, como a remoção de obstáculos ao longo da via, até correções de traçado. A rodovia Inova Dutra, ao final do ciclo de investimentos, terá quatro estrelas em toda a sua extensão e a concessionária poderá propor à ANTT programa adicional que torne a rodovia cinco estrelas ao longo do contrato.

---

[7] A world free of high-risk roads. *IRAP – The International Road Assessment Programme.* Disponível em: https://irap.org/. Acesso em: 30 jun. 2022.

6.2 Região Metropolitana de São Paulo

Como dito anteriormente, as extremidades do trecho Rio-São Paulo da BR-116 possuem características muito distintas do seu tramo central. Nessa seção, abordaremos o tratamento dado para a Região Metropolitana de São Paulo (RMSP) no projeto Inova Dutra. Tratamento similar foi dado à Região Metropolitana do RJ, cujo trecho rodoviário será transferido ao novo projeto CRT, Rodovia Rio-Valadares.

A RMSP possui tráfego significativamente superior à Zona Rural da Dutra (400 mil veículos circulam diariamente), sendo que grande proporção do tráfego (85%) é de usuários de curta distância, em tráfego pendular. Em outras palavras, o tráfego é caracterizado por usuários que se dirigem a São Paulo durante as manhãs e que retornam às suas residências no final do dia. É importante dizer que esses usuários atualmente não conseguem acessar a via expressa da Dutra e estão restritos às vias marginais que, segundo a CNT, são as mais congestionadas do país. Em média, o usuário gasta de 40-70 minutos para percorrer o trecho de Guarulhos a SP na hora de pico (~12 km – velocidade média inferior a 18 km/h).

De fato, inúmeros gargalos operacionais e de infraestrutura impactam negativamente os usuários da via, em uma região densamente urbanizada, com restrições significativas para o aumento de capacidade. Portanto, trata-se de um problema de mobilidade urbana, que mereceu tratamento distinto do que é geralmente feito em estudos de viabilidade de concessões rodoviárias, cujo tráfego é caracterizado por ser de longa distância.

Para propor soluções para a RMSP, foram realizados levantamentos de dados específicos, com inúmeros pontos de contagem volumétrica e ainda o uso inédito de dados de telefonia celular (~8 milhões de viagens) para obtenção da matriz Origem Destino da região. Essas informações permitiram verificar e estimar os principais fluxos e compreender os principais deslocamentos de curta distância na RMSP. A partir dos dados de tráfego foram realizadas microssimulações, que forneceram um diagnóstico preciso da infraestrutura atual e identificaram os principais gargalos do sistema viário. Foi avaliada então a potencial efetividade de diferentes tipologias de intervenções de engenharia e soluções operacionais para maximizar a capacidade do sistema.

A solução proposta para a RMSP pode ser resumida em dois pilares: (i) maximização da capacidade das vias expressa e marginais, através de soluções combinadas de engenharia e operação; e (ii) estabelecimento de um sistema de gerenciamento de tráfego dinâmico (*managed lanes system*), de modo a controlar o nível de serviço da via expressa ao longo do dia e garantir que os dois tipos de usuários dessa região, de curta e longa distâncias, sejam beneficiados frente à condição atual.

Foram definidas então intervenções de engenharia na via expressa (faixa adicional), assim como expansão das vias marginais, de modo a maximizar a disponibilidade de infraestrutura em uma região densamente urbanizada. Estão previstos também novos acessos e saídas da pista expressa, de modo a permitir que usuários de curta distância não continuem restritos às vias marginais. A solução proposta prevê ainda o instrumento de reversibilidade de faixas por meio de *road zipper*[8] para tratamento do tráfego pendular ao longo do dia. Durante a manhã, o número de faixas em direção à SP aumentará e, na parte da tarde, haverá o aumento de faixas em direção à Guarulhos.

O passo seguinte à maximização da disponibilidade de infraestrutura foi a definição de sistema de gerenciamento de tráfego através de precificação dinâmica que fosse flexível o bastante para lidar com as oscilações de tráfego em uma das regiões mais congestionadas da América Latina. *Managed Lanes Systems* são comuns na América do Norte (EUA e Canadá)[9] e têm como principal objetivo oferecer infraestrutura com níveis de serviço confiáveis, mesmo em regiões metropolitanas com alto fluxo de tráfego. Sistemas de gerenciamento de tráfego são sistemas viários baseados no conceito de oferta de duas alternativas de infraestrutura com condições de preço/qualidade de serviço distintas.

No caso em tela, repare que, pelo novo sistema, usuários de curta distância terão duas alternativas de infraestrutura. Eles poderão continuar utilizando as marginais de graça, com melhor infraestrutura e nível de serviço do que as condições atuais oferecem. Para aqueles que queiram chegar ainda mais rapidamente a São Paulo, haverá a alternativa, hoje inexistente, de utilizar a via expressa pagando pelo km rodado.

Como novos usuários passarão a utilizar a via expressa, será necessário gerenciar o fluxo de tráfego dessa infraestrutura, de modo a não prejudicar usuários de longa distância e garantir a atratividade do sistema, por meio de qualidade de serviço e fluidez superiores às

---

[8] Barrier transfer machine. *In*: WIKIPÉDIA: a enciclopédia livre. Disponível em: https://en.wikipedia.org/wiki/Barrier_transfer_machine. Acesso em: 30 jun. 2022.
[9] I-66 (VA), I-77 (VA), I-495 (VA), LBJ (TX), NTE 35W (TX), SH 121 (TX), 407ETR (Toronto).

vias marginais. Para isso, será implantado um sistema de pedagiamento eletrônico *free flow*, em que a precificação do km rodado se dará de cinco em cinco minutos e dependerá do fluxo nas vias, em linha com a propensão a pagar dos usuários, ou seja, em períodos de pico, o sistema gerará tarifas maiores do que em períodos fora de pico, de modo a manter a fluidez adequada na via.

A Dutra terá, portanto, o primeiro sistema de *managed lanes* da América Latina. Esse conceito será também replicado em duas regiões metropolitanas do Rio de Janeiro, nos projetos Rio-Valadares (atual CRT) e Rio-BH (atual Concer e Via 040). O sucesso desses projetos poderá revolucionar o uso de sistemas de pedagiamento eletrônico no Brasil, trazendo maior eficiência e equidade tarifária para a malha brasileira.

7 Leilão

Historicamente, o Governo Federal utilizou o modelo de menor tarifa para licitar todos os projetos da 1ª, 2ª, e 3ª rodadas de concessões. Entretanto, as desvantagens do modelo de menor tarifa ficaram evidentes na 3ª rodada, quando foram observados deságios agressivos, da ordem de 60%, seguidos de atrasos e inexecuções contratuais que colocaram em xeque o modelo de concessões a nível federal.

De fato, o modelo de menor tarifa apresenta algumas propriedades que exigem cuidado na sua utilização. Primeiro, esse modelo não é capaz de separar o certame da concessão, ou seja, quanto maior o deságio em leilão, menor será o fluxo de caixa e menor será a capacidade da concessão em absorver choques econômicos. Segundo, dado o efeito negativo no fluxo de caixa, o modelo de menor tarifa acaba por gerar incentivos perversos para postergação e inexecuções de investimentos. Terceiro, ao contrário do modelo de maior outorga, o modelo de menor tarifa não gera excedentes da firma na forma de recursos financeiros, que poderiam ser utilizados para mitigar riscos e eventos de reequilíbrio durante a execução contratual. Quarto, o modelo de menor tarifa não permite que o governo adote política tarifária que equilibre a malha de transportes em seus diferentes modais. Ao contrário, nesse modelo as tarifas finais resultam dos planos de negócio dos licitantes vencedores, o que pode gerar distorções competitivas e indução ineficiente de demanda. De fato, como resultado da utilização desse modelo nos últimos 25 anos, é comum a convivência de concessões com tarifas significativamente distintas em uma mesma região ou até mesmo ao longo da mesma rodovia, o que é pouco compreensível por parte dos usuários das vias. Por outro lado, é inegável que a geração de benefícios imediatos aos usuários através de menores tarifas nos leilões se mostra fator importante para angariar apoio da sociedade e de setores estratégicos da economia.

Pelos motivos expostos acima, o grupo técnico responsável pela estruturação do novo modelo regulatório federal entendeu que o melhor modelo seria aquele que englobasse benefícios diretos aos usuários, mas ao mesmo tempo fosse capaz de proteger o fluxo de caixa do projeto e incentivasse a boa performance contratual. Desse modo, foi desenvolvido o chamado modelo híbrido, em que o leilão se inicia pelo modelo de menor tarifa, porém até determinado piso, seguido então pelo modelo de maior antecipação de recursos *upfront*.

Alguns pontos desse modelo merecem destaque. Primeiro, o piso tarifário é calculado de modo que a taxa de retorno do projeto seja sustentável, em linha com o custo de capital do setor no Brasil. Desse modo, o fluxo do projeto é protegido durante o leilão, mantendo-se a sustentabilidade e financiabilidade da concessão. Segundo, o montante de antecipação de recursos inicial é equivalente a zero, dado que o objetivo do governo foi, antes de mais nada, maximizar os investimentos da concessão. Terceiro, com relação ao montante de antecipação de recursos, o governo tem utilizado uma estratégia de dividir os recursos gerados no leilão em duas partes: (i) outorga a ser transferida ao tesouro; e (ii) recursos vinculados que são transferidos para o sistema de contas da concessão, cujo racional é "a concessão deve gerar recursos para resolver seus próprios problemas", como mitigação de riscos e pagamentos de reequilíbrios. No caso da Inova Dutra, os recursos antecipados pela CCR serão divididos em parcelas iguais, 50% transferidos ao Tesouro e 50% transferidos ao sistema de contas da concessão.

Os resultados do modelo híbrido até então se mostram positivos. O leilão da BR-153, vencida pelo grupo Ecorodovias, teve deságio de 16,25% e recursos antecipados no montante de R$1,2 bilhão. No caso da Inova Dutra, objeto desse capítulo, o lance vencedor da CCR foi de 15,31% e montante total de recursos de R$1,77 bilhão.

8 Incentivos para Investimento

Dado o montante de investimentos envolvidos, com obras de complexidade técnica considerável, como a Serra das Araras e a duplicação do trecho da BR-101 entre Itaguaí e Angra, era necessário desenvolver instrumento regulatório que gerasse os incentivos necessários para a boa performance contratual no que se refere à disponibilidade de infraestrutura, de acordo com o cronograma do projeto estabelecido em contrato.

A chamada tarifa diferenciada ou reclassificação tarifária, aplicada em outros projetos, em que a tarifa dupla é superior à tarifa simples (entre 30 e 40%, dependendo do projeto), teria aplicação limitada na Inova Dutra e com poder de incentivos modesto. De fato, o trecho da BR-116 entre Rio e São Paulo já se encontra todo duplicado, impedindo a utilização desse instrumento. Poderia se pensar em tarifas distintas para 3ª e 4ª faixas, entretanto o sistema tarifário do lote se tornaria complexo, aumentando o custo regulatório. Além disso, enquanto a duplicação de uma via representa uma adição de infraestrutura clara aos olhos do usuário, o mesmo não se pode afirmar acerca de faixas adicionais. Portanto, o instrumento regulatório para incentivar investimentos na BR-116 teria que ser distinto de projetos anteriores.

No caso da BR-101 existia questão similar. Por um lado, dado que o projeto engloba duplicação de 80 km ao longo desse trecho, a tarifa diferenciada por capacidade poderia ser utilizada. Por outro, esse mecanismo de forma isolada mostrava-se insuficiente para incentivar investimentos nessa via. As receitas geradas pelas praças da BR-101 são estimadas em cerca de 5% das receitas totais do projeto enquanto seus investimentos são cerca de 25% do investimento total.

A solução encontrada para incentivar investimentos no projeto foi definir uma reclassificação tarifária específica (combinada a uma redução do pagamento anual de recursos vinculados variáveis no momento da entrega da obra) para as seguintes obras: (i) duplicação da Serra das Araras; e (ii) intervenções de expansão de capacidade na BR-101. Em resumo, após a conclusão das obras da Serra das Araras, a concessionária terá direito a um acréscimo de 4% no valor da tarifa de pedágio de todas as praças. O mesmo se aplica para as intervenções na BR-101, sendo que, nesse caso, o acréscimo tarifário será de 6% nas tarifas do projeto.

Repare que nesse caso o incentivo se dá pelo acréscimo tarifário, por um prêmio concedido à concessionária por atingir marco importante do projeto. Esse tipo de instrumento, com poder de incentivos significativo, contrasta com o modelo tradicional de penalidade por atraso ou inexecução contratual. No caso de obras tão importantes, foi necessário estabelecer mecanismo adicional, que alinhe interesses entre as partes na busca da boa execução contratual.

9 Sustentabilidade

Por fim, mas não menos importante, ao contrário, talvez a inovação mais relevante dos projetos federais seja o componente de sustentabilidade do projeto. A Inova Dutra e os demais projetos sendo estruturados pelo governo no setor rodoviário são os primeiros projetos federais que englobam os índices de performance socioambiental da IFC, considerados *benchmark* ESG pelo mercado financeiro internacional. Além das obrigações decorrentes do atendimento à legislação ambiental brasileira, a futura concessionária deverá realizar estudos e compensações adicionais de modo a minimizar o impacto e proteger tanto comunidades atingidas quanto a biodiversidade nas regiões que interceptam o projeto, em linha com as boas práticas internacionais, facilitando inclusive o financiamento de instituições que sigam os índices de performance da IFC ou os princípios do Equador.

O projeto Inova Dutra também incluirá neutralização de gases de efeito estufa (GEE), a ser certificada no escopo do projeto, conforme Figura 3 a seguir:

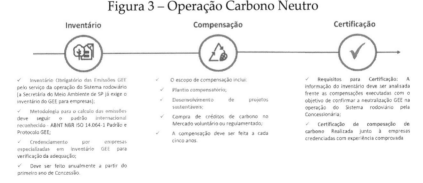

Figura 3 – Operação Carbono Neutro

Fonte: *International Finance Corporation*.

A primeira etapa do processo de neutralização refere-se ao inventário obrigatório das emissões geradas pela operação da rodovia, sendo que a metodologia de cálculo das emissões deve seguir o padrão internacional reconhecido. A segunda etapa refere-se à compensação em si, podendo ser feita por meio de plantio compensatório, desenvolvimento de projetos sustentáveis ou até mesmo compra de créditos de carbono, sendo que a compensação deve ser realizada a cada cinco anos. Por fim, é realizada a certificação da compensação por empresa credenciada. Portanto, o projeto Dutra e os novos projetos federais dão o pontapé inicial para um setor de transportes carbono neutro.

10 Conclusão

O projeto Inova Dutra, pela importância que representa, foi exaustivamente discutido antes de ir a mercado. Após a acertada decisão do governo de relicitação ao invés de prorrogação contratual, foram três longos anos de discussão técnica entre os órgãos envolvidos, governos estaduais e municipais e mercado. O projeto passou por quase três meses de consulta pública e oito meses de detalhada análise do TCU. O resultado alcançado deve ser celebrado. O projeto contém uma série de inovações contratuais e operacionais, em linha com as melhores práticas nacionais e internacionais. A CCR sagrou-se vencedora mais uma vez e terá a responsabilidade de não só realizar investimentos há muito tempo esperados pela sociedade, como a expansão da Serra das Araras, mas também, principalmente, posicionar a Inova Dutra como a rodovia mais moderna do país. Em especial, a futura concessionária terá a missão de operar o primeiro sistema de *managed lanes* da América Latina, que, se bem-sucedido, poderá ser o catalizador da disseminação da tecnologia de pedagiamento eletrônico no Brasil, gerando maior eficiência na malha rodoviária e maior equidade tarifária entre seus usuários.

Referências

ABCR – Associação Brasileira de Concessionárias e Rodovias. *Novos Caminhos para Concessões de Rodovias no Brasil*. 2. ed. São Paulo: ABCR, 2018.

A world free of high-risk roads. *IRAP – The International Road Assessment Programme*. Disponível em: https://irap.org/. Acesso em: 30 jun. 2022.

Barrier transfer machine. *In*: WIKIPÉDIA: a enciclopédia livre. Disponível em: https://en.wikipedia.org/wiki/Barrier_transfer_machine. Acesso em: 30 jun. 2022.

GLOBAL INFRASTRUCTURE FACILITY. *GIF em Resumo*. Disponível em: https://www.globalinfrafacility.org/. Acesso em: 30 jun. 2022.

Infrastructure Asset Recycling – Insights for governments and investors. *Marsh&McLennan*, 2018. Disponível em: https://www.marshmclennan.com/insights/publications/2018/jul/infrastructure-asset-recycling-insights-for-governments-and-investors.html. Acesso em: 30 jun. 2022.

Pesquisa CNT de Rodovia 2017 – Relatório gerencial. Brasília. CNT: SEST: SENAT, 2017.

SUNDARARAJAN, Satheesh. Asset recycling in EMDE infrastructure development can be a win-win-win. *World Bank Blogs*, 04 ago. 2021. Disponível em: https://blogs.worldbank.org/ppps/asset-recycling-emde-infrastructure-development-can-be-win-win-win. Acesso em: 30 jun. 2022.

Informação bibliográfica deste texto, conforme a NBR 6023:2018 da Associação Brasileira de Normas Técnicas (ABNT):

CAMACHO, Fernando. Inova Dutra: a nova era das concessões rodoviárias federais. *In*: FAJARDO, Gabriel; COHEN, Isadora; CARELLI, Carolina (coord.). *Infracast*: Concessões, Parcerias Público-Privadas e Privatizações. Belo Horizonte: Fórum, 2022. p. 207-222. ISBN 978-65-5518-428-0.

DÚVIDAS AINDA NÃO RESPONDIDAS SOBRE A PRESTAÇÃO REGIONALIZADA DOS SERVIÇOS DE SANEAMENTO BÁSICO

KARLA BERTOCCO TRINDADE
MARCOS D'AVINO MITIDIERI

1 Introdução

O Novo Marco Regulatório do Saneamento Básico (Lei Federal nº 14.026/2020) foi concebido com o objetivo de promover a universalização dos serviços de saneamento, os quais compreendem quatro componentes: (i) abastecimento de água potável; (ii) esgotamento sanitário; (iii) limpeza urbana e manejo de resíduos sólidos e; (iv) drenagem e manejo das águas pluviais urbanas.

Como forma de atingir a tão almejada universalização, o Novo Marco deu destaque à prestação regionalizada, definida como a modalidade de prestação integrada de um ou mais componentes dos serviços de saneamento em determinada região, cujo território abranja mais de um Município. Nesse sentido, foram previstas três formas de regionalização: (i) região metropolitana, aglomeração urbana ou microrregião – unidade instituída pelos Estados mediante lei complementar, composta de agrupamento de Municípios limítrofes, com interesse comum, e instituída nos termos do Estatuto da Metrópole (Lei Federal nº 13.089/2015); (ii) unidade regional de saneamento básico – unidade instituída pelos Estados mediante lei ordinária, constituída pelo agrupamento de Municípios não necessariamente limítrofes; (iii) bloco de referência – agrupamento de Municípios não necessariamente limítrofes, estabelecido pela União de forma subsidiária aos Estados e formalmente criado por meio de gestão associada voluntária dos titulares.

Além da universalização, a prestação regionalizada visa à geração de ganhos de escala e à garantia da viabilidade técnica e econômico-financeira dos serviços. Uma das consequências lógicas de tais objetivos é a combinação, em uma mesma unidade, de Municípios deficitários em serviços de saneamento (custos maiores que a receita) com Municípios superavitários. Assim, mobilizam-se investimentos em favor de Municípios que de outra forma não teriam acesso a tais recursos.

A fim de garantir que a prestação regionalizada atinja seus objetivos, o Novo Marco fixou diversas regras a serem observadas especialmente por Estados, Municípios e prestadores de serviço. Como é comum à ciência jurídica, parte dessas regras permite entendimentos diversos, cada um com consequências práticas importantes. Em se tratando de legislação nova, ainda não se pode conhecer, na doutrina ou jurisprudência, qual o entendimento prevalecente a respeito dos temas. O presente artigo se propõe a abordar algumas dessas dúvidas a respeito da prestação regionalizada.

2 A prestação regionalizada

A prestação regionalizada dos serviços de saneamento não é tema novo. Na década de 1970, o Governo fomentou-a por meio do Plano Nacional de Saneamento (PLANASA), focado na melhoria dos sistemas de abastecimento de água e esgotamento sanitário. Geridos pelo Banco Nacional de Habitação (BNH), os recursos do PLANASA eram repassados às Companhias Estaduais de Saneamento Básico que, por sua vez, os investiam nos Municípios por elas atendidos. Assim, os Municípios que não delegavam a prestação dos serviços de saneamento à respectiva Companhia Estadual não eram beneficiados com os recursos do PLANASA. Como consequência, a maior parte dos Municípios passou a delegar a execução dos serviços para a respectiva Companhia Estadual. Isso permitiu uma prestação de serviço regionalizada, feita independentemente dos limites territoriais dos Municípios e com a adoção de sistemas interligados.

O Novo Marco também estimulou a prestação regionalizada por meio do acesso a verbas federais. Nesse sentido, um de seus dispositivos previu que a alocação de recursos públicos federais e os financiamentos com recursos da União ficam condicionados, dentre outros requisitos, à estruturação de prestação regionalizada. O Decreto nº 10.588/2020 regulamentou especificamente tal tema, e garantiu ainda que os consórcios públicos para abastecimento de água e esgotamento sanitário vigentes bem como a gestão associada decorrente de acordo de cooperação poderão ser reconhecidos como unidades regionais ou blocos de referência, desde que não abranjam Municípios integrantes de regiões metropolitanas e que não prejudiquem a viabilidade econômico-financeira do serviço para a parcela residual de Municípios do Estado. Como regra de transição, o Decreto admitiu o acesso aos recursos federais por Municípios que já tivessem contratos de concessão ou de parceria público-privada assinados, ou que tivessem projetos em licitação, em consulta pública ou com estudo contratado por instituições financeiras federais.[1]

Uma importante característica da prestação regionalizada prevista pelo Novo Marco, que muito difere do modelo inaugurado com o PLANASA, é o fomento à competitividade na definição do prestador. A fim de tornar o setor mais atrativo aos investimentos privados, o Novo Marco enfraqueceu o protagonismo das Companhias Estaduais, prevendo que os Municípios devem prestar os serviços de saneamento diretamente ou por meio de licitação, vedada a adoção dos instrumentos precários (contratos de programa, por exemplo) tradicionalmente celebrados com as Companhias Estaduais, ressalvados os vigentes à época da publicação do Novo Marco, que permanecem em vigor até o advento do seu termo contratual.

Outra novidade trazida pelo Novo Marco em relação à prestação regionalizada está na importância atribuída ao planejamento da execução dos serviços. Como se sabe, o Novo Marco alterou significativamente a Lei Federal nº 11.445/2007, que antes definia a prestação regionalizada como aquela em que um único prestador atende a dois ou mais titulares. Agora, fala-se em prestação integrada de um ou mais componentes dos serviços de saneamento em região cujo território abranja mais de um Município.

A união desses para a prestação regionalizada deve obedecer a uma racionalidade técnica e econômico-financeira. Assim, se antes um único prestador – Companhia Estadual, geralmente – incorporava, aos poucos, novos Municípios ao seu portfólio, por meio de novos contratos, agora, com o Novo Marco, há um planejamento prévio para definição de quais Municípios serão atendidos pelo futuro prestador, em um único contrato.

Os Estados deveriam ter instituído, mediante lei ordinária, as unidades regionais de saneamento até 15 de julho de 2021, a partir de

---

[1] O que garantiu que os Municípios integrantes das concessões realizadas no Amapá e no Rio de Janeiro tivessem acesso a recursos federais.

quando a União estabeleceria os blocos de referência. Veja-se como cada uma das Unidades Federativas endereçou tal questão.

3 O tratamento do tema nos Estados

Até a conclusão deste artigo,[2] apenas três Estados não tinham apresentado um projeto de lei para instituir estruturas de prestação regionalizada: Acre, Pará e Tocantins. Vale mencionar também que o Distrito Federal não deve conter legislação sobre o tema, já que não tem Municípios, mas sim regiões administrativas.

Dos outros 23 Estados, cinco contam com projeto de lei sobre prestação regionalizada em tramitação na respectiva Assembleia Legislativa. Os demais Estados parecem estar com a situação legal mais consolidada, conforme tabela abaixo.[3]

(continua)

Estado	Total de Municípios	Situação Legal	Instrumento Legal	Identificação	Modalidade e quantidade	Municípios Contemplados
Acre	22	Pendente	-	-	-	-
Alagoas	102	Em vigor	Lei Ordinária	Lei 8358/20	2 Unidades Regionais	89
Amapá	16	Em vigor	Gestão associada		Concessão única p/ todos os Municípios	16
Amazonas	62	Em vigor	Lei Complementar	LC 214/21	1 Microrregião	61
Bahia	417	Em vigor	Lei Complementar	LC 48/19	19 Microrregiões	404
Ceará	184	Em vigor	Lei Complementar	LC 247/21	3 Microrregiões	184
Espírito Santo	78	Em vigor	Lei Complementar	LC 968/21	1 Microrregião	78
Goiás	246	Em tramitação	Projeto de Lei Complementar	PLC 6306/21	2 Microrregiões	246
Maranhão	217	Em tramitação	Projeto de Lei Complementar	PLC 8/21	4 Microrregiões	217
Mato Grosso	141	Em tramitação	Projeto de Lei Ordinária	PL 614/21	15 Unidades Regionais de Água e Esgoto	106

---

[2] Em 6 de janeiro de 2022.
[3] Os autores agradecem a importante colaboração de Rafaella Loewe na elaboração da tabela.

(conclusão)

Estado	Total de Municípios	Situação Legal	Instrumento Legal	Identificação	Modalidade e quantidade	Municípios Contemplados
Mato Grosso do Sul	79	Modelagem anterior			PPP contratada pela Companhia Estadual	68
Minas Gerais	853	Em tramitação	Projeto de Lei Ordinária	PL 2884/21	Unid. Regionais: 22 de Água e Esgoto; 34 de RSU	853
Pará	144	Pendente	-	-	-	-
Paraíba	223	Em vigor	Lei Complementar	LC 168/21	4 Microrregiões	223
Paraná	399	Em vigor	Lei Complementar	LC 237/21	3 Microrregiões	399
Pernambuco	184	Em vigor	Lei Complementar	LC 455/21	11 Microrregiões	159
Piauí	224	Em vigor	Lei Complementar	LC 257/21	11 Microrregiões	224
Rio de Janeiro	92	Em vigor	Gestão associada	-	Concessão - 4 blocos	49
Rio Grande do Norte	167	Em vigor	Lei Complementar	LC 682/21	2 Microrregiões	164
Rio Grande do Sul	497	Em tramitação	Projeto de Lei Ordinária	PL 422/21	2 Unidades Regionais de Saneamento Básico	497
Rondônia	52	Em vigor	Lei Ordinária	Lei 4955/21	1 Unidade Regional	52
Roraima	15	Em vigor	Lei Complementar	LC 300/21	1 Microrregião	15
Santa Catarina	295	Em vigor	Decreto	Dec. 1372/21	11 Regiões Metropolitanas (criadas por Leis antigas)	120
São Paulo	645	Em vigor	Lei Ordinária	Lei 17383/21	4 Unidades Regionais de Água e Esgoto	645
Sergipe	75	Em vigor	Lei Complementar	LC 176/09	13 Microrregiões	75
Tocantins	139	Pendente	-	-	-	-

Fonte: Elaboração própria juntamente com Rafaella Loewe.

Como se vê, muitos Estados optaram pela instituição de microrregiões, cuja adesão pelos Municípios é compulsória. Há ainda alguns casos peculiares. Amapá e Rio de Janeiro, por exemplo, não elaboraram lei, mas adotaram o modelo de gestão associada, com múltiplos convênios de cooperação, os quais, para fins da modelagem de concessão, foram agregados e tratados como se houvesse apenas um convênio entre Estado e todos os Municípios.[4] No Rio de Janeiro, em decorrência de complexa estruturação da concessão feita pouco antes da publicação do Novo Marco, a solução foi bem *sui generis*: licitação de quatro blocos, sendo que a capital foi dividida entre eles, cada um compondo-se de bairros cariocas e outros Municípios fluminenses.

No Mato Grosso do Sul, a Companhia Estadual celebrou uma parceria público-privada para prestar serviços a 68 Municípios que já eram atendidos pela estatal. O edital de licitação foi publicado um mês antes da promulgação do Novo Marco. Por enquanto, parece que o Estado não aprovará lei em matéria de prestação regionalizada. Outro caso curioso é o de Santa Catarina, cujo Governador, utilizando-se de Leis Complementares que instituíram Regiões Metropolitanas em 2010 e 2014, editou um decreto para regulamentar o Novo Marco no Estado.

Os demais Estados com legislação aprovada recentemente começam a enfrentar dificuldades de implementação importantes, que fazem emergir uma série de dúvidas em matéria de prestação regionalizada. Vejam-se algumas delas.

4 Questões pendentes de respostas

Como adiantado, por se tratar de legislação recente, o Novo Marco tem ainda vários temas controversos, especialmente para prestação regionalizada. Sem ter a pretensão de esgotar todas as dúvidas existentes, apresentam-se abaixo quatro questões, que, conforme os Estados foram avançando em suas propostas de regionalização, revelaram-se especialmente sensíveis, cujo enfrentamento não tardará a ocorrer. Nesse sentido, para cada questão abaixo, fazem-se observações e comentários, a fim de oferecer contribuição ao debate.

---

[4] Mencione-se que, no caso do Amapá, a concessão abrangeu a área urbana de todos os seus Municípios. Isso não ocorreu no Estado do Rio de Janeiro, onde a concessão deixou de fora mais de 40 Municípios, que ficarão sem acesso aos recursos federais de saneamento caso não componham uma nova estrutura de prestação regionalizada.

a) É permitida a existência de mais de um prestador de serviço dentro de uma única estrutura de prestação regionalizada?

Imagine-se uma unidade regional, bloco de referência ou microrregião cujo território seja dividido em algumas partes, tendo cada uma delas um prestador diferente. Isso seria possível?

Não há no Novo Marco vedação a tal hipótese.[5] A propósito, antes desse alterar a Lei nº 11.445/2007, a prestação regionalizada era definida como a execução de serviço de saneamento "em que um único prestador atende a dois ou mais titulares". A redação atual da Lei, com as alterações introduzidas pelo Novo Marco, nada diz sobre a quantidade de prestadores, apenas estabelecendo que a região atendida deve abranger mais de um Município.

De qualquer modo, pode haver razões jurídicas e econômicas que justifiquem a adoção de dois operadores em uma mesma unidade regional. É o caso de Municípios que já contam com um prestador bem estabelecido, seja ele uma entidade da Administração ou uma concessionária privada.

Não é simples acabar, de uma hora para outra, com situações consolidadas. No caso de entidade da Administração, provavelmente deverá ser preciso aprovar uma lei específica (CF, art. 37, XIX) e a desmobilização precisará equacionar todos os seus ativos e passivos, algo que não costuma ser rápido. Em se tratando de concessão privada, o término antecipado do contrato demandará lei autorizativa específica e pagamento de indenização à concessionária pelos investimentos que não tiverem sido amortizados ou depreciados (art. 37 da Lei Federal nº 8.987/1995).[6]

---

[5] Essa hipótese já ocorre com algumas microrregiões, nas quais uns Municípios são atendidos pela Companhia Estadual e outros são atendidos pelo respectivo prestador local. A propósito, várias das leis estaduais recentemente aprovadas (AM, BA, CE, ES, PB, PE, RN e RR), criando microrregiões, preveem a possibilidade de prestação isolada, a um Município, desde que autorizada pela instância deliberativa da estrutura de governança interfederativa.

[6] Em igual sentido, prevê o Decreto nº 10.588/2020:
"Art. 3º – A União prestará apoio técnico e financeiro (...) para a realização de uma ou mais das seguintes atividades (...):
VIII – alteração dos contratos existentes ou preparação de novos contratos, quando couber, com vistas à transição para o novo modelo de prestação, adotada a padronização de contrato proposta pela ANA, quando disponível, e aplicadas as metas definidas no plano regional de saneamento básico; (...)
§1º – Caso a transição de que trata o inciso VIII do caput exija a substituição de contratos com prazos distintos, estes poderão ser reduzidos ou prorrogados, de maneira a convergir a data de término com o início do novo contrato de concessão, observado o seguinte:

Em tais situações, ainda que o Município integre a unidade regional, pode ser mais vantajoso mantê-lo com seu prestador temporariamente – até o término do contrato de programa ou de concessão, por exemplo. Nesse período, o referido Município pode contribuir para a manutenção da viabilidade econômico-financeira da unidade, por exemplo, permitindo o compartilhamento de ativos seus com a concessionária regional, ou direcionando a essa recursos que periodicamente recebe da concessionária local a título de outorga.

Quando a decisão for pela manutenção *temporária* do prestador local, a licitação da concessão regional deve prever o futuro ingresso do Município. Fora essas situações transitórias para o Novo Marco, pode haver justificativas para a entidade de governança da unidade regional optar por duas ou mais concessões. Naturalmente, o planejamento levaria em conta todo o território regional. E, a fim de manter os ganhos de escala, seria previsto o compartilhamento de ativos entre as concessões e medidas assemelhadas. Mas assim como ocorre com as licitações *por lote*, a entidade de governança pode querer, por exemplo, evitar a concentração de áreas muito extensas com um único prestador e ampliar a participação de licitantes em alguns Municípios – algo difícil de ocorrer quando a concessão abrange um território muito amplo, cuja licitação acaba por atrair apenas os grandes operadores.

Em síntese, há que se dizer que a prestação regionalizada demanda planejamento, do qual todos os Municípios integrantes da unidade ou bloco devem participar. As decisões devem ser pensadas para além dos limites territoriais municipais, levando em conta as bacias hidrográficas, o relevo da região e questões demográficas. Devem, pois, se basear no interesse comum dos Municípios. Ainda assim, situações específicas podem recomendar que a execução dos serviços de saneamento seja partilhada entre mais de um operador.

b) O que ocorrerá com os Municípios que optarem por não aderir à unidade regional, ao bloco de referência ou à gestão associada?

Os Municípios que não aderirem às estruturas de prestação regionalizada ficarão sem acesso aos recursos federais disponíveis para o saneamento básico. Nesse sentido, o art. 50 da Lei nº 11.445/2007, com a redação dada pelo Novo Marco, prevê que a alocação de recursos

---

I – na hipótese de redução do prazo, o prestador será indenizado na forma prevista no art. 37 da Lei nº 8.987, de 13 de fevereiro de 1995".

públicos federais e os financiamentos com recursos da União condicionam-se à estruturação de prestação regionalizada, à constituição de correspondente entidade de governança federativa e à sua adesão pelos entes públicos titulares do serviço.

Cabe observar que o Decreto nº 10.588/2020 prevê que a alocação de recursos federais para os serviços de abastecimento de água e esgotamento sanitário pressupõe a "segmentação de todo o território do Estado em estruturas de prestação regionalizada que apresentem viabilidade econômico-financeira". Assim, especificamente para esses dois componentes do saneamento básico, o acesso aos recursos da União por qualquer Município depende da criação de estruturas regionais que contemplem todos os municípios de seu Estado. Muitas Unidades Federativas parecem não ter se atentado a isso – ou acreditam em uma revisão do referido Decreto –, pois suas estruturas de prestação regionalizada, conforme demonstrado na tabela acima, nem sempre compreendem todos os seus municípios.

Superado tal requisito, o Município deve aderir à referida estrutura, para poder receber os recursos federais. Nesse sentido, o Decreto nº 10.588/2020 estabelece que não haverá repasses da União para municípios em que a prestação não esteja regionalizada até 31 de março de 2022. Ademais, no caso dos recursos da União serem transferidos para o Estado, o Decreto proíbe seu acesso por municípios não inseridos em estrutura de prestação regionalizada.

Não obstante, há que se questionar o quão forte é o incentivo dado pela União. Quais municípios realmente estariam inclinados a integrar uma estrutura de prestação regionalizada em razão do acesso a recursos federais? Observe-se que a adesão à tal estrutura representa uma renúncia parcial da autonomia decisória dos municípios, uma vez que a tomada de decisões será feita no âmbito de entidade de governança, com representação de todos os integrantes da estrutura regional. Para compensar esse ônus, o Município deve enxergar em tal estrutura a oportunidade de garantir a universalização dos serviços de saneamento a seus munícipes. Outro benefício a ser considerado pelo Município são os custos: a unidade regional ou o bloco de referência deve ser capaz de oferecer, mantido o padrão de qualidade, um serviço mais barato daquele prestado localmente.

Nesse sentido, é pouco provável que haja adesão à estrutura regional por parte de municípios com serviços de saneamento já universalizados e que estejam sendo prestados sob regime de concessão.

Afinal, no caso de tal adesão, o munícipe deverá ver incremento na tarifa que hoje lhe é cobrada – a fim de subsidiar os investimentos nos municípios mais carentes –, sem relevante mudança na qualidade do serviço prestado.

Enfim, o Novo Marco e o Decreto nº 10.588/2020 deixam clara a vedação ao acesso a recursos federais para saneamento básico no caso de municípios que não integrem uma estrutura de prestação regionalizada. No entanto, é provável que tal incentivo não seja forte o suficiente para muitos municípios, os quais não deverão aderir à referida estrutura, especialmente se tiverem serviços de saneamento já universalizados e com prestação sob regime de concessão. Naturalmente, a adesão poderá ocorrer mesmo nesses casos, se, como dito na questão anterior, forem levadas em consideração as situações específicas dos municípios: manutenção da concessão vigente e sem acréscimos relevantes na tarifa cobrada dos seus munícipes. Nesse sentido, em virtude de negociações políticas e interesses regionais diversos, pode haver arranjo no qual um Município ofereça seus ativos de saneamento para serem usados pela concessionária regional ou destine a essa recursos que recebe da concessionária local a título de outorga.

c) Havendo perda da viabilidade econômico-financeira do serviço para a região decorrente da não adesão de Municípios, a União vai cobrir esse déficit?

O Novo Marco estabelece, em diversos dispositivos, que as estruturas de prestação regionalizada devem ser concebidas com base em sua viabilidade econômico-financeira. No entanto, como é facultativa a adesão às unidades regionais e aos blocos de referência, a referida viabilidade pode ser perdida, em virtude da recusa de Municípios superavitários integrarem a estrutura.

Nesses casos, o Novo Marco permite que, em se tratando de delegação da prestação, as metas de universalização dos contratos tenham dilação de prazo, passando de dezembro de 2033 (regra geral) para janeiro de 2040, a fim de garantir a viabilidade econômico-financeira. Ademais, o Novo Marco estabelece que sejam priorizados os recursos não onerosos (fundo perdido) da União para viabilizar a prestação regionalizada, quando sua sustentabilidade econômico-financeira não for possível apenas com recursos oriundos de tarifas ou taxas, mesmo após agrupamento com outros Municípios do Estado.

Assim, na hipótese de certos Municípios não aderirem, comprometendo a viabilidade econômico-financeira da unidade ou bloco, a União deverá apoiar financeiramente os Municípios remanescentes, para que a estrutura regional retome a mencionada viabilidade. Mas como será que a União fará isso? Haverá recursos orçamentários destinados a cobrir os déficits de todas as estruturas de prestação regionalizada do país?

A resposta a tais questionamentos depende, prioritariamente, de previsão orçamentária específica da União. Todavia, o processo de aprovação da Lei Orçamentária Anual é carregado de incertezas, pois envolve disputas e entendimentos políticos diversos, os quais são afetados por conjunturas nacionais e internacionais. Assim, não se pode garantir que haverá recursos orçamentários para devolver a viabilidade econômico-financeira de todas as estruturas regionais. Isso é especialmente sensível para os casos de municípios que abandonem a regionalização após terem aderido a ela. Em termos de planejamento, tal situação difere bastante da não adesão inicial: espera-se que até abril de 2022 já sejam conhecidos os municípios que decidiram não aderir à unidade regional ou bloco de referência; de outro lado, por óbvio, não podem ser conhecidos os Municípios que irão abandonar tais estruturas, após terem aderido a elas. Nesse último caso, a previsão orçamentária para garantir a viabilidade econômico-financeira das estruturas regionais ficará altamente prejudicada.

Algumas medidas podem ser tomadas para endereçar toda essa incerteza. Primeiramente, a fim de evitar dispêndios desnecessários, a União deve apoiar soluções que não prevejam custos exorbitantes, muito acima dos praticados no mercado. Aliás, para regiões mais isoladas, distantes de redes públicas de saneamento, a União pode apoiar as chamadas soluções individuais (ou métodos alternativos e descentralizados) de abastecimento de água e de afastamento e destinação final dos esgotos sanitários (cf. Lei nº 11.445/2007, arts. 11-B, §4º, e 45, §1º), tais como as fossas sépticas. Trata-se de iniciativas adotadas até mesmo em países ricos,[7] as quais são capazes de tratar o esgoto o suficiente para evitar a contaminação do solo, a um baixo custo.

---

[7] Nesse sentido, dados da OCDE indicam o percentual da população conectada a tratamento independente de esgoto (fossas sépticas, por exemplo) dos seguintes países: Austrália 7%, Bélgica 13%, Dinamarca 8%, Finlândia 15%, Japão 12%, Noruega 16% (Wastewater treatment (% population connected). *OECD – Organisation For Economic Co-Operation and Development.*

Adicionalmente, a fim de evitar recorrentes abandonos das estruturas regionais por seus municípios integrantes, é necessário que se criem mecanismos que fomentem o comprometimento de cada membro e que desincentivem sua retirada precipitada da unidade. O Decreto nº 10.588/2020 estabeleceu que a adesão à unidade regional se dará por meio de declaração formal, firmada pelo Prefeito, aos termos de governança estabelecidos na lei ordinária estadual. Para o bloco de referência, previu a adesão mediante a assinatura de convênio de cooperação ou a aprovação de consórcio público.

O Decreto em referência dispôs sobre o instrumento de adesão, para fins de cumprimento da exigência de adoção de prestação regionalizada, a fim de permitir o acesso a recursos da União. Mas nada impede que a lei ordinária estadual preveja outra forma de adesão, tal como a aprovação de lei municipal. Igualmente, a norma estadual poderá prever que a retirada será acompanhada de algum tipo de ônus financeiro (indenização).

A esse respeito, vale mencionar, a título ilustrativo, que a Lei nº 11.107/2005, que trata dos consórcios públicos, estabelece que esses serão constituídos "por contrato cuja celebração dependerá da prévia subscrição de protocolo de intenções". Ademais, prevê que "o contrato de consórcio público será celebrado com a ratificação, mediante lei, do protocolo de intenções". Finalmente, a Lei garante que a retirada do consórcio dependerá de ato formal de seu representante na assembleia geral, na forma previamente disciplinada por lei, sem prejuízo das obrigações já constituídas, cuja extinção dependerá do pagamento das indenizações devidas.

Independentemente do apoio da União, planejamento algum subsistirá a abandonos recorrentes, por parte de municípios, das estruturas de prestação regionalizada, razão pela qual o instrumento de adesão deve representar compromisso forte do Município, e a sua retirada, sem justificativa técnica, deve ser acompanhada de medidas dissuasórias, como pagamento de indenização. Naturalmente, a adoção de tais medidas deverá considerar a condição geral da prestação dos serviços de saneamento na região, particularmente o atendimento aos compromissos firmados e às metas que justificaram o desenho da estrutura criada.

Disponível em: https://stats.oecd.org/index.aspx?DataSetCode=water_treat. Acesso em: 21 dez. 2021).

d) Pode o Estado instituir uma região metropolitana ou microrregião com Município que já tenha serviços de saneamento prestados adequadamente?

De acordo com o Novo Marco, exercem a titularidade dos serviços de saneamento básico: (a) os Municípios e o Distrito Federal, no caso de interesse local; (b) o Estado, em conjunto com os Municípios que compartilham instalações operacionais integrantes de regiões metropolitanas, aglomerações urbanas e microrregiões, instituídas por lei complementar estadual, no caso de interesse comum.

Os serviços de interesse local caracterizam-se nos casos em que as infraestruturas e instalações operacionais atendem a um único Município. Já os serviços de interesse comum caracterizam-se pelo compartilhamento da infraestrutura de abastecimento de água e/ou de esgotamento sanitário entre dois ou mais Municípios, denotando, nos termos do Novo Marco, a necessidade de organizar, planejar, executar e operar os serviços de forma conjunta pelo respectivo Estado e Municípios.

O Novo Marco estabelece que é facultativa a adesão dos titulares dos serviços de interesse local às estruturas de prestação regionalizada. Para regiões metropolitanas, aglomerações urbanas e microrregiões, a adesão é compulsória, nos termos do Estatuto da Metrópole.

Sendo assim, imagine-se um Município que não está interessado na adesão a uma unidade regional, pois os serviços locais de saneamento, com suas instalações próprias, atendem a seus munícipes satisfatoriamente. O Estado poderia instituir uma microrregião com tal Município, sob o pretexto de haver interesse comum?

A resposta a esse questionamento provavelmente se baseará em aspectos de eficiência econômica, princípio fundamental da prestação dos serviços de saneamento (art. 2º, VII, da Lei nº 11.445/2007). Primeiramente, há que se esclarecer que o compartilhamento da infraestrutura de abastecimento de água e de esgotamento sanitário pode ser propositivo, futuro, desde que demonstrada sua viabilidade econômico-financeira. Entendimento contrário vedaria a instituição de novas regiões metropolitanas, aglomerações urbanas ou microrregiões, legitimando apenas as existentes quando da publicação do Novo Marco.

Os estudos que embasam a proposta de regionalização serão capazes de dizer se a inclusão de município com serviços locais de saneamento e instalações próprias contribuirá com a viabilidade econômico-financeira da estrutura regional. A propósito, o Estatuto da Cidade (art. 5º, §1º) prevê que, no processo de elaboração da lei complementar que instituirá tal estrutura, serão explicitados os critérios técnicos adotados para a definição dos municípios integrantes e das funções públicas de interesse comum que justificam a regionalização.

Os estudos deverão, naturalmente, considerar os custos de interligação das instalações locais à infraestrutura regional a ser construída ou de outra solução que se mostre mais econômica. A propósito, caso haja uma concessão vigente no referido Município, há que ser considerada a transição para o novo modelo. Como dito na questão anterior, o término antecipado do contrato demandará lei autorizativa específica e pagamento de indenização à concessionária pelos investimentos que não tiverem sido amortizados ou depreciados (art. 37 da Lei Federal nº 8.987/1995).

Enfim, a decisão decorrente da questão ora em análise não poderá ser tomada sem estudos e planejamento. Não demonstrada a existência de interesse comum, o Judiciário, acaso provocado, poderá desconstituir a inclusão do Município prejudicado na regionalização feita pelo Estado, privilegiando a prestação do serviço local existente.

5 Considerações finais

A prestação regionalizada é um dos temas trazidos pelo Novo Marco que mais gera controvérsias. A diversidade de leis aprovadas ou projetos em tramitação nos Estados revela a dificuldade de implementação das referidas estruturas regionais em um país continental, que possui Unidades Federativas muito diferentes entre si, cada uma com arranjos políticos específicos.

A regionalização demandará entendimento político entre Governador, Prefeito e Casas Legislativas. Ademais, é preciso que, em todos os casos, fique demonstrada a vantagem de regionalizar, à luz da almejada universalização dos serviços de saneamento básico. A propósito, como visto acima, nem sempre a prestação regionalizada se mostrará vantajosa para certos municípios, mesmo com a possibilidade de não terem acesso aos recursos federais previstos para saneamento básico.

De qualquer modo, toda estruturação de regionalização deve ser cuidadosamente planejada, em termos de viabilidade econômico-financeira – considerando ganhos de escala, interligação de redes existentes, subsídio cruzado, contratos vigentes etc. – e de interesse político, especialmente quando se tratar de unidade regional ou bloco de referência, cuja adesão pelos municípios é facultativa. Nesse sentido, Estados que aprovaram leis às pressas, sem os devidos estudos técnicos e entendimento político com os municípios, correm o sério risco de verem que suas estruturas regionais não são sustentáveis e, consequentemente, terão de ser recriadas com outra configuração.

O Novo Marco representou importante mudança no setor de saneamento, completando uma abertura de mercado que estava dificultada pela preferência dada pela legislação à prestação dos serviços pelas Companhias Estaduais, algo que agora já não existe mais. A expectativa é de que, nos próximos anos, haja investimento de centenas de bilhões de reais no setor, especialmente por conta do aumento da participação da iniciativa privada. As recentes concessões de Alagoas, Amapá, Espírito Santo, Mato Grosso do Sul e Rio de Janeiro servem como bom parâmetro dos vultosos investimentos que estão por vir.

Aliás, esses valores – e especialmente os pagos pelas concessionárias a título de outorga – representam, para os municípios, um incentivo muito maior à regionalização do que o acesso a verbas federais. Os números não deixam dúvidas. Em 2021, o orçamento da União[8] previu R$1,53 bilhão para ações de saneamento básico, do qual apenas R$418 milhões haviam sido pagos até o fim do ano. Somente com a concessão do Rio Janeiro, foram arrecadados R$24,89 bilhões a título de outorga.

De qualquer modo, se as metas de universalização previstas no Novo Marco forem atendidas, com as estruturas de prestação regionalizada, esse regramento certamente terá cumprido seu objetivo. Até lá, muitas dúvidas a seu respeito devem surgir, especialmente diante das dificuldades práticas vivenciadas por seus operadores. As quatro questões abordadas neste artigo são apenas um aperitivo das inúmeras controvérsias que aparecerão.

Referências

BRASIL. *Decreto nº 10.588, de 24 de dezembro de 2020*. Dispõe sobre a regularização de operações e o apoio técnico e financeiro de que trata o art. 13 da Lei nº 14.026, de 15 de julho de 2020, e sobre a alocação de recursos públicos federais e os financiamentos com recursos da União ou geridos ou operados por órgãos ou entidades da União de que trata o art. 50 da Lei nº 11.445, de 05 de janeiro de 2007. (Redação dada pelo Decreto nº 11.030, de 2022). Secretaria-Geral. Brasília, DF. Disponível em: http://www.planalto.gov.br/ccivil_03/_ato2019-2022/2020/decreto/D10588.htm. Acesso em: 30 jun. 2022.

---

[8] Não se consideraram os valores de financiamento dos bancos federais, pois suas taxas de juros não diferem muito daquelas praticadas no mercado.

BRASIL. *Lei nº 8.987, de 13 de fevereiro de 1995*. Dispõe sobre o regime de concessão e permissão da prestação de serviços públicos previsto no art. 175 da Constituição Federal, e dá outras providências. Casa Civil. Brasília, DF. Disponível em: http://www.planalto.gov.br/ccivil_03/leis/l8987cons.htm. Acesso em: 30 jun. 2022.

BRASIL. *Lei nº 11.107, de 06 de abril de 2005*. Dispõe sobre normas gerais de contratação de consórcios públicos e dá outras providências. Casa Civil. Brasília, DF. Disponível em: http://www.planalto.gov.br/ccivil_03/_ato2004-2006/2005/lei/l11107.htm. Acesso em: 30 jun. 2022.

BRASIL. *Lei nº 11.445, de 05 de janeiro de 2007*. Estabelece as diretrizes nacionais para o saneamento básico; cria o Comitê Interministerial de Saneamento Básico; altera as Leis nºs 6.766, de 19 de dezembro de 1979, 8.666, de 21 de junho de 1993, e 8.987, de 13 de fevereiro de 1995; e revoga a Lei nº 6.528, de 11 de maio de 1978. (Redação pela Lei nº 14.026, de 2020). Casa Civil. Brasília, DF. Disponível em: http://www.planalto.gov.br/ccivil_03/_ato2007-2010/2007/lei/l11445.htm. Acesso em: 30 jun. 2022.

BRASIL. *Lei nº 13.089, de 12 de janeiro de 2015*. Institui o Estatuto da Metrópole, altera a Lei nº 10.257, de 10 de julho de 2001, e dá outras providências. Secretaria-Geral. Brasília, DF. Disponível em: http://www.planalto.gov.br/ccivil_03/_ato2015-2018/2015/lei/l13089.htm. Acesso em: 30 jun. 2022.

BRASIL. *Lei nº 14.026, de 15 de julho de 2020*. Atualiza o marco legal do saneamento básico e altera a Lei nº 9.984, de 17 de julho de 2000, para atribuir à Agência Nacional de Águas e Saneamento Básico (ANA) competência para editar normas de referência sobre o serviço de saneamento, a Lei nº 10.768, de 19 de novembro de 2003, para alterar o nome e as atribuições do cargo de Especialista em Recursos Hídricos, a Lei nº 11.107, de 06 de abril de 2005, para vedar a prestação por contrato de programa dos serviços públicos de que trata o art. 175 da Constituição Federal, a Lei nº 11.445, de 5 de janeiro de 2007, para aprimorar as condições estruturais do saneamento básico no País, a Lei nº 12.305, de 02 de agosto de 2010, para tratar dos prazos para a disposição final ambientalmente adequada dos rejeitos, a Lei nº 13.089, de 12 de janeiro de 2015 (Estatuto da Metrópole), para estender seu âmbito de aplicação às microrregiões, e a Lei nº 13.529, de 04 de dezembro de 2017, para autorizar a União a participar de fundo com a finalidade exclusiva de financiar serviços técnicos especializados. Secretaria-Geral. Brasília, DF. Disponível em: http://www.planalto.gov.br/ccivil_03/_ato2019-2022/2020/lei/l14026.htm. Acesso em: 30 jun. 2022.

Wastewater treatment (% population connected). *OECD – Organisation For Economic Co-Operation and Development*. Disponível em: https://stats.oecd.org/index.aspx?DataSetCode=water_treat. Acesso em: 21 dez. 2021.

Informação bibliográfica deste texto, conforme a NBR 6023:2018 da Associação Brasileira de Normas Técnicas (ABNT):

TRINDADE, Karla Bertocco; MITIDIERI, Marcos D'Avino. Dúvidas ainda não respondidas sobre a prestação regionalizada dos serviços de Saneamento Básico. *In*: FAJARDO, Gabriel; COHEN, Isadora; CARELLI, Carolina (coord.). *Infracast*: Concessões, Parcerias Público-Privadas e Privatizações. Belo Horizonte: Fórum, 2022. p. 223-238. ISBN 978-65-5518-428-0.

FATORES CRÍTICOS PARA O ÊXITO DO EMPREENDIMENTO FERROVIÁRIO: O CASO DA MALHA PAULISTA

GUILHERME PENIN[1]

1 Introdução

O setor ferroviário tem sido, na última década, objeto de intenso debate nos meios da regulação econômica, no meio jurídico e no ambiente institucional do país. Em anos mais recentes, tem inclusive chegado às páginas e telas dos jornais de cobertura mais ampla, ainda que de forma discreta.

Na segunda metade da década de 2000, as atenções dos meios de grande circulação estiveram voltadas para o setor aéreo – em meio ao chamado "apagão aéreo", resultante de um aumento sustentado da demanda durante anos,[2] desacompanhado de elevação proporcional da oferta de infraestrutura. Os processos continuados – e continuamente aperfeiçoados – de concessão de aeroportos e a consequente elevação da oferta de infraestrutura de qualidade, conjugados com a reversão do cenário de demanda, aos poucos dissiparam a atenção midiática dedicada ao setor.

---

[1] Agradeço a Danilo Veras e Samuel Rudek, pelas contribuições, revisões e por serem grandes parceiros de jornada no setor de infraestrutura. E ao Infracast, à Isadora e ao Fernando, pela oportunidade de fazer parte do projeto deste livro.

[2] Entre 2004 e 2011, o número de passageiros embarcados no Brasil saltou da casa de 40 mil pax/ano para o patamar de 110 mil pax/ano (BRASIL. Agência Nacional de Aviação Civil. ANACPedia. Disponível em: https://www2.anac.gov.br/anacpedia/por_por/tr_idx84.htm. Acesso em: 20 mar. 2020).

Gráfico 1 – Passageiros Embarcados no Transporte Aéreo

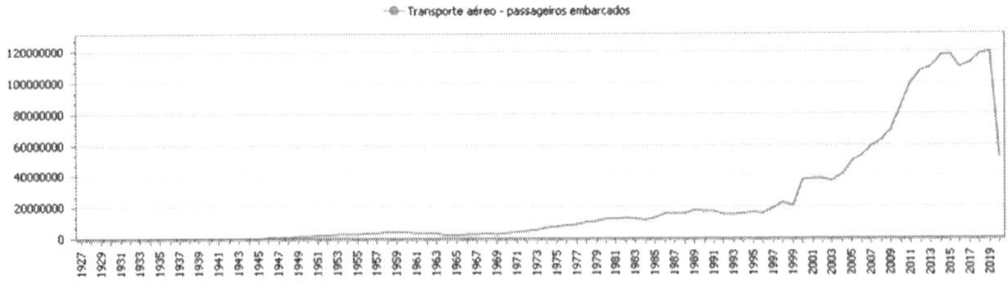

Fonte: Ipeadata.

Já no início da década de 2010, os olhos voltaram-se para o setor portuário, em decorrência da combinação entre rigidez de oferta de capacidade – resultante do fim do ciclo de investimentos do programa de arrendamentos promovido na sequência da Lei nº 8.630/1993 – e elevação da demanda, impulsionada pelo ciclo de commodities, no caso dos terminais graneleiros, e pelo crescimento sustentado do PIB entre 2004 e 2011,[3] no caso dos terminais de carga geral. As imagens das filas de caminhões competindo com turistas na descida da serra rumo ao litoral paulista no verão haviam se tornado habituais nos telejornais.

O intenso debate esteve centrado na forma de se promover o aumento da oferta de infraestrutura no setor – além de outras questões laterais, que tiveram o eco desproporcional característico do processo legislativo e do jogo de interesses econômicos naturalmente suscitados por ele.

Ao fim, o resultado – cristalizado pela Lei nº 12.815/2013 – foi a implantação de um programa que compreendia três vetores principais: (i) a renovação antecipada dos contratos de arrendamento portuário oriundos dos anos 90, cujo primeiro período de até 25 anos de duração estava em sua maioria encerrando-se entre 2020 e 2023, mediante a promoção imediata de novos investimentos; (ii) a licitação de novos terminais em áreas *greenfield* ou de *brownfields* com contrato expirado; e (iii) a flexibilização das regras – que haviam se tornado mais severas por ocasião do Decreto nº 6.620/2008 – para a outorga de autorizações à implantação de Terminais de Uso Privado, sob o regime de direto privado, desde que fora da jurisdição das poligonais dos Portos Organizados e

---

[3] Exceto 2008. BRASIL. *Ipeadata*. Disponível em: http://www.ipeadata.gov.br/exibeserie. aspx?serid=38414. Acesso em: 03 jul. 2022.

em áreas pertencentes ao empreendedor privado.[4] Transcorridos dez anos da implantação do programa, pode-se afirmar que, em maior ou menor grau, as três frentes apresentaram resultados positivos o suficiente para que o setor deixasse de ocupar o centro do debate e atrair as atenções dos meios de comunicação – ainda que boa parte do programa esteja em fase de implantação até os dias de hoje. Os portos do país não encabeçam mais as listas de "gargalos" ao desenvolvimento de nossa economia.

Uma hipótese para que as ferrovias tenham tardado mais, nas últimas décadas, para ocupar o centro do debate público pode estar no fato de que, diferentemente dos aeroportos, que concentram boa parte da mobilidade de pessoas em longas distâncias e a quase totalidade do fluxo internacional de passageiros, ou dos portos, que concentram mais de 96% do comércio exterior do país, elas tenham um substituto que as eclipsa: as rodovias. Para boa parte dos fluxos de bens, notadamente para a maioria do mercado interno, as rodovias têm sido protagonistas naturais nas últimas décadas.

O Brasil é um país costeiro. Cerca de 70% da população brasileira vive na faixa situada a até 200 km do litoral,[5] de forma que boa parte do

---

[4] O setor portuário, à diferença do setor ferroviário objeto central do artigo, não é, via de regra, um monopólio natural clássico, tema que será discutido na Seção 3. Existem, claramente, diferentes tipos de terminais, de acordo com as cargas movimentadas, com a escala mínima de produção, com a hinterlândia à qual pertencem, dentre outros fatores. Um dos objetivos do programa de arrendamentos portuários (PAP), criado em 2013, foi justamente prover os terminais arrendados de escala mínima de produção (foram, por exemplo, adensadas áreas para formar terminais maiores dentro de portos públicos) de forma que pudessem competir com os Terminais de Uso Privado. A restrição à instalação desses últimos dentro dos Portos Organizados tinha como objetivo, por sua vez, impedir que usufruíssem dos benefícios dos investimentos públicos em canais de acesso, infraestrutura de acesso terrestre etc. Em outras palavras, diferentemente do que pode levar a crer uma análise superficial, foram tomadas medidas de resguardo para que a liberação da instalação de terminais em regra distinta do arrendamento de fato promovesse a atração de investimentos para o setor e não a redução desses, não havendo escala mínima que permitisse a viabilidade de diversos terminais. Ainda assim, mesmo depois de quase uma década de vigência do novo marco, é um debate latente no setor a necessidade de melhorar as condições competitivas dos terminais arrendados, notadamente através da agenda de melhoria da regulação e da concessão das autoridades portuárias à iniciativa privada. A partir da reforma portuária do início da década de 2010, houve investimentos importantes tanto dentro quanto fora dos Portos Organizados. Não se pode perder de vista, no entanto, que em setores de monopólio natural clássico – o que não é o caso do setor de portos – a criação de regime de exploração distinto e sem regras robustas e conhecidas de antemão para o reequilíbrio de contratos, melhorias concretas na regulação e regras que diferenciem empreendimentos públicos de privados, de forma que esses não se beneficiem de bens públicos (exemplo: TUPs apenas fora das poligonais e em terrenos privados) certamente terá como resultado a redução e não a ampliação dos investimentos no setor.

[5] Instituto Brasileiro de Geografia e Estatística (IBGE), 2014.

consumo, da indústria de transformação e dos serviços também se concentram nessa faixa, ou seja, os grandes fluxos de cargas gerais entre os portos e os mercados consumidores, tanto no sentido importação como no sentido exportação, são fluxos de curtas distâncias, para as quais as rodovias – a depender evidentemente de sua qualidade – são naturalmente mais competitivas, em função do número menor de transbordos. Não à toa os grandes *hubs* de contêineres do país estão na hinterlândia das cidades que concentram os maiores mercados consumidores e os maiores parques industriais do país.[6] Quaisquer projetos – e de tempos em tempos invariavelmente surgem – que prometam *"ferroviarizar"* tais fluxos partem do diagnóstico econômico errado ou ocultam subsídios cruzados que dão viabilidade econômica a rotas ferroviárias intrinsecamente não competitivas.

Limpando-se o entulho da sala – ainda que pareça impossível removê-lo por completo – há um debate de fato relevante para o setor ferroviário, que ganhou fôlego a partir de meados da década de 2010 e intensificou-se em anos recentes: como fazer com que as cargas potencialmente ferroviáveis do país – aquelas cujo volume e distância justificam economicamente que sejam transportadas por ferrovias – de fato subam nas ferrovias. Ou, olhando pelo lado da oferta de infraestrutura ferroviária: como dotar o país de ferrovias aptas a transportar tais cargas.

A emergência desse debate decorre da combinação de dois fenômenos: (i) o avanço e a concentração da produção agrícola do país em regiões cada vez mais distantes dos portos; e (ii) o absoluto insucesso das políticas públicas do país em promover soluções que lograssem permitir às ferrovias acompanhar a migração das cargas, ou, dito de outra forma, o fracasso de virtualmente todas as experiências ferroviárias desverticalizadas do país.

O presente artigo aborda esses dois elementos, que constituem o diagnóstico fundamental para o entendimento dos desafios atuais do setor ferroviário. Na Seção 2, far-se-á – utilizando-se do benefício da simplicidade e sem qualquer ambição de rigor metodológico – uma simples e objetiva proposta de taxonomia para os fatores críticos de

---

[6] São os casos do TECON Rio Grande e da região metropolitana de Porto Alegre; do TCP em Paranaguá e da região metropolitana de Curitiba; de todo o complexo portuário santista (notadamente Santos Brasil, BTP e DPW) com a capital paulista, ABC, Vale do Paraíba e região metropolitana de Campinas; Multiterminais no porto do Rio de Janeiro; TECON Salvador, na capital baiana; e o terminal de contêineres do Porto de Suape em relação ao Recife.

sucesso de empreendimentos ferroviários, a partir da análise da experiência histórica do país.

Assentadas essas bases, na seção seguinte será feito breve apanhado das políticas públicas empreendidas – ou concebidas – nos últimos anos e sua aderência, em maior ou menor grau, à taxonomia posta.

Como ficará patente na Seção 3, dentre os setores de infraestrutura, o ferroviário é aquele que teve menor continuidade nas políticas públicas na última década. Enquanto – para aproveitar os elementos discutidos nesta introdução – as concessões aeroportuárias foram concebidas na virada da década de 2000/2010 e vem sendo desde então aperfeiçoadas, não tendo havido retrocessos em sua implementação, e o modelo de três vetores do setor portuário vem sendo implantado continuamente desde a Lei nº 12.815/2013 por sucessivos governos, no setor ferroviário foi diferente. A possível exceção talvez tenha sido a política de renovação antecipada de contratos de concessão dos anos 1990 que, inspirada no êxito do que vinha sendo experimentado no setor portuário, recebeu, ainda que tardiamente, atenção por parte dos três últimos governos e, não tendo havido descontinuidade, logrou resultados importantes.

O propósito mais central deste artigo – Seção 4 – será demonstrar porque o processo de renovação antecipada do contrato de concessão da Malha Paulista é transformacional para o setor de infraestrutura. Cabe dizer: é a política pública mais assertiva em termos de tratamento do diagnóstico que se pode fazer do setor ferroviário.

A Seção 5 apresentará uma breve conclusão.

2 Fatores críticos de sucesso para o empreendimento ferroviário

Antes de adentrarmos no objeto central deste artigo – a análise dos projetos atuais, em particular da Malha Paulista de ferrovias, à luz do comportamento recente da dinâmica de produção das cargas ferroviáveis – convém remontar muito brevemente à história das ferrovias no Brasil. A valia de tal exercício está em nos darmos conta de que, apesar de o diagnóstico e solução dos problemas atuais serem relativamente evidentes, somos reincidentes como país em repetir diagnósticos (e tratamentos) equivocados do passado.

Tanto a literatura setorial quanto o senso comum, ao serem defrontados com a questão da estagnação do desenvolvimento da malha ferroviária brasileira, apontam – de forma correta – para um fato: a "opção rodoviária", cristalizada na famosa frase atribuída ao presidente Washington Luis, "governar é abrir estradas". O dito declínio do setor ferroviário no país remonta, portanto, há praticamente um século.

Um olhar para as razões desse temporalmente remoto declínio e para a trajetória de estagnação que se seguiu, bem como para o soerguimento que precedeu o declínio, certamente são de grande valia para a análise dos projetos no presente.

A malha ferroviária brasileira cresceu de forma sustentada entre meados do século XIX e a década de 1930, com base em modelo de gestão em sua maioria privado, sob garantias estatais não apenas de fiança, mas de rentabilidade.[7] O que os dados disponíveis nos permitem verificar – ainda que deva ser feita uma ressalva a respeito de sua precisão – é que não apenas houve expansão da malha, como também, a despeito do modelo de subsídio estatal nessa primeira fase, a operação do conjunto das ferrovias – e essa agregação é especialmente relevante – era economicamente viável, de maneira que as receitas superavam as despesas.

---

[7] Em que pese a experiência de crescimento espasmódico testemunhável pela própria organização jurídica do setor, a qual tratava individualmente de cada projeto, é notória a plasticidade das regras autorizativas para a construção ferroviária, o que denota ação afirmativa do Estado no sentido de promover o desenvolvimento ferroviário. Há certo consenso acadêmico de que no período anterior a 1930 a expansão ferroviária se deu por conta do suporte institucional e financeiro estatal. Nesse sentido, DUNCAN, Julian S. *Public and Private Operation of Railways in Brazil*. New York: Columbia University Press, 1932. p. 19; MATOS, Odilon Nogueira de. *Café e ferrovias*: a evolução ferroviária de São Paulo e o desenvolvimento da cultura cafeeira. 4. ed. Campinas: Pontes, 1990. p. 59-75; SUMMERHILL, William R. Market intervention in a backward economy: railway subsidy in Brazil, 1854-1913. *Economic History Review*, LI, n. 3. p. 542-544. 1998.; ALDRIGHI, Dante Mendes, SAES, Flávio A. M. de. Financing pioneering railways in São Paulo: the idiossyncratic case of the Estrada de Ferro Sorocabana (1872-1919). *Estudos Econômicos*, São Paulo, n. 35, p. 136, ., jan./mar. 2005,; CUÉLLAR, Domingo; OLIVEIRA, Eduardo Romero de; CORREA, Lucas Mariani. Una aproximación a la historia del ferrocarril en Brasil (1850-1950): legislación, empresas y capitales britânicos. *Asociación Española de Historia Económica*, Documentos de Trabajo (DT-AEHE), n. 1602, fev. 2016; PINHEIRO, Armando Castelar; RIBEIRO, Leonardo Coelho. *Regulação das Ferrovias*. Rio de Janeiro: Editora FGV, IBRE, 2017. p. 3-21.

Tabela 1 – Receitas e Despesas das Ferrovias 1860-1883

	Receitas (mil reis / mil)	Despesas (mil reis / mil)	Δ (Receita - Despesa)
1860	1.773	1.224	549
1861	2.171	1.512	659
1862	2.104	1.815	289
1863	2.247	2.107	140
1864	2.505	2.162	343
1865	3.356	2.293	1.063
1866	3.603	2.146	1.457
1867	6.615	2.857	3.758
1868	6.318	3.248	3.070
1869	8.231	3.985	4.246
1870	8.143	3.837	4.306
1871	9.722	4.380	5.342
1872	9.873	5.644	4.229
1873	11.946	6.237	5.709
1874	14.453	6.737	7.716
1875	15.986	8.085	7.901
1876	16.504	9.078	7.426
1877	19.861	11.075	8.786
1878	23.632	12.229	11.403
1879	26.041	12.665	13.376
1880	26.467	13.707	12.760
1881	31.911	16.463	15.448
1882	32.122	17.959	14.163
1883	22.882	18.704	4.178

Fonte: IBGE.

Antes de analisarmos as razões da reversão no cenário de prosperidade do setor, que se daria a partir da virada dos anos 1920 para 1930, convém observar as razões e consequências do surgimento do ciclo de prosperidade. O arranjo de financiamento e garantias públicas – inclusive com subvenções quilométricas, que criaram estrutura de incentivo perversa ao aumento das distâncias de traçados para fazer jus ao maior montante de recursos públicos, dentre outros instrumentos equivocados de política pública – certamente tiveram papel relevante na expansão do período. No entanto, há certamente outros dois elementos estruturantes que tiveram papel decisivo no processo. O primeiro deles é a ausência de alternativas eficientes de transporte à utilização das ferrovias, quadro que só viria a ser alterado a partir do início do investimento público pesado em rodovias, em meados dos anos 20. E o segundo – e principal – deles é uma variável singela que, surpreendentemente, é relegada a segundo plano em boa parte das análises setoriais: a carga.

Gráfico 2 – Exportações de Café em Grãos – Libras Esterlinas mi

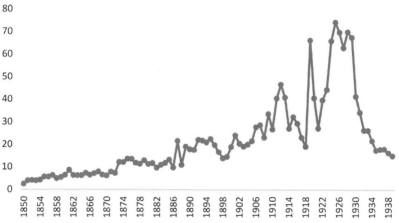

Fonte: Ipeadata.

O valor das exportações brasileiras de café em grãos saltou da casa de 2,5 milhões de libras esterlinas no início da década de 1850 para a casa de 10 milhões no início dos anos 1870 e 20 milhões entre 1890 e o início do século XX. Em 1911, alcançou o montante de 40 milhões de libras e chegou à casa de 70 milhões de libras esterlinas entre 1925 e 1929. A variável sofreu – em função, sobretudo de fatores exógenos, como os efeitos da Primeira Guerra Mundial, adversidades climáticas com quebras de safra etc – alguma volatilidade em anos da série, mas pode-se dizer que, entre meados do século XIX e o final da década de 1920, o valor das exportações brasileiras de café cresceu quase que monotonicamente, colocando-se, portanto, a pergunta, no que concerne à nossa temática, de como se deu o transporte de referidas cargas entre a lavoura e o porto.

As razões para a crise da economia cafeeira são sobejamente conhecidas e discutidas – crise do Encilhamento, quebra da Bolsa de Nova Iorque em 1929 e o subsequente colapso na economia mundial, acontecimentos que não são objeto do presente texto. O fato é que, já a partir de 1935, o valor das exportações brasileiras de café recuara para menos de 20 milhões de libras/ano, retrocedendo quarenta anos, a patamares do final do século XIX.

Tanto a ascensão sustentada da empresa cafeeira do interior paulista quanto sua rápida derrocada são responsáveis diretos pelo êxito das ferrovias brasileiras entre a segunda metade do século XIX e o final da década de 1920 e pela decadência do modal no país a partir de 1930, respectivamente. Apesar de, conforme apontado anteriormente, o conjunto das receitas das ferrovias terem superado o agregado das despesas no período mais próspero do sistema, o atendimento ferroviário à lavoura cafeeira era as rotas rentáveis e economicamente viáveis da malha, que, mesmo em sua melhor época, tinha diversos trechos e rotas antieconômicos. Tais rotas, além dos subsídios mencionados, passaram por diversas consolidações e estatizações, não apenas após 1930, como se verá na Seção 3, mas ainda no período do "auge" das ferrovias. De acordo com Topik (1987),[8] "quando a monarquia acabou, em 1889, o governo imperial era proprietário e operador de 3.200 quilômetros de linhas – 34% do total do país – e detinha interesses substanciais em grandes empresas ferroviárias privadas". E os governos locais também eram proprietários de parte da malha.

Tem-se, portanto, que não foi a "opção rodoviária" a responsável exclusiva pela crise do setor ferroviário. A própria dinâmica da carga somou-se à opção de política pública. Desde a política de queima de parte da safra, para manter o preço internacional do produto, tem início a redução brusca das exportações de café que se veria a partir dos primeiros anos da década de 1930.

Para fins de analisarmos o presente, portanto, o que se deve ter em conta a partir da experiência histórica são dois fatores:

---

[8] TOPIK, Steven. *The political economy of the Brazilian State, 1889-1930*. Texas: University of Texas Press, Reprint 1987. p. 112.

(i) As alternativas logísticas de fato têm importância decisiva para a prosperidade de uma ferrovia. Para uma mesma distância, como aquela que separava a lavoura cafeeira do Porto de Santos, a ferrovia poderia ser viável na ausência de boas rodovias e inviável na presença dessas;

(ii) A carga importa. A existência de linhas de longa distância e capilaridade e conectadas aos portos não representa condição suficiente para a sustentabilidade do modal. Grandes volumes são uma condição necessária. Para um país como o Brasil, costeiro, sem grandes concentrações urbanas distantes da costa e exportador de commodities, a viabilidade da linha férrea está intimamente ligada ao comportamento e à localização das commodities exportadas.

É possível concluir, portanto, que uma ferrovia não é ou deixa de ser viável por natureza. É justamente a combinação dos dois fatores acima – principalmente – que determina o êxito ou não do empreendimento.

É evidente que algumas condições de contorno também são especialmente importantes, dentre as quais: (i) o custo de capital (em um dos setores mais intensivos em CAPEX da economia); (ii) o custo dos insumos (especialmente sensível a câmbio); (iii) a volatilidade de demanda (não basta a abundância da carga, um nível mínimo de estabilidade é essencial, para que a ferrovia não trabalhe com níveis de ociosidade impraticáveis em vales prolongados de safra, o que pode ocorrer por fatores climáticos, preço internacional das commodities ou excessivo poder de mercado dos comercializadores); (iv) a própria qualidade da gestão da companhia ferroviária; (v) e, um fator essencial, que será discutido nas seções II e III, a qualidade das regras e da regulação setorial e sua estabilidade.

Muito recentemente, outra questão emergiu em função da pandemia de COVID-19, que assola o mundo. Refere-se à estabilidade e continuidade das cadeias globais de suprimentos e às restrições aos trabalhos de campo impostas pelos cuidados sanitários. Por ser um evento absolutamente atípico, que pode levar gerações para se repetir (ao menos assim espera-se), por óbvio não faz sentido elencá-lo dentre os fatores críticos para o êxito da empreitada ferroviária. No entanto, o tratamento dado em contratos públicos para eventos extraordinários dessa natureza pode ser enquadrado no fator de qualidade das regras e estabilidade da regulação setorial, fator essencial de sucesso.

Outra variável cuja relevância impele menção – e que será explorada na Seção 4 – é o que se pode chamar de "complexidade do ativo", ou seja, seu traçado, o relevo, a quantidade de rios a serem transpostos, a quantidade de núcleos urbanos adensados a serem atravessados etc. Tais fatores influem decisivamente não apenas no CAPEX de implantação, como também no recorrente e no OPEX de manutenção, influindo de forma importante na sustentabilidade do empreendimento no longo prazo. A título exemplificativo, a limitação dos tamanhos de composição em função de raios de curva ou de rampa pode restringir os ganhos de produtividade do ativo – e, no limite, torná-lo antieconômico – a partir de certo nível de escala de produção decorrente da elevação dos volumes. Limitações de velocidade ou de horários de circulação e grande número de acidentes, em função da transposição de numerosos núcleos urbanos que surjam ao longo dos tempos no entorno da ferrovia, podem se tornar um fator de pressão de OPEX relevante.

Assim sendo, ainda que os dois fatores críticos essenciais – competitividade frente às alternativas logísticas e demanda com escala ferroviável em termos de volume e distância – estejam presentes, existe ainda um conjunto importante de variáveis que podem vir a comprometer o êxito de um empreendimento ferroviário.

Tabela 2 – Taxonomia – Fatores de sucesso no setor ferroviário brasileiro

Fator Crítico de Sucesso	Foco em longas distâncias ferroviárias
	Foco em grandes volumes e economias de escala
	Ausência de subsídios a modais alternativos
Fatores complementares de sucesso	Custo de capital que possibilite investimentos de grande envergadura
	Custo dos insumos
	Estabilidade da demanda
	Qualidade da gestão
	Qualidade e estabilidade da regulação setorial
	Complexidade dos ativos

Fonte: Elaboração própria.

Grosso modo, portanto, boas políticas públicas são aquelas que, uma vez que um empreendimento "teste positivo" para os dois fatores críticos essenciais, mobilizam esforços para mitigar possíveis danos gerados pelos demais ofensores mencionados, dentre outros. O tratamento do caso da Malha Paulista, na Seção III, irá abordar tais aspectos.

Convém avaliar ainda o custo de oportunidade das referidas políticas públicas. Dito de outra maneira: se o esforço, em termos de dispêndio de recursos financeiros e humanos, mobilização etc, é suficientemente recompensado por um montante de prosperidade que supere tais custos, ou se teria sido mais interessante para a sociedade mobilizar tais recursos em prol de outras iniciativas.

No caso das ferrovias do ciclo do café, aferição neste sentido foi empreendida por Summerhill (2003)[9] que, por meio de exercício econométrico, estimou que a contribuição das ferrovias para o crescimento do PIB do país foi de algo entre 7% e 25%, entre meados do século XIX e 1913. E que as "perdas" causadas pelas ferrovias são consideravelmente menores do que seus "ganhos".

Aponta ainda que a escala de produção do café no oeste paulista, ao permitir a sustentabilidade da ferrovia, foi um vetor decisivo para o desenvolvimento de outros setores da economia. Nas palavras de Ribeiro e Pinheiro (2017, p. 19):[10]

> Mesmo que as ferrovias tenham possibilitado a produção para exportação de café no oeste paulista, seu principal efeito foi conectar domesticamente os mercados internos anteriormente isolados. Essa nova conexão levou ao surgimento de um mercado consumidor que possibilitou manufaturas e indústrias a atingirem a escala necessária para operarem. (...)
> O custo de transportar bens por terra era extremamente elevado e sempre foi uma restrição ao crescimento do país. Com a construção das ferrovias, houve uma redução desses custos. O montante de recursos economizados e que eram previamente gastos com transporte foi direcionado para outras áreas da economia, o que impactou e modificou a estrutura econômica por diversos canais. Ainda mais importante, essas mudanças estruturais possibilitaram um crescimento mais robusto.

---

[9] SUMMERHILL, W. *Order against progress*: government, foreign investment, and railroads in Brazil, 1854-1913. Redwood: Stanford University Press, 2003.
[10] PINHEIRO, Armando Castelar; RIBEIRO, Leonardo Coelho. *Regulação das Ferrovias*. Rio de Janeiro: Editora FGV, IBRE, 2017. p. 3-21.

Certamente, sem o café, a *commodity* de grande volume que possibilitou que os fatores críticos de sucesso – e boa parte dos demais fatores – estivessem presentes, a utilização da via para outras cargas e a promoção do desenvolvimento daí decorrente não ocorreriam.

Os dois fatores críticos de sucesso combinados (distância e volume) permitem a construção e manutenção de linha de alta eficiência. De forma geral, a ferrovia, como se verá na Seção 3, caracteriza-se por elevados custos fixos e custo marginal comparativamente pequeno: ao viabilizar a construção de linha de alta capacidade, o granel – que antes era representado pelo café – possibilita que cargas de menor volume tenham a missão de apenas remunerar o custo variável para se viabilizarem na ferrovia. E que tal custo variável tenda a ser menor, em função da eficiência da linha, que permite maior eficiência energética – ou seja, menor consumo de diesel por tonelada movimentada –, menor tempo de viagem etc. Em outras palavras, o granel ferroviariza outras cargas. Sem a presença da carga âncora, as demais cargas nunca teriam a possibilidade de contar com o atendimento ferroviário, pois o custo unitário seria certamente maior do que a receita.

Chegando-se aos dias atuais, conforme ver-se-á na Seção 4, a escala permitida pelas commodities atualmente movimentadas pela Malha Paulista tem efeito similar para o desenvolvimento do interior do Brasil (em particular do centro-oeste), ao desempenhado pelo café no desenvolvimento industrial e econômico do estado de São Paulo no final do século XIX e início do século XX. Nesse sentido, garantir o êxito do empreendimento deveria ser uma prioridade de política pública.

Quais seriam então, nos dias atuais, as rotas ferroviárias que atenderiam aos dois fatores críticos de sucesso de um empreendimento ferroviário? Iniciando pela ótica da carga, a produção de milho dobrou no Brasil em dez anos. Em 2009, foram produzidas 50,7 milhões de toneladas do cereal. Uma década depois, no exercício 2019, a produção foi de 101,1 milhões de toneladas.

Gráfico 3 – Produção de Milho no Brasil (mi ton)

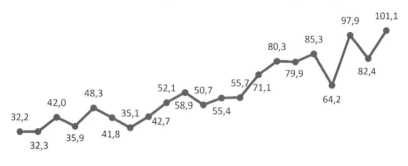

Fonte: IBGE/PAM.

O crescimento nos últimos 20 anos foi, portanto, consistente, em que pesem oscilações pontuais, como aquela provocada pela quebra da safra em 2016. O crescimento da produção entre 1999 e 2019 foi de 214%.

Processo rigorosamente idêntico se deu em relação à produção da soja: em 2009, foram produzidas 57,3 milhões de toneladas e, em 2019, 114,3 milhões. Comparando-se 1999 com 2019, tem-se um crescimento de 269%.

Gráfico 4 – Produção de Soja (mi ton)

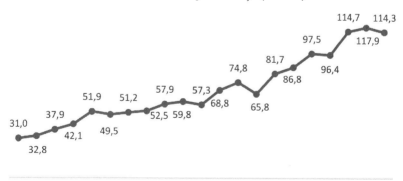

Fonte: IBGE/PAM.

Na mesma direção, mas em sentido contrário, a importação de fertilizantes, insumo essencial para a produção de soja e milho, quintuplicou entre 1999 e 2020, chegando a 32,9 milhões de toneladas neste último ano, ante apenas 7,1 milhões de toneladas no início da série.

Gráfico 5 – Importação de Fertilizantes no Brasil (mi ton)

Fonte: IBGE/PAM.

Do ponto de vista dos volumes, portanto, resta claro que o comportamento das cargas é consistente para satisfazer a premissa de atender ao fator crítico de sucesso da ferrovia.

Passa-se então à análise da dimensão geográfica.

Em meados dos anos 1980, os maiores estados produtores de milho do país eram os Estados do Sul, notadamente o Rio Grande do Sul e o Paraná. A produção do restante do país era fracionada entre estados como São Paulo e Minas Gerais e o cultivo estava iniciando nos estados do Centro-Oeste. A partir dos anos 1990, a participação relativa dos Estados do Mato Grosso do Sul, Goiás e Mato Grosso começou a avançar de forma acentuada – e Estados como a Bahia e Tocantins começaram a despontar no horizonte. No início dos anos 2000, a produção do Mato Grosso já estava em patamar similar à do Paraná, então maior produtor brasileiro, e viria a assumir a liderança nacional a partir do final daquela década, para se consolidar como a grande potência da produção de grãos brasileira.

Os Estados de Goiás e Mato Grosso do Sul também apresentaram crescimento robusto, de forma que o centro de massa da produção nacional, que no início dos anos 1980 encontrava-se na fronteira de Santa Catarina com o Rio Grande do Sul, no extremo sul do país, subiu numa vertical, tamanho foi o avanço da produção rumo à região centro-oeste do país. Na segunda metade dos anos 2010, o centro de massa da produção já se encontrava entre Goiás e Mato Grosso.

A distância que separa o Mato Grosso do Porto de Santos, o maior do país, é de mais de 1500 km, de forma que a distância ferroviária entre a carga e o porto tornou-se claramente favorável do ponto de vista dos fatores críticos de sucesso do empreendimento ferroviário.

Mapa 1 – Produção de Milho no Brasil

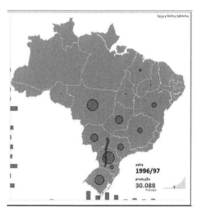

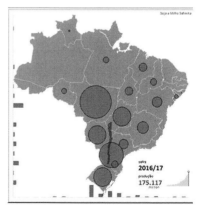

Fonte: Elaboração própria.

3 Trajetória das políticas públicas para o setor ferroviário

Conforme dito na Seção 2, ainda que o conjunto das receitas tenha superado o conjunto das despesas do setor ao longo do período do auge da ferrovia, havia inúmeras rotas e trechos deficitários. Enquanto, no caso das ferrovias do café – aquelas que em sua maioria eram superavitárias – os empreendedores privados chegaram a abrir mão da "garantia de juros" oferecida pelo Governo Federal para não se verem obrigados a ter de compartilhar o excedente de rentabilidade, em outros trechos o governo teve de honrar o compromisso de cobrir os déficits operacionais das companhias ferroviárias privadas. Há relatos de que, ainda no início do século XIX, as tais "garantias de juros" chegaram a custar à União um terço do orçamento público, o que levou o governo a optar pela estatização das ferrovias e a contração de financiamentos, sendo o custo das dívidas inferiores aos "juros" devidos às companhias ferroviárias.

Como consequência desse processo, chegou-se ao ano de 1914 – antes, portanto, da crise do café, da quebra da Bolsa de Nova Iorque e da consolidação da opção pelo rodoviarismo – com 53% das ferrovias sendo detidas pelo governo federal e outros 8% pelos governos estaduais, perfazendo, portanto, mais de 60% da malha nacional em mãos do Estado.

O subsídio público a rotas antieconômicas já estava presente, portanto, desde a época.

De aí por diante, o caminho da estatização só se aprofundou. Com a reversão dos fatores críticos de sucesso a partir do início dos anos 1930, conforme discutido na seção anterior, o sistema tornou-se majoritariamente deficitário. A isto somou-se uma reversão de visão de política pública, característica do nacionalismo da Era Vargas, com: (i) a intensificação da visão estadista não só para o setor, mas para amplos segmentos da economia; (ii) direcionamento maciço de recursos públicos para o setor rodoviário; (iii) diversos mecanismos de restrição à presença e gestão estrangeira nos negócios ferroviários; (iv) interrupção das políticas de garantia de rentabilidade por parte do estado ao investidor ferroviário privado; e (v) foco das políticas públicas no incentivo à industrialização e ao setor mineral e siderúrgico, como forma de impulso à indústria.

O resultado foi o aprofundamento dos déficits operacionais e financeiros das ferrovias, já quase em sua totalidade estatais e relegadas a segundo plano na partição de recursos públicos.

Como consequência – e paradoxalmente para tentar reverter – do quadro de decadência do sistema ferroviário, em 1957, foi criada a Rede Ferroviária Federal S.A. (RFFSA), *holding* que incorporou todas as ferrovias da União ou que viessem a ser por essa encampadas.

O caso do minério de ferro

No campo econômico, a Era Vargas foi marcada, dentre outros aspectos, por nacionalismo e centralização, que se traduziram em movimentos como a encampação de ativos – inclusive pertencentes a estrangeiros – pelo Estado e a estruturação de diversas empresas estatais que viriam a ser, nas décadas seguintes, peças centrais do arranjo econômico do país.

Houve também – e isso tem relação com a predileção do varguismo pelo modelo centrado na industrialização e também com a emergência da Segunda Guerra Mundial – o foco especial em determinados setores, tais como petróleo e siderurgia.

O início do negócio do minério de ferro remonta, no entanto, ao período imediatamente anterior à emergência de Vargas ao poder.

Percival Farquhar foi um grande empreendedor norte-americano do final do século XIX e o início do século XX, que estruturou negócios, em sua maioria relacionados a setores de infraestrutura, em diversas partes do mundo, sobretudo na Europa Central e na América Latina, além dos EUA. Dentre seus principais negócios estiveram companhias elétricas e ferroviárias na Guatemala, Cuba e Paraguai, negócios ferroviários e de mineração na Rússia e inúmeros empreendimentos no Brasil. Tendo sido um dos principais – senão o principal – homem de negócios do país no início do século XX, Percival teve sob seu controle a companhia de eletricidade do Rio de Janeiro, negócios de navegação na Amazônia, uma companhia madeireira, fundou a Acesita (Companhia Aços Especiais Itabira). Foi pioneiro em negócios de mineração, montando, em Minas Gerais, um grande projeto voltado à exportação do minério de ferro, a partir da descoberta de grandes reservas que estavam entre seus ativos. Conjugado com o negócio de minério, adquiriu o controle de uma estrada de ferro[11] que havia sido concebida originalmente e vinha sendo construída para o escoamento da produção de café do vale do Rio Doce. Alterou seu traçado em direção às minas de ferro da região de Itabira e empreendeu a construção da Estrada de Ferro Vitória a Minas (EFVM), parte integrante do projeto de exportação do minério de ferro, transportando-o ao litoral do Espírito Santo.

Mesmo antes do governo Vargas, Percival enfrentou oposição nacionalista a seu projeto, tendo no Presidente Arthur Bernardes, ainda na República Velha, um antagonista poderoso que combateu o empreendimento de Farquhar, sob o argumento de que o minério não deveria ser exportado, mas sim permanecer no país, utilizando-se também do fato de o empreendedor não ser brasileiro.

---

[11] Ainda no ramo das ferrovias, Percival fundou a Brazil Railway Company, por meio da qual adquiriu o controle de diversas linhas, como a Estrada de Ferro Sorocabana, a Estrada de Ferro Mogiana e a Estrada de Ferro São Paulo-Rio Grande.

A contenda intensificou-se e culminou – já na Era Vargas e a partir de negociações com os governos norte-americano e inglês que envolviam a construção de uma companhia siderúrgica em Volta Redonda (CSN) – na encampação das reservas de minério pertencentes a Percival, bem como da Estrada de Ferro Vitória a Minas, dando origem a uma empresa estatal na qual foram aportados os ativos: a Vale do Rio Doce.

As demais linhas dedicadas ao minério – a Ferrovia do Aço e a Estrada de Ferro Carajás – foram projetos *greenfield* empreendidos durante o regime militar, conduzidos como obras públicas. A Ferrovia do Aço foi concebida durante o auge do período de crescimento econômico dos anos 1970 e tinha como objetivo reforçar a posição de escoamento ferroviário do minério de ferro de Minas Gerais em direção ao litoral, então realizado pela EFVM, conectando-se ao porto de Sepetiba (Itaguaí), à CSN e à COSIPA. Teve sua construção iniciada em 1974 e, após uma série de interrupções, foi concluída em 1989, já no governo Sarney. Entre sua conclusão e a desestatização em 1997, foi operada pela RFFSA.

A Estrada de Ferro Carajás também foi concebida durante os anos 1970, em conexão com o projeto de exploração de minério de ferro no interior do Pará, recém-descoberto. O empreendimento foi liderado pela estatal Vale, inicialmente em consórcio com outros parceiros. O início de sua construção ocorreu em 1982 e as obras foram concluídas em 1985, quando teve início a operação da linha.

No processo de desestatização do sistema ferroviário nos anos 1990, a Ferrovia do Aço, que fazia parte dos ativos da RFFSA, foi concedida como um dos seis lotes leiloados à concessionária MRS, constituída pela Vale com outros parceiros privados. Já a EFVM e a Carajás permaneceram sob o comando da Vale, que foi privatizada no período, tendo sido assinados contratos de concessão com a União para ambos os ativos, sem licitação, mas em formato similar aos demais contratos ferroviários do país.

O minério foi, desde o ocaso do café, a principal carga movimentada pelas ferrovias brasileiras. Dos anos 1980 em diante, com a inauguração dos novos projetos, sobretudo.

Do ponto de vista dos fatores críticos de sucesso discutidos na Seção I, o diagnóstico de Percival Farquhar, por vezes comparado ao Barão de Mauá por sua importância para o desenvolvimento econômico do país, estava correto: levar a ferrovia onde estava a carga, conectá-la ao porto, construir ativo de alta eficiência operacional, manter gestão privada de alta qualidade, captar recursos estrangeiros com baixo custo de capital para sua execução. Tão correto que o corredor por ele estruturado permanece ativo e relevante para a economia nacional até os dias de hoje, tendo contribuído de forma decisiva para a formação do Vale do Aço, para o desenvolvimento e a industrialização da região.

Foram, na realidade, a qualidade e estabilidade da regulação – na realidade a ausência dessas – que aniquilaram o empreendimento de Farquhar, encampado pelo Estado. Processo similar já havia ocorrido, no século anterior, com o próprio Barão de Mauá, cuja saga empreendedora não sobreviveu às vontades do Império. Não apenas sob a forma de estatizações – que parecem ter saído de moda – mas também de maneiras mais sutis, como alterações oportunistas de regras e legislações, o Estado brasileiro é pródigo em solapar empreendimentos por instabilidade política. O problema da inconsistência dinâmica da regulação é especialmente grave no setor de infraestrutura, cujos empreendimentos precisam de longo tempo de estabilidade regulatória para se viabilizar. Essa é certamente uma das razões pelas quais a taxa de investimento privado em infraestrutura do país, mesmo com um número comparativamente maior de projetos com boa rentabilidade potencial em relação a outros países, mantem-se em patamar inferior ao necessário.

De acordo com Castro (2000),[12] na época da criação da RFFSA, as ferrovias respondiam por 90% do déficit público nacional e, ainda assim, relatos dão conta de que o estado de conservação da malha estava muito aquém do ideal. À nova *holding* foram outorgadas as funções de gerir, planejar e regular o transporte ferroviário – que à época passou a contar com o recém-criado Banco Nacional de Desenvolvimento Econômico e Social (BNDES) como agente de fomento.

O quadro de declínio acentuado não foi revertido. Nos anos subsequentes à criação da RFFSA, não houve reversão em problemas que vinham se acumulando desde a crise do setor cafeeiro e a emergência da opção rodoviária. O início do regime militar, a partir de 1964, acentuou o viés centralizador e estatista inaugurado no período Vargas e concentrou na RFFSA ainda mais linhas e competências.

De acordo com Ribeiro e Pinheiro (2017):

> (...) desde antes do regime militar foram feitas diversas tentativas de reestruturar o setor ferroviário, que convivia com problemas diversos: via permanente em má conservação, falta de lastro e dormentes, trilhos obsoletos, material rodante insuficiente, traçados inadequados e deteriorados, curvas e rampas construídas em desajuste às melhores técnicas de engenharia, bitolas diferentes e paradas em demasia.

A estratégia dos referidos programas, no entanto, foi sempre pela via do recurso público e de programas de investimentos públicos feitos pela RFFSA, por vezes contando com linhas do BNDES. Não foram feitas tentativas consistentes de atacar os fatores estruturais discutidos na Seção 2, de fato remodelando a malha de acordo com a vocação das cargas e criando corredores ferroviários competitivos frente a outros modais em larga escala. Do ponto de vista da gestão, apostou-se no estado empresário.

Como resultado, colheu-se a manutenção dos déficits operacionais elevados, com as receitas correspondendo a ínfima parte das despesas do sistema ferroviário. Como os papéis de planejamento, execução e regulação estavam concentrados no mesmo ente, não houve massa crítica capaz de apontar soluções para os dilemas colocados.

Chegou-se aos anos 1980 – caracterizados, de forma mais ampla, pela crise de financiamento do setor público, altíssimo nível de

---

[12] CASTRO, N. Os desafios da regulação do setor de transporte no Brasil. *Revista da Administração Pública*, Rio de Janeiro, n.34, set./out. 2000.

endividamento estatal, processo hiperinflacionário, cenário macroeconômico extremamente desfavorável. Uma situação complexa do ponto de vista setorial: de um lado o estado crítico dos ativos, de outro o ente responsável pela gestão altamente dependente de recursos públicos, que se encontrava em situação de insolvência – inadimplindo inclusive frente ao BNDES. Ainda mais importante: sem qualquer estratégia que de fato procurasse concentrar esforços no diagnóstico principal dos fatores críticos de sucesso da ferrovia.

Uma exceção interessante no período foi a ferrovia Central do Paraná. Construída pela RFFSA, tratou-se da implantação de um novo traçado em 1975, que reduziu a distância entre o Porto de Paranaguá e as zonas de produção de grãos do norte do Paraná, do sudoeste de São Paulo e do sudeste do Mato Grosso do Sul. No traçado original da ferrovia, para se chegar de Maringá ao Porto de Paranaguá, os trilhos subiam em direção a Ourinhos, já no estado de São Paulo, para então descer novamente em direção a Ponta Grossa, passar por Curitiba e só então descer a serra rumo ao Porto.

Em 1965, no entanto, foi inaugurada oficialmente a chamada Rodovia do Café (parte da BR-376), que encurtou em 142 km o trajeto rodoviário entre Maringá e o Porto – e reduziu o tempo de viagem do caminhão de 38 para 18 horas. Tendo o modal rodoviário se tornado, portanto, muito mais eficiente, o diagnóstico feito obedeceu à lógica dos fatores críticos de sucesso: encurtou-se a distância ferroviária entre o polo produtor e o destino, construindo-se um traçado ferroviário novo, que reduziu em mais de 300 km o trajeto entre Maringá e o Porto de Paranaguá. Como resultado, os volumes anuais movimentados pela ferrovia paranaense elevaram-se da casa de 3 milhões de toneladas/ano no início da década de 1970 para cerca de 11 milhões de toneladas/ano no início dos anos 1990.

Mapa 2 – Traçados Ferroviários do Paraná

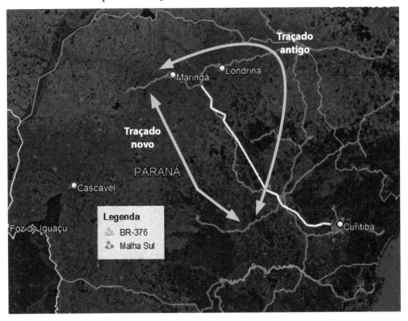

Fonte: Elaboração própria.

O caso da Central do Paraná, no entanto, constituiu, como foi dito, uma exceção. Na maior parte da malha, insistiu-se em revitalizar trechos irracionais que, após alguns anos, já estavam novamente sucateados, porque a antieconomicidade dos traçados não permitia sequer que fossem cobertos os custos de manutenção, subsidiou-se modais alternativos menos vocacionados ao transporte de grandes volumes por grandes distâncias com recursos públicos, foram construídas linhas que não encurtavam distâncias entre a produção e os portos etc.

O quadro abaixo sumariza, desde o ponto de vista da taxonomia elaborada neste artigo, a situação do setor ferroviário brasileiro no momento que antecedeu a privatização do sistema, que viria a ser empreendida em meados da década de 1990:

Tabela 3 – Diagnóstico da crise do setor ferroviário brasileiro

(continua)

	Taxonomia – 1930-1990		
Fator Crítico de Sucesso	Foco em longas distâncias ferroviárias		Não se empreendeu um programa consistente de desligamento de trechos ineficientes e construção de segmentos com maior viabilidade (salvo exceções como a Central do Paraná)
	Foco em grandes volumes e economias de escala		Optou-se por modelo de manutenção de cargas de pequenos volumes e curtas distâncias, com número muito elevado de rotas deficitárias. O conceito de universalidade do atendimento, decorrente da opção da gestão pública do sistema, levou a subsídios sistemáticos a cargas antieconômicas
	Ausência de subsídios a modais alternativos		Manteve-se, durante todo o período entre a década de 1930 e a década de 1980, a priorização do setor rodoviário como destinatário principal dos investimentos com recursos públicos
Fatores complementares de sucesso	Custo de capital que possibilite investimentos de grande envergadura		Estruturas de financiamento público, sobretudo através do BNDES e outros bancos públicos e de fundos setoriais.[13] Política pública não se sustentou ao longo de todo o período, tendo os recursos sido destinados a outros setores a partir da crise do petróleo nos anos 1970
	Custo dos insumos		Apesar de instalação de indústria ferroviária relevante, a oscilação constante do investimento – quase que integralmente público – no período levou à instabilidade. A indústria ferroviária chegou ao início da década de 1990 em profunda crise
	Estabilidade da demanda		A perda de protagonismo do café na pauta exportadora brasileira e a ausência de *commodity* de larga escala que substituísse o papel por ele desempenhado fez com que não houvesse grandes volumes âncora com estabilidade no período[14]
	Qualidade da gestão		A partir da crise do café deu-se processo amplo de encampação das linhas privadas, que culminou na criação de *holdings* estatais que geriram as ferrovias ao longo do período. A gestão caracterizou-se por amplos déficits operacionais, antieconomicidade de rotas, falta crônica de manutenção e conservação de linhas, inchaço de quadros de pessoal e interferência política sistemática em decisões administrativas

---

[13] Fundo Federal de Desenvolvimento Ferroviário (FFDF).
[14] À exceção, evidentemente, do minério, que não é objeto do presente artigo e será tratado num box à parte.

(conclusão)

	Taxonomia – 1930-1990	
Fatores complementares de sucesso	Qualidade e estabilidade da regulação setorial	A concentração das funções de planejamento, gestão, operação e regulação de todo o setor a partir da criação da RFFSA impediu que houvesse modernização do tratamento regulatório do setor. Exemplo notório é a irracionalidade da política tarifária, muitas vezes desvinculada dos custos de cada rota, resultando em subsídios cruzados sem sentido e premiando a ineficiência
	Complexidade dos ativos	Ao longo das décadas, houve grande adensamento urbano no entorno das ferrovias construídas entre a segunda metade do século XIX e o início do século XX, o que adicionou grande complexidade operacional a essas linhas. Não se empreenderam em larga escala alterações importantes de traçado, reduções e mitigações de conflitos urbanos, melhorias significativas e sistemáticas de rampas, curvas ou outros fatores críticos de sucesso operacional. Tais iniciativas foram de caráter pontual

Fonte: Elaboração própria.

Do ponto de vista das externalidades em termos de desenvolvimento – conforme discutido anteriormente, as ferrovias do ciclo do café tiveram o condão de impulsionar o desenvolvimento industrial do estado de São Paulo, ao reduzir o custo de transporte para produtos que, sem o café, não poderiam ser transportados por ferrovia – não se viu a promoção de grandes transformações econômicas a partir das ferrovias no período da RFFSA.

No início dos anos 1990, a capacidade de financiamento do Estado havia se esgotado. E, conforme discutido, todo o sistema ferroviário era àquela altura dependente de recursos públicos para manutenção, operação e expansões. A combinação entre a necessidade de lidar com a crise fiscal de forma mais ampla e com a profunda crise operacional do setor ferroviário em particular levou à inclusão do setor no Programa Nacional de Desestatização (PND), em 1992.

Àquela altura, as despesas operacionais da RFFSA superavam as receitas em centenas de milhões de reais e o gasto com pessoal na proporção da receita operacional gravitava na casa dos 70%, o que deixava, evidentemente, margem muito estreita para manutenções e investimentos.

Ferronorte – A exceção que transformaria o setor

Ainda sob a prevalência do modelo de Estado empresário, que vigorou durante décadas no país, no qual o Estado não apenas construía como administrava toda a malha ferroviária brasileira, uma notória exceção surgiu em 1989.

Sob a liderança do empresário Olacyr Francisco de Moraes, então o maior produtor individual de soja do mundo, teve início a concepção de um projeto – que já havia sido vislumbrado por precursores como o escritor Euclides da Cunha e o parlamentar mato-grossense Vicente Vuolo – para conectar ferroviariamente o Mato Grosso ao estado de São Paulo e ao Porto de Santos. Em plena crise econômica dos anos 1980, com dificuldade crônica de financiamento do Estado, lançou-se o edital para a construção de uma ferrovia *greenfield* pela iniciativa privada.

E o ineditismo – ao menos desde o início do século XX – não estava apenas no fato de ser um empreendimento privado, em meio ao sistema exclusivamente público, e *greenfield*, em momento em que sequer se investia em conservação de linhas existentes. Era pioneiro também em dois conceitos:

(i) Assentava-se em projeção ousada – e visionária – a respeito do comportamento das cargas no país. Projetava que, nas décadas seguintes, na medida em que a nova ferrovia fosse sendo construída, o centro-oeste e em particular o Mato Grosso tornar-se-ia o centro nevrálgico da produção de granéis do Brasil e necessitaria de uma rota de escoamento eficiente no sentido do maior porto do país. O ponto de partida, portanto, foi a carga, em aderência absoluta com os fatores críticos de sucesso discutidos;

(ii) O edital e o contrato de concessão foram inovadores no próprio objeto da avença, na medida em que além das conexões obrigatórias entre determinados marcos geográficos, era imputada também ao concessionário a obrigação de atendimento ferroviário a toda a região de influência do empreendimento, à medida que a demanda fosse surgindo, ou seja, mais do que um contrato de concessão para a implantação de uma ferrovia, tratava-se de um contrato de concessão para a implantação de uma malha ferroviária dinâmica, que permaneceria em constante expansão durante a vigência do ajuste.

Extrato do Contrato de Concessão original é absolutamente translúcido nesse sentido:

PARÁGRAFO TERCEIRO – Além das FERROVIAS acima mencionadas, a Concessão outorgada abrange, também, a construção, operação, exploração e conservação de ramais, em sua área de influência, que se fizerem necessários ao pleno atendimento das demandas previstas, desde que submetidas pela FERRONORTE à aprovação da UNIÃO, na época em que for constatada sua necessidade, com a apresentação de projeto básico específico e estudos indicadores de sua viabilidade econômica.

A construção da ferrovia teve início em 1991 – mesmo em meio à crise econômica profunda, hiperinflação e cenário adverso – partindo de Aparecida do Taboado (MS) às margens do Rio Paraná, ponto de conexão com a Malha Paulista, em direção a Alto Araguaia (MT). A grande dificuldade física era justamente a travessia do rio, um dos maiores do país, e a ponte rodoferroviária responsável por superá-la sofreu sucessivos atrasos até ser concluída, como obra pública, e entregue em 1998. Nesse mesmo ano foram concluídos os primeiros 504 km de extensão da Ferronorte, chegando a Alto Araguaia. Na sequência, foram construídos os 260 km seguintes, até alcançar o município de Rondonópolis (MT).

A visão daqueles que conceberam o empreendimento a respeito do comportamento das cargas no Mato Grosso mostrou-se correta, conforme se viu na Seção 2. Assim, o Terminal Rodoferroviário de Rondonópolis (TRO), inaugurado em 2012, é atualmente o maior terminal ferroviário da América Latina e a Ferronorte tornou-se a principal rota de escoamento do agronegócio brasileiro.

Teve início a desestatização do setor. Após décadas, desde a crise do café, de encampações e constituições de *holdings* estatais de ferrovias, retornava-se ao regime de gestão privado. O sistema foi organizado em sete lotes – a FEPASA[15] e seis subdivisões da RFFSA – leiloados separadamente entre 1996 e 1998.

Em síntese, a modelagem empreendida resumiu-se a: (i) concessão privada, combinando a prestação do serviço público de transporte ferroviário de cargas com o arrendamento dos bens públicos ao privado para a prestação do serviço; (ii) estabelecimento de metas de produção e segurança, em contraposição à excessiva rigidez de planos com intervenções físicas específicas discriminadas em contrato; (iii) liberdade tarifária sujeita a regulação nos termos dos contratos; (iv) responsabilidade por zelar pelos bens arrendados, inclusive ramais e trechos de baixa ou nenhuma densidade de tráfego, até o final da concessão por parte do privado; (v) duração de 30 anos de contrato, renováveis por igual período; (vi) separação das funções de gestão e operação das funções de planejamento e regulação.

A respeito desse último ponto – para além das funções de gestão e operação que ficaram a cargo da iniciativa privada – foram, ao longo dos anos subsequentes, sendo criadas as instituições responsáveis pelas funções que permaneceram nas mãos do Estado, dentre as quais o Departamento Nacional de Infraestrutura de Transportes (DNIT), criado em 2001 e que permaneceu com responsabilidades atinentes à questão patrimonial afeta aos bens arrendados; a Agência Nacional de Transportes Terrestres (ANTT) responsável pela regulação e fiscalização das concessões e que passou, a partir de sua fundação em 2001, a exercer as atribuições de poder concedente em relação aos contratos ferroviários; e a Empresa de Planejamento e Logística (EPL), criada em 2011 para desenvolver estudos e projetos de forma a subsidiar as atividades de planejamento setorial exercidas pelo Ministério dos Transportes (atualmente Ministério da Infraestrutura).

O resultado do programa de concessões foi positivo, conforme retratado em dados coletados nas últimas décadas. A taxa de investimentos no setor aumentou, as metas de produção e segurança foram

---

[15] *Holding* estatal paulista de transporte ferroviário, foi constituída em 1971 pela unificação da Companhia Paulista de Estradas de Ferro, Companhia Mogiana de Estradas de Ferro, Estrada de Ferro Sorocabana, Estrada de Ferro Araraquara e Estrada de Ferro São Paulo e Minas. Em 1998, foi extinta e incorporada à RFFSA, sendo na sequência leiloada e transferida à iniciativa privada no escopo do PND.

atendidas com larga margem e a participação relativa das ferrovias na matriz de transportes aumentou.

Permaneceram, no entanto, alguns problemas estruturais.[16] Do ponto de vista do atendimento aos fatores de sucesso discutidos na Seção 2, o processo de concessão ferroviária dos anos 1990 não atacou frontalmente a matriz de desafios colocada. Permaneceram sem encaminhamento satisfatório diversos fatores, parte dos quais tratados justamente no processo de renovação antecipada, cuja discussão será objeto da Seção 4.

Curiosamente, como se verá, as questões verdadeiramente estruturantes demoraram a vir à tona – parte delas na realidade continua obnubilada e ainda vê as políticas públicas remarem em direção contrária a suas soluções – devido aos efeitos colaterais decorrentes do processo de desestatização.

Conforme se viu, uma característica marcante de todo o período da RFFSA foi o subsídio a rotas antieconômicas – em realidade, já no período do café, boa parte dos fluxos era deficitária, o que resultou no início do processo de encampação estatal que viria a culminar na constituição das *holdings* e na estatização completa do sistema. Em termos financeiros, tratava-se de uma transferência indireta de recursos do contribuinte – que em última análise arcava com os prejuízos operacionais da RFFSA e bancava os financiamentos contraídos pela empresa para cobrir os déficits – para os usuários dos trechos antieconômicos. Evidentemente, em termos estruturais, havia um problema crônico de diagnóstico, que fazia com que os recursos fossem aplicados de maneira ineficiente fazendo com que os trens tivessem que exercer papéis indevidos, trafegando por rotas curtas demais ou com traçados inadequados e com volumes inferiores à escala necessária.

O fato é que, com a desestatização do sistema, os fluxos deficitários foram, em boa parte, descontinuados pelas concessionárias – que não contavam com as benesses do Tesouro para transferir ao próximo – o que, em vez de ser tratado pelo poder público como um efeito colateral necessário e salutar para a transformação estrutural do sistema

---

[16] Não se está aqui condenando o processo de desestatização empreendido nos anos 1990. Em realidade, diante do quadro de colapso operacional e falência financeira do sistema, combinado ao cenário macroeconômico adverso no país, o processo foi conduzido de forma exitosa, da maneira possível diante das condições de contorno. Os passos subsequentes, na realidade, deveriam ter sido a correção, aperfeiçoamento e persecução do atendimento ao conjunto de fatores críticos de sucesso para o êxito da ferrovia, evitando-se novas invencionices regulatórias.

e empreender os próximos passos racionais de política pública, simplesmente gerou incompreensão. Assim, desencadeou uma série de discussões – e ações – que remaram no sentido contrário da transformação estrutural do setor.

A hipótese é que a incompreensão tenha sido alimentada por grupos de interesse[17] que se viram prejudicados pela cessação dos fluxos financeiros sob a forma de transporte subsidiado,[18] bem como reforçada pela desmobilização de estruturas administrativas que, durante décadas, acumularam relações, práticas e espaços de poder, o que provocou resistência de setores da máquina que se viram alijados de postos decisórios e cargos de gestão que haviam sido extintos.

A eles ainda se juntariam setores da opinião pública que, nas melhores intenções, mas sem terem o pendor para avaliar eficiência econômica, estruturas de incentivos e alocação de capitais, saíram em defesa da manutenção das rotas antieconômicas como se tal defesa formasse parte de um sentimento difuso de "interesse público" – quando na realidade trata-se apenas de um mecanismo clássico de transferência de renda.

No caldo cultural formado para resistir às transformações no setor, somou-se ainda mais um elemento importante: a baixa qualidade da

---

[17] Essa hipótese é premissa de estudos econômicos, políticos e jurídicos desde a década de 50. Sobre a dinâmica da formação legislativa e a teoria dos grupos de interesse, Daniel Farber e Philip Frickey sumarizam a lição ancestral de William Landes e Richard Posner: *"In the economists version of the interest-group theory of government, legislation is supplied to groups or coalitions that outbid rival seekers of favourable legislation. The price that the winning group bids is determined both by the value of legislative protection to the group's members and the group's ability to overcome the free-rider problems that plague coalitions. Payments take the form of campaign contributions, votes, implicit promises of future favors, and sometimes outright bribes. In short, legislation is "sold" by the legislature and "bought" by the beneficiaries of the legislation"* (FARBER, Daniel A.; FRICKEY, Philip P. *Law and Public Choice, a critical introduction*. Kindle Version, Chicago and London: The University of Chicago Press, 1991. p. 214-742).

[18] Sobre "Grupos de Interesse" e "Políticas Públicas" cf. THOMAS, Clive S.; HREBENAR, Ronald J. Interest Groups in the States. *In*: GRAY, Virginia; JACOB, Herbert; ALBRITTON, Robert. B. (ed). *Politics in the American States*: A Comparative Analysis. 5th ed. Glenview, IL: Scott, Foresman, 1990.; THOMAS, Clive S.; HREBENAR, Ronald J. Nationalization of Interest Groups and Lobbying in the States. *In*: CIGLER, Allan J.; LOOMIS, Burdett A (eds). *Interest Group Politics*. 3. ed., Washington, DC: CQ Press, 1991.; THOMAS, Clive S.; HREBENAR, Ronald J. Interest Groups in the States. *In*: GRAY, Virginia; JACOB, Herbert; ALBRITTON, Robert. B. (ed). *Politics in the American States*: A Comparative Analysis. 6th ed. Washington, DC: CQ Press, 1996; THOMAS, Clive S.; HREBENAR, Ronald J. Interest Groups in the States. *In*: GRAY, Virginia; HANSON, Russell L.; JACOB, Herbert (eds). *Politics in the American States*: A Comparative Analysis. 7th ed. Washington, DC: CQ Press, 1999; THOMAS, Clive S.; HREBENAR, Ronald J. Interest Groups in the States. *In*: GRAY, Virginia; HANSON, Russell L (eds). *Politics in the American States*: A Comparative Analysis. 8th ed. Washington, DC: CQ Press, 2004.

gestão de algumas das sociedades privadas que passaram a administrar as ferrovias. Marcada pela visão de curto prazo, algumas administrações ferroviárias focaram em obter ganhos financeiros imediatos, implantando lógica administrativa desalinhada do modelo que deve nortear a gestão de ativos de infraestrutura intensivos em investimentos de longo prazo de maturação e amortização. Tal quadro reverteu-se nos últimos anos e as administrações ferroviárias atuais parecem, de forma geral, estruturadas para os desafios que se colocam, formando parte de grupos econômicos com tradição de êxito em negócios cuja lógica administrativa é de longo prazo.

O resultado desse conjunto de pressões foi a proposição, por parte do governo, de nova alteração regulatória que, apesar dos resultados positivos das desestatizações – que na realidade precisavam de aprofundamento para completar a listagem de fatores críticos de sucesso, conforme será discutido na Seção 4 – retomava o modelo de subsídios a rotas antieconômicas com recursos públicos.

O que se propôs no início da década de 2010, por ocasião do lançamento do primeiro Programa de Investimentos e Logística (PIL I) – e que nunca havia sido implantado no Brasil e nem tampouco viria a sê-lo – foi um modelo de segregação vertical, no qual seriam criados dois entes com atribuições distintas: o Gestor da Infraestrutura (GIF) e o Operador Ferroviário Independente (OFI).

O primeiro seria responsável por implantar, manter e gerir as vias, sem, no entanto, prestar o serviço de transporte ferroviário. O segundo seria o proprietário dos trens e compraria "capacidade" para circular nas vias mantidas pelos GIFs. Para mediar as relações entre ambos os conjuntos de atores, uma empresa estatal – VALEC Engenharia, Construções e Ferrovias S/A – exerceria o papel de adquirir dos GIFs a integralidade da capacidade das vias férreas, tanto das *greenfields* como as *brownfields*, e vendê-la em partes aos OFIs para que circulassem com seus trens.

Ao adquirir a íntegra da "capacidade" das ferrovias mantidas pelos GIFs, na prática o Estado estaria assumindo o risco de demanda do sistema, na medida em que a rentabilidade dos gestores da infraestrutura estaria garantida havendo ou não trens passando por cima dos trilhos. Do ponto de vista dos OFIs, o arranjo também parecia conveniente, na medida em que se poderia retomar as práticas de tráfego em trechos antieconômicos, que seriam forçosamente mantidos ativos, e fruição de tarifas estabelecidas pelo ente público, eventualmente sem conexão com os custos operacionais.

Toda a diferença entre a receita auferida pela VALEC com a venda da capacidade aos OFIs e despesa incorrida pela estatal com a compra da integralidade da capacidade junto aos GIFs seria arcada pelo Tesouro Nacional.

Afora as diferenças de concepção – e a criatividade – em relação ao modelo do Estado empresário que vigorou no país durante décadas, a essência em termos de fluxos financeiros não era muito distinta: os grupos de interesse que usufruíam de transporte ferroviário subsidiado voltariam a fazê-lo, agora transfigurados de OFIs e tendo que assumir algumas atribuições a mais; as empresas do segmento de engenharia e obras, assumindo a forma de GIFs, executariam e seriam remuneradas em sua integralidade pelas obras ferroviárias, tal como no tradicional modelo de obras públicas contratadas pelo Estado; e o contribuinte, através do Estado (antes no papel de RFFSA, agora no papel de VALEC), seguiria arcando com a ineficiência de rotas e fluxos não vocacionados ao transporte ferroviário.

Se em termos de fluxos financeiros o arranjo parecia similar ao modelo RFFSA, uma série de novas questões se colocava, que provavelmente teriam que ser objeto de tratamento complexo de regulação, com mecanismos para corrigir falhas de incentivo, dirimir conflitos permanentes e tornar o modelo menos permeável a comportamentos oportunistas dos agentes.

O intuito do presente artigo não é se alongar na discussão do modelo de segregação vertical – que ao cabo não chegou a ser implementado, ainda que diversos normativos tenham sido editados e até mesmo um primeiro projeto, a Ferrovia de Integração do Centroeste (FICO), que mais tarde viria a ser ressuscitada através de outro modelo, tenha sido aprovado sob a modelagem pelo Tribunal de Contas da União (TCU). Cabe, no entanto, exemplificar de forma não exaustiva o sem número de questões regulatórias pendentes que teriam que ser tratadas:

(i) os GIFs não teriam qualquer incentivo à excelência na qualidade da construção e manutenção da via; sua remuneração estaria garantida independentemente de terem que prestar um melhor serviço para atrair demanda;

(ii) os OFIs não teriam qualquer incentivo a realizar uma operação menos danosa à via permanente, uma vez que pagariam pela capacidade à VALEC e não seriam responsáveis pelo desgaste gerado pelos seus trens sobre os trilhos;

(iii) falta de clareza sobre a responsabilidade por construir e gerir instalações de apoio essenciais à operação ferroviária, tais como oficinas de manutenção de vagões e locomotivas, postos de abastecimento e pernoites de maquinistas, uma vez que a via seria de propriedade de um ente que não é proprietário de trens e o material rodante seria pulverizado entre uma série de operadores fracionados;

(iv) tendência de desproporção entre a quantidade de frota e a capacidade de via, levando a investimentos subótimos ou excessivos em ambos os sistemas, pela simples ausência de um planejamento integrado de CAPEX;

(v) dificuldade de padronização de material rodante, tanto no que se refere a tipos quanto ao tamanho ótimo de composições, resultando em ausência de trem-tipo nas rotas e dificultando a racionalização de investimentos em pátios de cruzamento, semiduplicações, duplicações etc;

(vi) falta de clareza sobre a imputação de responsabilidade em casos de acidentes e incentivo para que o gestor da infraestrutura reputasse a falhas no material rodante ou na condução e o operador independente imputasse a responsabilidade às causas-via.

Foram diversas as impedâncias políticas, como a falta de consenso interno no Governo Federal e a resistência dos órgãos de controle, e econômicas, como a reversão do cenário fiscal a partir de 2013, à implantação do novo modelo. A essas somou-se o desinteresse do mercado, em função do número muito elevado de questões relevantes sem resposta, que geravam insegurança a respeito de características básicas do funcionamento do novo arranjo.

Diante do cenário de impasse em torno das condições objetivas de implantar as alterações propostas, começou a ser discutida a possibilidade de perpetuar o modelo de concessões à iniciativa privada dos anos 1990, através da renovação antecipada dos contratos, mediante determinadas alterações e compromissos, mas mantendo-se o arranjo vertical. Já no lançamento do PIL II, apenas dois anos depois da divulgação da primeira versão, a intenção de renovar os contratos apareceu, ainda que àquela altura, conjugada com a implantação do modelo de segregação vertical para linhas *greenfield*, algumas delas já em construção pela VALEC como obras públicas tradicionais.

Com o passar do tempo, a ideia da segregação vertical foi desaparecendo dos planos oficiais e a discussão da renovação antecipada dos contratos de concessão ganhou corpo e atravessou sucessivos governos, ganhando contorno jurídico específico na Lei nº 13.448/2017, a partir da qual passou a ocupar o centro do debate público setorial.

O processo da renovação antecipada do contrato de concessão da Malha Paulista será tratado na Seção 4, à luz da discussão da taxonomia dos fatores críticos de sucesso empreendida neste artigo.

4 A renovação antecipada da Malha Paulista

Conforme discutido na Seção I, tal qual ocorrera com o café entre a segunda metade do século XIX e o início do século XX, o comportamento da produção de soja e milho no Brasil apresentou, nas últimas duas décadas, uma trajetória extraordinária. Não apenas os volumes produzidos mais do que triplicaram no período, como também operou-se uma importantíssima mudança locacional: o centro de massa da produção deslocou-se em direção ao centro-oeste de maneira contínua e o estado do Mato Grosso, secundado por estados como Goiás e Mato Grosso do Sul, tornou-se o coração da produção nacional.

A intensidade do aumento da produção dos grãos empreendida em tão pouco tempo, combinada ao deslocamento territorial, colocaram um grande desafio para o país: como fazer grandes volumes chegarem ao porto com eficiência.

Na Seção 3 viu-se que, a despeito do modelo de gestão do setor ferroviário, desde a crise do café nos anos 1930 até as desestatizações dos anos 1990, ter sido predominantemente estatal, houve uma notável exceção: a construção da Ferronorte pela iniciativa privada, a partir de 1989, baseada justamente no diagnóstico de que a elevação da produção agrícola no estado do Mato Grosso ocorreria da maneira que de fato se deu.

O acerto no diagnóstico sobre a demanda e o projeto de levar a ferrovia onde a carga está atendem, de acordo com a taxonomia elaborada na Seção 2, aos fatores críticos de sucesso do empreendimento ferroviário. No entanto, a realidade é mais complexa do que o modelo por vezes nos leva a crer. Entre os 754 km de extensão da Ferronorte, que conectam o Terminal Rodoferroviário de Rondonópolis ao estado de São Paulo, e ao Porto de Santos, havia outro desafio a transpor: atravessar toda a extensão da linha-tronco da Malha Paulista, construída há mais de um século[19] e com complexidades de toda ordem.

Como se não bastasse, o desafio ganhou contornos de ainda maior complexidade, em função de outro ativo que havia, ainda na década de 1980, tido sua construção iniciada como obra pública e, após sucessivas interrupções, alterações de governança e décadas de trabalhos em ritmo heterogêneo de execução, parecia estar próximo de sua conclusão: a Ferrovia Norte-Sul (FNS).

Conexão ferroviária longitudinal, concebida com a pretensão de atravessar a região central do país e conectar o interior às ferrovias de acesso aos portos, teve sua construção iniciada em 1987. Em 1996, teve seu primeiro lote inaugurado, no estado do Maranhão, conectando Açailândia a Porto Franco, num total de 215 km, a partir dos quais seguiu descendo na direção sul, com o intuito de conectar-se à Malha Paulista.

Como a construção deu-se em lotes contratados como obra pública em diferentes momentos do tempo e por diferentes entes, o ritmo das diversas frentes de obra foi completamente heterogêneo ao longo das décadas – bem como a qualidade da via construída. Sendo assim, chegou-se, em 2018, à situação em que a via[20] estava concluída entre Porto Nacional (TO) e Anápolis (GO), entregue em 2014, bem como parte do trecho entre Rio Verde (GO) e São Simão (GO). Faltavam, no entanto, concluir esse último trecho, avançar de São Simão até Estrela D'Oeste (SP), onde a FNS viria a conectar-se à Malha Paulista, e subir de Rio Verde até Ouro Verde (GO) para concluir a ligação completa entre Porto Nacional e a Malha Paulista.

Uma complexidade especial, na conexão com a Malha Paulista, estava na necessidade da construção de pontes sobre o Rio Paranaíba, fronteira dos estados de Goiás e Minas Gerais, e sobre o Rio Grande, fronteira entre Minas e São Paulo.

A decisão tomada pelo Governo Federal, após décadas de obras públicas e ainda com a necessidade de concluir complexas intervenções

---

[19] A São Paulo Railway foi inaugurada em 1867, tendo completado 150 anos em 2017. No entanto, seu traçado original era bastante distinto daquele que foi concedido à iniciativa privada nos anos 1990, naturalmente.

[20] O trecho entre Açailândia (MA), onde se conecta à Estrada de Ferro Carajás, e Porto Nacional (TO), já havia sido concluído e concedido ao grupo Vale alguns anos antes.

para que o ativo se tornasse operacional, foi leiloar a FNS à iniciativa privada e imputar ao vencedor do certame a obrigação de concluir as intervenções e tornar o ativo operacional.

Em março de 2019, foi realizado o leilão dos ramos central e sul da Ferrovia Norte-Sul, entre Porto Nacional (TO) e Estrela d'Oeste (SP), perfazendo um total de 1.537 km. A ferrovia foi arrematada pelo valor de R$2,72 bilhões, o dobro do lance mínimo estabelecido no certame.

Assim como a Ferronorte, a FNS, uma vez concluída, seria uma ferrovia moderna e de alta produtividade. Em termos de características operacionais, tem raio mínimo de curva de 343 metros e rampa máxima de 0,6%, o que permite velocidade máxima de projeto de 80 km/h.

Os estados de Goiás e Tocantins, atravessados pelos trilhos da FNS, também apresentaram, conforme discutido na Seção 2, crescimento importante da produção nos últimos 20 anos.

O quadro, portanto, em meados da década de 2010, combinava: (i) avanço sustentado e intenso da produção de granel nos estados do MS, MT, GO e TO; (ii) duas ferrovias modernas e de alta produtividade concluídas ou em fase de conclusão atravessando tais estados e com potencial para se tornarem as grandes artérias de escoamento dos maiores volumes de grãos produzidos pelo país; e (iii) uma ferrovia do século retrasado e que havia atravessado décadas de crise operacional e financeira enquanto esteve administrada pela RFFSA[21] recebendo a conexão das novas ferrovias cujos trens teriam que atravessar seus trilhos para chegarem ao Porto de Santos.

---

[21] E em diversos aspectos também nos primeiros anos de administração privada, notadamente o período da extinta ALL.

Mapa 3 – Malhas Ferroviárias – Malha Norte,
Malha Central e Malha Paulista

Fonte: Elaboração própria.

Pareciam elementos incompatíveis.

A Malha Paulista, como se viu, havia sido uma artéria relevante na economia cafeeira. Movimentando com eficiência trens entre o interior paulista e o Porto de Santos, em distâncias e configurações de composições que, à época, faziam sentido. Com o avanço da *rodoviarização*, o ocaso do café e as transformações tecnológicas do setor ferroviário, a Malha Paulista de meados da década de 2010 havia perdido sua vocação.

Era uma ferrovia:

(i) Com rampas acentuadas – em função da tecnologia da época de sua construção e do relevo acidentado do estado de São Paulo – o que limitava o tamanho dos trens-tipo e, portanto, a eficiência operacional para uma linha de granel em larga escala;

(ii) Com raios de curva inadequados, o que também limitava o tamanho dos trens, variável crítica para operação eficiente;

(iii) Com pátios de cruzamento de no máximo 1.500 m de comprimento, senão menores, o que também limitava o comprimento das composições;

(iv) Que atravessava o centro de grandes municípios do interior do estado – conforme discutido na Seção 2, a história do desenvolvimento da ferrovia cafeeira confunde-se com a própria história do desenvolvimento do interior de São Paulo, de maneira que diversos de seus mais importantes municípios, como Campinas, Araraquara, Rio Claro, São José do Rio Preto, cresceram no entorno da ferrovia – com grandes desafios operacionais no convívio entre o ativo e o tecido urbano;

(v) Com uma superestrutura que suportava tonelagem por eixo aquém do necessário para a pretensão de ser um corredor de alta produtividade, com dormentação de madeira por vezes de menor qualidade, perfis de trilho menos robustos que o necessário etc;

(vi) Com imensos desafios na descida da Serra do Mar. Obra emblemática da infraestrutura brasileira, a ferrovia que conecta o planalto paulista à Baixada Santista foi iniciada em 1930. Construída em "simples aderência", isto é, sem uso de outros meios de tração além da locomotiva, trata-se de uma ferrovia padrão, sem uso de planos inclinados, cremalheiras ou cabos de aço, porém em terreno hostil, com 800 metros de desnível – certamente relevo distante do ideal para se construir uma ferrovia. Assim sendo, o desafio – com a tecnologia disponível há quase cem anos – de se construir uma linha de "simples aderência" num trecho tão íngreme foi vencido por meio de complexo sistema de pontes, construídas usando a técnica do concreto armado, pioneira no país, e de túneis – num total de impressionantes 27 – alguns deles abertos diretamente em rocha viva.[22] O resultado foi uma via de 43 km[23] para vencer os 800 metros de desnível entre o planalto e a baixada, com rampas máximas de 2,5%.

A carga estava no centro-oeste, em volume e distância apropriados para que os fatores críticos de sucesso do empreendimento ferroviário fossem atendidos. Mas, para tanto, era necessário transformar a vocação da Malha Paulista. De uma ferrovia regional, para trens curtos e pequenas distâncias, em um corredor moderno de altíssima capacidade, que recebesse a passagem de trens grandes vindos do centro-oeste – além das demais cargas que, como se verá adiante, são viabilizadas pela modernização do corredor.

À época do leilão do ativo, ocorrido em 1998, o poder público não visualizava com clareza a magnitude do que ocorreria com a carga. A necessidade de transformação completa da vocação do ativo não era um objetivo do certame e certamente não estava cristalizada no edital e no contrato de maneira alguma. Pelo contrário.

Os estudos de viabilidade empreendidos a partir do início dos anos 1990 desenhavam quadro distinto. Conforme se extrai de documentos da FEPASA,[24]

A Booz Allen & Hamilton, associada a maior ferrovia americana, a Conrail e, tendo como sócio local a Logit Ltda., foi encarregada de desenvolver este estudo – realizado entre 29 de junho e 15 de dezembro/95, sob financiamento do Banco Mundial. O objetivo do estudo foi desenvolver um modelo que: – Maximize o valor econômico da ferrovia e sua contribuição para o crescimento e desenvolvimento da economia brasileira – Torne a ferrovia mais eficiente, de modo a fornecer melhores

---

[22] Os registros fotográficos disponíveis dão conta de que na construção da simples aderência o desmatamento na Serra do Mar – região de Mata Atlântica – foi muito grande. Nos dias atuais, com o avanço da agenda de preservação ambiental e sustentabilidade e dos normativos que dão amparo à pauta – bem como a adesão dos fundos e financiadores nacionais e internacionais à centralidade da agenda, com grande atenção a aspectos ambientais na tomada de decisão de alocação de capitais – a construção do empreendimento, mesmo que de apenas 43 km, muito provavelmente não aconteceria, seja por não atender à legislação ou por não obter adesão do mercado.

[23] A chamada "Cremalheira", outra ferrovia que conecta o litoral ao planalto num sistema que utiliza tração adicional por meio de roda dentada, vence a serra em apenas 8 km. A rampa, porém, chega a 10% de inclinação, o que inviabiliza a operação ferroviária em larga escala e alta eficiência.

[24] Estudo de Reestruturação e Concessão da FEPASA. São Paulo, 30 de setembro de 1996.

serviços aos clientes – Maximize a atratividade da ferrovia aos olhos de potenciais investidores nacionais e internacionais.

O relatório apontava que as receitas do "Ramal de Santa Fé do Sul" não eram sequer suficientes para cobrir seus custos de manutenção, de maneira que se recomendava a desmobilização do trecho: "A maioria das linhas, ramais e trechos da linha principal entre Araraquara e Santa Fé do Sul, de Pederneiras até Panorama, de Ourinhos a Presidente Epitácio e de Iperó até Pinhazinho, não estão cobrindo sequer seus SRAC (Short-Run Avoidable Costs – Custos Evitáveis de Curto Prazo) nos atuais níveis de eficiência. Os SRAC são definidos como despesas de movimentação dos trens mais custos de terminais".

Recomendava-se, em síntese, que parte da linha-tronco da Malha Paulista, entre Araraquara e a barranca do Rio Paraná – atualmente um dos trechos nevrálgicos e com maior densidade de tráfego da malha ferroviária brasileira – fosse desmobilizado por inviabilidade econômica.

Mapa 4 – Malha Paulista – Ramal de Santa Fé do Sul

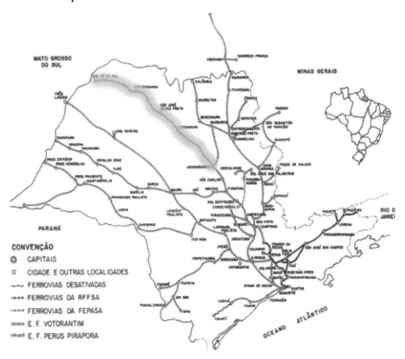

Fonte: Estudo de Reestruturação e Concessão da FEPASA (destaque próprio).

Em benefício dos consultores contratados à época, a perspectiva de conclusão da Ferronorte, empreendimento privado em cenário de crise macroeconômica aguda, era distante e sequer se visualizava com clareza a conclusão da obra de travessia do Rio Paraná; e a Ferrovia Norte-Sul era apenas mais uma obra pública que se arrastava por décadas, sem perspectiva clara de término. Além do fato de que a aceleração notável na produção de grãos do centro-oeste não era tão facilmente visualizável olhando-se para a série histórica disponível à época.

O contrato da Malha Paulista, licitado em 1998, tinha duração de 30 anos, portanto até 2028, prorrogáveis por igual período. Se à época da licitação não se previu a necessidade de transformação completa da vocação do ativo, a renovação contratual seria a oportunidade para fazê-lo.

A motivação para se renovar o contrato estava clara: a relevância e urgência de se alterar a vocação do ativo, de maneira a transformá-lo de uma linha centenária para transporte de sacos de café em trens curtos por curtas distâncias no corredor de alta capacidade.[25] A renovação contratual, porém, não era a única forma de se alcançar os objetivos almejados.

Também seria possível fazê-lo de outras formas, todas elas consideradas subótimas:

(i) A encampação do contrato, seguida de novo certame licitatório, de maneira que o novo contratado realizasse os investimentos para transformar a vocação do ativo. Teria contraindicações importantes, dentre as quais, (a) a criação de precedente de descumprimento contratual por parte da União, que poderia afugentar investimentos; e (b) o elevado risco de judicialização e, em última análise, a probabilidade não desprezível de a entropia e custos de transação do processo não permitirem que os investimentos fossem realizados no prazo necessário;

---

[25] A despeito da resistência que, conforme explorado na Seção 3, apareceu novamente e com veemência no processo de renovação da Malha Paulista. Sobretudo dos setores que, desde a extinção da RFFSA e da cessação dos subsídios sistemáticos aos fluxos antieconômicos, organizaram-se para resistir à eliminação da transferência de renda sistemática do contribuinte para suas atividades. Foram secundados, conforme dito anteriormente, por setores conservadores da Administração Pública e outros stakeholders que, muitas vezes bem-intencionados, avocavam a "volta a um passado" difuso de prosperidade, sem atentar para o esforço descomunal realizado pelo conjunto da sociedade para manter o modelo de subsídio e o rastro de destruição por ele deixado.

(ii) A rescisão contratual amigável, seguida de nova licitação imediata. Implicaria necessariamente em desembolsos financeiros por parte da União para indenizar a concessionária pelos anos remanescentes não fruídos do contrato, além de depender da concordância da concessionária com o acordo. Nenhuma dessas condições – disponibilidade de recursos públicos e interesse das partes – parecia estar presente na ocasião;

(iii) Aguardar o encerramento da primeira perna contratual de 30 anos, não exercer a cláusula de renovação contratual – indubitavelmente uma prerrogativa da União – e licitar novamente o ativo em 2028, com a obrigação de que o novo concessionário realizasse os investimentos necessários para transformar a vocação do ativo. Não atenderia ao interesse público, pois a destruição potencial de valor de se aguardar mais uma década para iniciar a transformação estrutural do ativo era por demais elevada, como se verá a seguir;

(iv) Realizar os investimentos imediatos necessários sob a forma de investimento público. Esbarraria na mesma indisponibilidade de recursos públicos. Além de implicar em custos regulatórios e de transação elevados, tais como a necessidade de realização de certames licitatórios para inúmeras intervenções, com nível de eficiência certamente inferior à realização direta pelo privado, a necessidade de contratualizar os impactos das intervenções sobre a equação econômico-financeira do concessionário, que usufruiria dos benefícios das intervenções sem ter pago por elas, dentre outros.

A emergência da realização dos investimentos na prática tornava sem sentido a única alternativa que não apresentava elevadíssimos custos de transação e financeiros para a União, que era aguardar o vencimento da primeira parte do contrato e, sem quaisquer desembolsos, litígios, reequilíbrios, obras públicas ou novas avenças extraordinárias com o concessionário, licitar novamente o ativo. A respeito dessa alternativa, a ANTT, no "Estudo Técnico de Fundamentação da Vantajosidade",[26]

---

[26] BRASIL. Agência Nacional de Transportes Terrestres. *Estudo Técnico de Fundamentação da Vantajosidade*. p. 48. Disponível em: https://participantt.antt.gov.br/Site/AudienciaPublica/VisualizarAvisoAudienciaPublica.aspx?CodigoAudiencia=153. Acesso em: 04 jul. 2022.

que subsidiou a proposta de renovação antecipada da Malha Paulista, abordou os benefícios da antecipação de investimentos.

Gráfico 6 – Cenários de Vantajosidade da Malha Paulista

Fonte: Estudos Técnico de Fundamentação de Vantajosidade da Malha Paulista.

De acordo com o Estudo,

> Esses benefícios correspondem precipuamente aos efeitos positivos da ampliação da capacidade da ferrovia – que já possui trechos saturados –, que resultará na captação de demanda do transporte rodoviário, que sabidamente é menos eficiente para o transporte de cargas a longas distâncias", e continua "Além dos benefícios decorrentes do aumento de capacidade com a consequente captação de cargas rodoviárias, haverá, ainda, ganhos decorrentes da execução de obras e de modernização do material rodante – os quais resultarão em aumento da arrecadação tributária e geração de empregos.

O aumento de capacidade empreendido pelos investimentos antecipados também foi abordado no "Caderno de Vantajosidade", demonstrando os ganhos mensurados em TKU (tonelada por quilometro útil).

Gráfico 7 – Demanda captada pela antecipação de investimentos

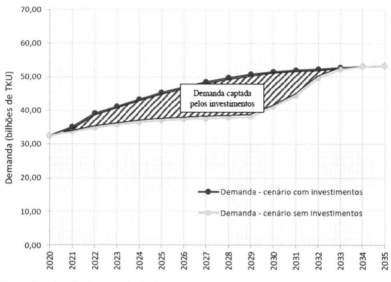

Fonte: Estudos de Vantajosidade da renovação da Malha Paulista.

Pacificada a discussão sobre a melhor forma – do ponto de vista de eficiência, redução de custos de transação e regulatórios, parcimônia no gasto público e apropriação pela sociedade do benefício da modernização da malha o mais rápido possível – de se empreender a transformação da vocação da Malha Paulista, qual seja, através da renovação antecipada, alternativa que inclusive passou a contar com respaldo legislativo (Lei nº 13.448/2017), que expressamente previu a aplicabilidade e as condições para empreender semelhante avença administrativa, passou-se a outra etapa: a definição do melhor projeto possível para se transformar a malha.

Do ponto de vista microeconômico, novas ferrovias são ativos com elevado custo fixo (CFx) e custos variáveis decrescentes na margem, de maneira que faz sentido adicionar novas unidades de carga para diluir o CFx até o momento em que o custo marginal (CMg) iguale o custo médio (CMe). O CMg, em determinado momento, passará a crescer na medida em que a malha atinja determinado nível de saturação, de forma que o custo associado a uma unidade adicional de carga seja superior ao despendido para produzir a unidade imediatamente anterior. São muitas as razões operacionais para que isso aconteça e é possível compreender intuitivamente. De maneira simplificada, para uma dada ferrovia, existe um tamanho "ótimo" de trem, associado a fatores como peso por eixo que a via suporta e tamanhos dos pátios de cruzamento. A partir do momento em que se atinge esse tamanho ótimo e que se satura a malha com um determinado número de trens, as alternativas para aumentar o volume movimentado são (i) colocar mais trens, que gera congestionamentos, pois já se atingiu o número ideal de composições na via; (ii) colocar um vagão a mais em cada trem, que gera entropia operacional, pois os pátios de cruzamento não são longos o suficiente para cruzar trens com esse vagão a mais, levando a manobras mais complexas e custos; (iii) colocar mais carga em cada um dos vagões, o que deve aumentar o peso do trem e gerar desgastes nos trilhos e dormentes de forma a aumentar os custos de manutenção e acidentes de forma mais do que linear, dado que se passou do ponto ótimo de peso por eixo.

Porém, como as primeiras unidades produzidas tinham custo muito elevado, as novas unidades ainda estarão sendo transportadas a um custo inferior ao CMe e, portanto, ajudando a amortizar os CFx. A elevação do CMg se dará até o ponto em que se iguale ao CMe, conforme o gráfico a seguir:

Gráfico 8 – Comportamento de Custos na Ferrovia

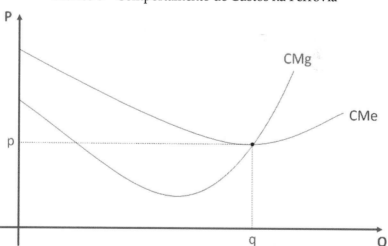

Fonte: Elaboração própria.

Em um "mercado de competição perfeita" – em que, diferentemente de monopólios naturais, como grandes centrais hidroelétricas, aeroportos ou ferrovias, não há custos fixos elevadíssimos aos quais esteja associada escala mínima de produção – o nível ótimo de operação se daria no ponto em que o CMg se iguala à receita marginal, o que seria provocado pela entrada de novos ofertantes no mercado. Em ferrovias, como em outros monopólios naturais, colocar no mercado nova oferta de maneira artificial levaria inexoravelmente à operação em escala inferior à escala mínima de produção e, portanto, a preços inferiores ao CMe – ou seja, prejuízos operacionais e à decorrente interrupção da prestação dos serviços. Por isso, em todo o mundo organizado, a regulação ocupa-se de preservar os monopólios naturais, garantindo condições de amortização dos investimentos no longo prazo e a continuidade da prestação do serviço.

A partir de um certo tamanho de mercado, no entanto, pode ser que de fato seja possível a existência de duas ferrovias atingindo a escala mínima de produção, de maneira que os preços de mercado sejam iguais ou superiores ao CMe. No entanto, isso só faria sentido econômico a partir do momento em que todas as alternativas de expansão de capacidade na via existente fossem exauridas, até o limite em que custassem, em termos de CFx, o mesmo que a implantação de uma nova ferrovia.

Em outras palavras, retornando ao exemplo intuitivo, há muito que pode ser feito para que seja possível (i) colocar mais trens na malha; (ii) colocar mais vagões em cada trem; e/ou (iii) colocar mais carga em cada vagão, antes que faça sentido econômico construir uma nova ferrovia, que implicaria em imensos custos fixos de movimentação de terra, obras de arte especiais, transposição de cursos d'água, desapropriações, compensações ambientais etc. Sobretudo em uma malha construída com tecnologia de mais de um século atrás, é possível "alterar a inclinação" da curva de CMg de forma a inserir novas unidades de carga no sistema. Pode-se, por exemplo, inserir novas tecnologias de sinalização e licenciamento para reduzir a distância entre trens e permitir que se opere de forma eficiente com mais composições na malha; ou aumentar marginalmente o tamanho de todos os pátios de cruzamento, para permitir a operação com trens-tipo com um número maior de vagões; ou modernizar a superestrutura da via para possibilitar maior tonelagem por eixo para uma dada densidade de tráfego. Ou a combinação de todos esses elementos, dentre outros, permitindo ganho substancial de capacidade com redução de custo unitário no tempo. É disso que trata a renovação antecipada da Malha Paulista.

Gráfico 9 – Comportamento Gráfico da Renovação da Malha Paulista

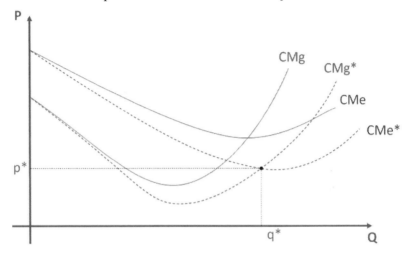

Fonte: Elaboração própria.

Todos os desafios associados à transformação da vocação do ativo foram abordados na montagem do projeto. Aqueles atinentes à expansão de capacidade estiveram lastreados em modelagem operacional que simulou as intervenções necessárias ao atendimento da demanda projetada.[27] Já aqueles associados aos conflitos entre a ferrovia e o entorno foram definidos por meio de metodologia própria definida pela ANTT e pela listagem de intervenções prioritárias que compuseram o Programa Nacional de Segurança Ferroviária em Áreas Urbanas

---

[27] Foi desenvolvida modelagem operacional analítica, com o intuito de simular, para um dado modelo de demanda prospectiva elaborado pela ANTT, o impacto do aumento dos volumes em cada uma das seções de bloqueio (SBs) da malha. Assim, encontrou-se na modelagem, ano a ano, quais SBs apresentariam gargalo de saturação. A partir do mapeamento dos gargalos, foram definidas as intervenções necessárias para eliminar o gargalo da SB, partindo da mais simples, a extensão de pátio, à mais complexa, duplicação integral, passando por novos pátios e semiduplicações. A modelagem operacional foi desenvolvida de forma analítica, utilizando-se posteriormente o programa ARENA, de simulação dinâmica, para validar parcialmente seus resultados.

(PROSEFER).[28] Assim sendo, houve tratamento pormenorizado dos dois grandes conjuntos de desafios que se colocavam:

(i) Limitação dos tamanhos dos trens e saturação da via foram tratados por meio de:

a. Modernização de toda a linha-tronco, compreendendo: investimento em superestrutura para levar a altura de lastro em toda a extensão da linha a 30 cm e o sublastro a 20 cm; troca de toda a dormentação da linha para peças com vida útil de no mínimo 30 anos de duração e de todo o perfil de trilho da malha para TR-68,[29] de forma a reduzir intervalos de manutenção, reduzir acidentes e aumentar capacidade de tonelagem por eixo para 32,5 toneladas/eixo; troca de todos os aparelhos de mudança de via (AMVs) da malha, para perfil 1:14, que permite entrar nos pátios com maior velocidade de forma segura;

b. Extensão de 30 pátios da malha para 2.500 m de comprimento, de forma a permitir o cruzamento de composições de maior tamanho. Anteriormente, o comprimento dos pátios comportava trens limitados a 80 vagões, passando com a renovação para até 120 vagões;

c. Adoção de tecnologia de ponta em termos de sistemas de sinalização e licenciamento, compreendendo a instalação de 255 chaves elétricas, 155 *houses* e equipamentos de bordo nas locomotivas, configurando sistema de licenciamento mais eficiente e seguro, que mantém comunicação constante entre o trem e o CCO, permitindo redução da distância entre trens, aumento de velocidade e, consequentemente, aumento de capacidade da malha;

---

[28] Instituído pela Diretoria de Infraestrutura Ferroviária (DIF), do Departamento Nacional de Infraestrutura Terrestre (DNIT), o programa tem como objetivo elaborar metodologia para definir intervenções de mitigação de conflitos urbanos com ferrovias. De acordo com o sítio eletrônico do programa, "O PROSEFER foi idealizado com o desígnio de realizar estudos e pesquisas, para definir intervenções em trechos ferroviários com interferências em áreas urbanas. Os estudos foram elaborados por município, com levantamento de informações para cada um dos cruzamentos, que necessitavam de intervenções, seguindo critérios definidos pelo estudo. A partir daí, foi sugerida uma ação adequada e possível para resolver o problema detectado"(BRASIL. Ministério da Infraestrutura. *PROSEFER*. Disponível em: https://www.gov.br/dnit/pt-br/ferrovias/prosefer. Acesso em: 03 mar. 2020).

[29] 68 kg/m.

d. Obras de expansão de capacidade de linhas, aumentando a quilometragem de linha férrea nos pontos críticos de saturação. Os novos pátios e duplicações integrais de trechos totalizam mais de 120 km de novas linhas, divididas em 15 intervenções ao longo da via troncal;
e. Expansão de capacidade na Serra do Mar. À época da construção da linha de simples aderência na serra, na década de 1930, os responsáveis pelo empreendimento tiveram não apenas o mérito de executar intervenção de tamanha complexidade, mas também de vislumbrar os desafios futuros e construir as pré-condições necessárias à sua superação. Assim sendo, todo o trecho da serra foi construído com gabarito suficiente para o tráfego futuro de trens em linha dupla, bem como as pontes, construídas com largura suficiente para tal. Os túneis foram edificados com boca e interior superdimensionados para o tráfego à época da construção. Aproveitando as pré-condições constituídas pelos construtores originais, sem as quais seria impossível transformar a Malha Paulista em corredor de altíssima capacidade – ao menos sem novas obras de grande monta, com desafios ambientais, financeiros e técnicos incomensuráveis –, foi empreendida a duplicação integral da linha, entre o Pátio Boa Vista (ZBV), em Campinas, e o Pátio do Perequê (ZPG), em Cubatão, último pátio da Malha Paulista, já na Baixada Santista, na conexão com a Ferradura que dá acesso ao Porto de Santos.[30]

(ii) Conflitos urbanos entre a ferrovia e os municípios por ela atravessados foram tratados por meio de amplo conjunto de intervenções com graus distintos de complexidade:
a. 34 viadutos e passagens inferiores, para eliminar conflitos rodoferroviários em regiões geralmente densamente povoadas;
b. 8 passarelas de pedestres em pontos com grande fluxo de travessia de passantes;
c. 16 vedações de faixa de domínio para aumentar a segurança da via em perímetros urbanos;

---

[30] A maior parte da duplicação já vinha sendo realizada pela atual concessionária do ativo (Rumo Logística) em contrato firmado junto à concessionária anterior (ALL).

d. Remoção de duas oficinas de manutenção do centro de grandes municípios – oficina de vagões de Rio Claro e oficina de locomotivas de Araraquara –, permitindo que os trens não mais circulem pelo perímetro urbano e passem a utilizar linhas que contornam os municípios. No caso de Araraquara, também o posto de abastecimento de locomotivas foi removido do centro da cidade, tendo sido construída nova estrutura no contorno ferroviário (em Tutóia, fora do centro urbano). Com o novo posto, todo abastecimento da malha, tanto no sentido exportação como importação, passou a ser concentrado em Tutóia, num total de mais 600 mil litros de diesel por dia;

e. 3 contornos urbanos, obras complexas de retirada do fluxo de trens do centro das cidades, por meio da construção de anéis ferroviários fora do perímetro urbano, com destaque para o contorno de São José do Rio Preto, que irá abarcar também os municípios de Cedral e Mirassol.

Gráfico 10 – Distribuição da Tipologia de Investimentos na Malha Paulista

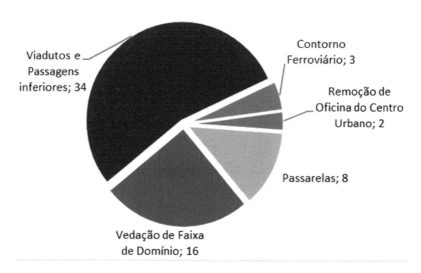

Fonte: Elaboração própria.

Foi elencado, portanto, com o fito de transformar a vocação da Malha Paulista em um corredor de larga capacidade, para conectar as modernas ferrovias que dão acesso ao centro-oeste ao Porto de Santos, um conjunto de 129 intervenções, sendo 66 delas para expansão de capacidade e 63 para redução de conflitos urbanos com a ferrovia.

Gráfico 11 – Distribuição de Investimentos da Malha Paulista

Fonte: Elaboração própria.

Além dos investimentos na linha tronco da malha, foi dado tratamento à questão dos ramais que também formavam parte do contrato. Aqueles que foram entendidos como antieconômicos – casos de Varginha, Piracicaba e Cajati – tiveram a indenização (correspondente ao valor do investimento equivalente à necessidade para se reformar os ramais de maneira a deixá-los em condições de trafegabilidade estabelecida em contrato) valorada e apropriada à modelagem econômico-financeira do contrato, de maneira que o concessionário pagou sob a forma de outorga a indenização pela devolução dos trechos. Além da valoração e pagamento, o concessionário desenvolveu ainda, e disponibilizou ao regulador, relatório técnico de usos alternativos dos trechos, de forma a subsidiar o formulador de política pública na destinação futura dos ativos devolvidos.

No que se refere aos ramais de Panorama, ativo no trecho até Bauru, e Colômbia, ativo no trecho até Pradópolis, o tratamento foi de inserção de obrigação de modernização dos segmentos ativos e de obrigação de recuperação dos trechos inativos, ainda que não houvesse clareza acerca da existência de volumes de carga suficientes para viabilizar a operação ferroviária nos trechos.

Do ponto de vista econômico-financeiro, a modelagem consistiu, em apertada e simplificada síntese, em fluxo de caixa no qual se estimou até o final do segundo período contratual (2058): (i) o conjunto de receitas de transporte, assessórias e receitas alternativas do ativo; (ii) os custos operacionais; (iii) o CAPEX das 129 intervenções a serem realizadas até o final do primeiro período contratual (2028), valoradas em sua quase totalidade[31] com base em projetos executivos precificados com base em tabelas públicas de custos unitários (SICRO); (iv) o CAPEX recorrente ao longo da vigência do contrato. O fluxo de caixa resultante foi trazido a valor presente utilizando-se o *WACC* regulatório da ANTT como taxa de desconto, resultando no cálculo do (v) saldo não amortizado do modelo. Foram estimadas ainda mais duas grandezas,[32] quais sejam, (vi) a base de ativos não depreciados da concessão, correspondente ao saldo não amortizado dos investimentos que haviam sido realizados até o ano de 2017, e (vii) a base de passivos estimada, correspondente à degradação de bens arrendados, invasões de faixa de domínio etc. Além da já mencionada (viii) indenização pela devolução dos trechos antieconômicos. Assim sendo, o resultado do cálculo do *Valor de Outorga da Renovação Contratual* (*VORC*), para um dado *WACC* regulatório que estabelece o retorno do negócio, a outorga devida pelos 30 anos de contrato adicionais (além evidentemente das outorgas remanescentes ainda da primeira perna do contrato) advém da seguinte equação:

$$VORC(wacc) = (v) - (vi) + (vii) + (viii)$$

Além da realização das obras avaliadas como necessárias; do recolhimento à conta única do Tesouro Nacional do Valor de Outorga da Renovação Contratual, que inclui as indenizações pela devolução de ramais antieconômicos e base de passivos; da obrigação de recuperação dos ramais inativos, independentemente da existência futura de volumes a serem transportados; o concessionário saneou também, previamente

---

[31] Alguns dos projetos de conflitos urbanos estavam em nível básico, porém haviam sido desenvolvidos pelo próprio DNIT no âmbito do PROSEFER, tendo sido realizada apenas atualização orçamentária.

[32] Ambas as estimativas devem ser atualizadas e corroboradas através de metodologia estabelecida no contrato ao longo dos dois primeiros anos de vigência do aditivo.

à assinatura do termo aditivo de renovação contratual, todos os passivos administrativos existentes junto à Agência Reguladora, tais como multas administrativas pendentes, taxas não recolhidas, entre outros, e retirou ações judiciais que haviam sido movidas contra a União.[33] Do ponto de vista financeiro, portanto, houve amplo zelo, por parte do regulador e dos órgãos de controle, para que a segunda parte do contrato fosse outorgada sem que restasse qualquer tipo de pendência regulatória, jurídica ou administrativa referente à primeira perna do contrato.

Além dos pagamentos financeiros e das obrigações de execução de obras, foram inseridos ainda indicadores de performance, tais como metas de produção e segurança. A combinação simultânea de obrigações físicas específicas e indicadores suscita uma série de discussões. Entre as características principais dos modelos com obrigações específicas e aqueles com metas de resultados estão:

(i) Obrigações físicas específicas de obras, selecionadas com base em modelo teórico lastreado em prospecção de demanda para mais de 30 anos e em modelagem operacional teórica que define intervenções específicas para atender à demanda é opção clara pela microrregulação. A microrregulação, nesse caso, tem como objetivo principal mitigar riscos de inexecução e garantir o que a dimensão física do que se pretende estará contemplada, ainda que a demanda prospectada não se confirme, ou seja, transfere ao concessionário ônus ainda maior do que apenas o risco de demanda – que, de forma geral, em modelos de concessão é risco do privado –, na medida em que pode se ver em situação na qual haja frustração de receita, sem que possa reduzir dispêndios. Além disso, traz grande ônus regulatório, ao demandar controle pormenorizado do cumprimento de inúmeras obrigações. E, principalmente, carrega consigo grande inflexibilidade e nível elevado de risco, ao depositar responsabilidade excessiva na assertividade dos modelos teóricos de demanda e operacional. Em empreendimentos de infraestrutura, sobretudo os lineares e de longo prazo, a complexidade de fatores dinâmicos – não apenas a demanda, com o surgimento (e desaparecimento) de

---

[33] Na principal delas, referente à disputa em torno da responsabilidade por dívidas trabalhistas ainda do tempo da RFFSA, foi firmado acordo entre as partes acerca dos valores em disputa e encerrados os litígios de parte a parte.

novas cargas em novos locais, mas também novas rotas rodoviárias alimentadoras (ou concorrentes), novas tecnologias, alterações na configuração e operação de portos e terminais, mudanças na conformação das zonas urbanas atravessadas, novos materiais, evolução tecnológica dos ativos rodantes, impedâncias institucionais à realização das intervenções tais quais concebidas, eventos de força maior (como a pandemia do Covid-19), entre outros inúmeros fatores – faz com que, para se cumprir o objetivo de expansão de capacidade, seja necessária a flexibilidade para construir soluções à medida que a realidade se transforma. Obrigações por demais rígidas, portanto, carregam o risco de serem um freio à expansão da capacidade do ativo, ainda que originalmente tenham objetivado o contrário;

(ii) A inserção de metas de resultado em contratos de concessão objetiva focar na finalidade da política pública e menos nos meios para alcançá-la. Carrega consigo a virtude da flexibilidade, uma vez que permite ao concessionário usufruir de maior liberdade para definir investimentos e modelos operacionais para atingir os objetivos definidos. Tem, no entanto, sobretudo em ambiente de assimetria de informações, a desvantagem de depositar excessiva responsabilidade na calibração das metas: caso estejam sobredimensionadas, podem não ser atingidas pelo concessionário e gerar punições; caso estejam subdimensionadas, podem permitir o cumprimento sem a necessidade de que se realizem os investimentos. Além disso, no caso de ferrovias "bandeira branca" – ou seja, aquelas prestadoras de serviço a terceiros, não proprietárias das cargas que circulam sobre as ferrovias –, como é o caso do ativo em tela, a calibração da meta tem especial relevância, pelo fato de exigir, tanto do regulador como do concessionário, esforço adicional de previsão de fatores externos que incidem sobre a demanda – tais como, mas não se limitando a, fatores climáticos, comportamento do câmbio, preços internacionais de commodities, desempenho do PIB do país etc.

Ao tomar a decisão a respeito do melhor tratamento para um determinado ativo específico, tem-se que levar em conta suas características intrínsecas e as do problema que se quer endereçar. Tanto a regulação discricionária quanto a regulação por resultado têm seus ônus e bônus, conforme explanado por Camacho e Rodrigues (2014),[34] que promovem discussão profunda acerca de modelos de regulação discricionária e modelos de regulação por contratos em setores de infraestrutura.

No caso do ativo em tela, de forma pouco usual, optou-se pela sobreposição de ambos os modelos.

Resta claro que o objetivo do poder concedente – e, partindo-se do diagnóstico de necessidade de transformação da vocação do ativo, estava conceitualmente correto – era garantir a execução de investimentos para expansão de capacidade, de forma que optou por regulação discricionária, com listagem extensa de obrigações pormenorizadas, baseadas nos modelos de demanda e operacional teóricos. Ao mesmo tempo, justapôs a microrregulação de obras a metas de produção e segurança a serem perseguidas ao longo de toda a execução contratual.

Tal arranjo resulta em modelagem excessivamente dependente da assertividade da teoria: tanto de partida, na definição das obras obrigatórias (modelo de demanda e operacional teóricos apriorísticos), como ao longo do contrato, no estabelecimento de metas periódicas de produção. E anulou os benefícios de se optar por um dos modelos: ao mesmo tempo em que se segue com a necessidade de periodicamente projetar a demanda e estabelecer metas discutidas entre o regulador e o regulado, confia-se em plano de obras definido com base em projeções apriorísticas desvinculadas das metas estabelecidas ao longo do contrato, sem qualquer mecanismo para que convirjam. Em suma: se majoram os inconvenientes derivados da assimetria de informações e também o risco de demanda, uma vez que ao longo de todo o contrato o concessionário estará sujeito a sanções por descumprimento de metas, ainda que atinja os volumes que lastrearam a elaboração do plano de obras; e, sobretudo, não há flexibilidade para redefinição dos investimentos paripassu às transformações fáticas das cargas, dos demais ativos concorrentes e alimentadores, da realidade dos municípios, das impedâncias institucionais etc.

A prorrogação antecipada do contrato de concessão da Malha Paulista passou por amplo processo de controle e participação social.[35]

---

[34] CAMACHO, Fernando Tavares; RODRIGUES, Bruno da Costa Lucas. Regulação econômica de infraestruturas: como escolher o modelo mais adequado? *Revista do BNDES*, n. 41, jun. 2014.

[35] Além de audiência e consultas públicas, nas quais foram colhidas pela ANTT centenas de contribuições da sociedade, o Ministério Público Federal, sobretudo através da presença

Para além da justaposição entre a microrregulação e a regulação por resultados definida pelo regulador, somaram-se a já complexa mecânica do contrato mais dois mecanismos, ambos associados à tentativa de se mitigar eventuais erros nas projeções apriorísticas de demanda e capacidade.

O primeiro deles – que é relativamente habitual em contratos de concessão de outros setores e foi posteriormente repetido em outros contratos de ferrovias – diz respeito aos chamados "Investimentos Condicionados à Demanda". Trata-se de mais uma regra justaposta às demais, que dispõe sobre a realização de investimentos pelo concessionário. Além dos investimentos obrigatórios, constituídos a partir dos resultados da modelagem de demanda e operacional desenvolvida de partida, e das metas de produção e segurança a serem calibradas e estabelecidas periodicamente ao longo da execução contratual, inseriu-se uma terceira regra, tornando ainda mais complexa a gestão do contrato. Trata-se da obrigatoriedade de, em se atingindo determinado patamar de "saturação" da malha, serem realizados novos investimentos para gerar ociosidade. Nos termos do contrato,

> Os Investimentos Condicionados à Demanda consistem em intervenções a serem realizadas pela Concessionária para adequação da capacidade operacional da Ferrovia à demanda por trans e ferroviário de cargas, de forma a manter o índice de Saturação da Ferrovia (ISF) sempre abaixo de 90% (noventa por cento).

Muito mais próxima do conceito de regulação por resultado, a regra teria mais sentido se não houvesse um plano monolítico de investimentos, e sim apenas a obrigação de manter constantemente um determinado nível de capacidade que mantivesse a malha acima de certo patamar de saturação. Evitar-se-ia, dessa forma, a excessiva dependência com relação à assertividade dos estudos, relacionada ao estabelecimento apriorístico de investimentos com tamanho nível de granularidade. Ou, à guisa de coerência, que se mantivesse a crença na precisão dos estudos e do plano de investimentos deles decorrente e não houvesse estabelecimento de metas ou gatilhos.

---

ativa da 3ª Câmara de Coordenação e Revisão do MPF; o Tribunal de Contas da União, através de auditoria da SEINFRA PortoFerro; e o Ministério Público de Contas analisaram detidamente o processo, tendo se manifestado diversas vezes formalmente nos autos, dado sugestões de aprimoramento e participado do Painel Técnico promovido pelo TCU.

O segundo mecanismo – esse mais heterodoxo e estranho a contratos de concessão comum e também oriundo do processo de interação e controle social – diz respeito ao "Compartilhamento de Receitas com o Poder Concedente". Trata-se, em apertada e simplificada síntese, de regra, estabelecida através de fórmula paramétrica, segundo a qual o concessionário deve restituir ao Poder Concedente parte das receitas de transporte "excedentes" que vier a aferir caso a demanda real seja superior àquela estabelecida nos estudos.

Constitui, na última linha, regra de reequilíbrio automático e unilateral: apenas em favor do Poder Concedente. Conforme dito, a taxa utilizada para descontar o fluxo de caixa projetado para o negócio foi o *WACC* regulatório setorial da ANTT e, conforme é usual em contratos de concessão comum, a demanda é um risco integralmente alocado ao privado, de forma que, caso seja inferior aos patamares da modelagem, a frustração de receita não será ressarcida pelo Poder Concedente ao privado; e, analogamente, se for superior ao previsto nos estudos, não há que se reverter as receitas ao Concedente.

Tal mecanismo é habitual em contratos de concessão comum em função da estrutura de incentivos que carrega: naturalmente compele o concessionário a buscar o atendimento do maior volume possível de carga, de forma a obter a maior receita possível com o ativo, sem ter que dividi-la com ninguém. O modelo difere daquilo que em geral se vê em contratos de PPPs (Parcerias Público-Privadas) do tipo "concessão patrocinada", nos quais parte-se do princípio de que as receitas geradas pelo ativo não são suficientes para garantir ao concessionário determinada taxa de retorno e, portanto, o Estado paga ao gestor do ativo determinada contraprestação.

O estabelecimento de mecanismo de compartilhamento de receitas acima de determinado patamar de demanda em concessão comum distorce princípio basilar da estrutura de incentivos desse tipo de contrato administrativo, e de forma unilateral, não havendo compensações ao concessionário em caso de frustração de demanda. Trata-se de um anacrônico "tabelamento" da rentabilidade do negócio, tentando limitá-la à taxa do *WACC* regulatório, ao menos no canal da demanda – é evidente que há outras formas do concessionário perseguir rentabilidade superior ao *WACC*, como o aumento da eficiência operacional, reduzindo custos em relação ao modelo, dentre outros.

No limite, o concessionário pode optar, caso a receita marginal descontada do "compartilhamento" com o Poder Concedente seja inferior ao custo marginal, por não movimentar uma unidade adicional disponível de carga, em decisão legítima pautada pelo princípio da racionalidade econômica, mas que certamente produzirá resultado socialmente subótimo. Em síntese: uma regra contratual destoante da boa prática regulatória e que desalinha a estrutura de incentivos costumeira de uma ativo dessa natureza pode, a partir do próprio comportamento racional dos agentes, produzir resultado que vai na contramão do interesse público.

Ainda no processo de participação social, além de sugestões de aperfeiçoamento, correções e recomendações de melhoria, a sociedade fez determinadas reivindicações – de certa forma vinculadas às demandas de grupos organizados – que resultaram na inserção de novas obrigações e regras contratuais, tais como: Recursos para Preservação da Memória Ferroviária (RPMF); Recursos para Desenvolvimento Tecnológico (RDT); indicadores de Idade Máxima da Frota de Locomotivas (IMFL); e Limite de Dispersão Tarifária. Não é o objetivo deste artigo discutir o mérito de cada um dos dispositivos, registrando-se apenas que o atendimento a grande volume de reivindicações de grupos organizados majora a complexidade regulatória e os já elevados custos de transação do contrato.

As principais bases do projeto foram aqui debatidas: o objetivo a ser alcançado por meio do ativo (transformá-lo em corredor de alta performance, permitindo o escoamento dos crescentes volumes advindos do centro-oeste e alterando estruturalmente sua vocação); a forma processual para se alcançar o objetivo (a prorrogação antecipada do contrato de concessão); a lógica microeconômica presente na alteração da estrutura de custos da via de maneira a expandir sua capacidade, sendo a decisão mais racional dado os elevados custos fixos inerentes ao monopólio natural (alternativa economicamente superior à construção de novos corredores); o amparo normativo para efetivar a avença administrativa (a Lei nº 13.448/2017); o conjunto de projetos e obras a serem executados e sua valoração; a metodologia e o cálculo do valor presente líquido do projeto e das demais grandezas que compõem o VORC (*WACC*); os principais aspectos regulatórios e cláusulas com impacto relevante sobre a gestão do ativo e a estrutura de incentivos, evidentemente que de forma não exaustiva.

Convém passar ao exame da aderência do projeto, tal qual implantado, à taxonomia dos fatores de sucesso de projeto ferroviário elaborada na Seção 2, para na sequência avaliar as externalidades do modelo.

Tabela 4 – taxonomia dos fatores de sucesso de projeto ferroviário

(continua)

	Taxonomia – Prorrogação Antecipada da Malha Paulista	
Fator Crítico de Sucesso	Foco em longas distâncias ferroviárias	A transformação da linha-tronco da Malha Paulista em corredor de alta capacidade para escoamento das cargas do centro-oeste, advindas da Ferrovia Norte-Sul e da Ferronorte, foi o objetivo principal do projeto, alinhado ao foco em longas distâncias. A obrigação compulsória de reativação de ramais de curta distância e sem diagnóstico claro a respeito da presença de cargas, no entanto, foi na contramão do preconizado.
	Foco em grandes volumes e economias de escala	O projeto foi concebido para dotar a via de capacidade para suportar 32,5 toneladas/eixo, trens de 120 vagões e densidade de tráfego significativamente superior, de forma a absorver os volumes expressivos e sustentados de cargas, com destaque para o granel vegetal (soja e milho) proveniente do centro-oeste, sobretudo Mato Grosso e Goiás, bem como o retorno dos fertilizantes do porto ao campo.
	Ausência de subsídios a modais alternativos	A tradição de despejar recursos públicos no setor rodoviário não se reverteu, mantendo-se a prática recorrente desde os anos 1930. No caso específico da Malha Paulista, rotas alternativas à via ferroviária, no sentido inclusive de portos com distâncias (e, portanto, custos) aquaviários até os destinos maiores do que Santos, receberam recursos públicos importantes. Repete-se, portanto, a contradição histórica de, mesmo para rotas com distância ferroviável, o Estado subsidiar a rodovia, ainda que em trajetos menos eficientes tanto na parte terra como água.[36] A isso somou-se a cobrança do VORC, que incorpora inclusive verbas indenizatórias e outras grandezas. E a outorga variável, sob a forma de "Compartilhamento de Receitas com o Poder Concedente".

---

[36] O frete marítimo para Shanghai partindo de Santos é inferior em US$ /tonelada se comparado a Barcarena (PA) e US$13,5/tonelada em relação a Santarém (PA), ou seja, o governo está destinando recursos públicos e alterando a dinâmica competitiva não apenas em desfavor da ferrovia – como é a tônica desde os anos 1930 – mas também incentivando com recursos públicos rotas menos competitivas do ponto de vista aquaviário (FRISCHTAK, Claudio. Revolução silenciosa na exportação de grãos. *Portal Valor Econômico*, 19 ago. 2021. Disponível em: https://valor.globo.com/opiniao/coluna/revolucao-silenciosa-na-exportacao-de-graos.ghtml. Acesso em: 04 jul. 2022).

(continuação)

Taxonomia – Prorrogação Antecipada da Malha Paulista			
Fatores complementares de sucesso	Custo de capital que possibilite investimentos de grande envergadura	Ao longo da última década, sobretudo desde a substituição da Taxa de Juros de Longo Prazo (TJLP) pela Taxa de Longo Prazo (TLP), o principal financiador da infraestrutura brasileira desde sua criação, o BNDES, foi diminuindo sua participação relativa no mercado, na medida da convergência dos custos de suas linhas com as ofertadas pelo mercado. Outros instrumentos foram criados, como, por exemplo, as debêntures incentivadas de infraestrutura, instituídas pela Lei nº 12.431 de 2011, que oferecem isenção do Imposto de Renda (IR) aos compradores. No que diz respeito ao custo no mercado doméstico, a trajetória descendente da SELIC desde meados de 2017 reduziu o custo de capital para operações de infraestrutura. Porém, a alteração recente para trajetória de rápida elevação novamente afetou o custo de captação e do serviço de dívidas pós-fixadas. O acesso ao mercado externo, por sua vez, carrega o desafio da volatilidade cambial e do custo dos *hedges* para reduzir a exposição ao câmbio. Agenda interessante que tem ganhado terreno pelo apelo natural da ferrovia são títulos privados atrelados a aspectos e metas ambientais, como os chamados *green bonds*. Metas de eficiência energética e redução de emissões de carbono tem sido adotadas.
	Custo dos insumos	A despeito da resiliência da indústria ferroviária nacional, boa parte dos insumos – sobretudo trilhos, sistemas de sinalização e licenciamento – são importados, por razões associadas à falta de escala e constância nos investimentos no setor. Mesmo parte importante dos equipamentos para os quais há produção local – como vagões e locomotivas – tem participação relevante de componentes importados. Assim, a exposição a câmbio segue sendo um desafio com impacto relevante no custo dos insumos ferroviários. Do ponto de vista de custos variáveis, a exposição ao custo do combustível (diesel) é fator de grande relevância, na medida em que é o componente mais relevante da estrutura de custos variáveis das ferrovias. A recente elevação de preços do insumo pressiona, portanto, a linha de custo. Um atenuante importante à excessiva dependência setorial das importações é o Reporto – Regime Tributário para Incentivo à Modernização e à Ampliação da Estrutura Portuária. Instituído em 2004 (Lei nº 11.033/2004), o Regime Aduaneiro Especial permite a importação de máquinas, equipamentos, peças de reposição e outros bens com suspensão do pagamento dos tributos

(continuação)

Taxonomia – Prorrogação Antecipada da Malha Paulista		
Fatores complementares de sucesso	Custo dos insumos	federais e abarca uma série de itens ferroviários. No entanto, sua vigência encerrou-se em dezembro de 2020, tornando as ferrovias ainda mais expostas do ponto de vista de suprimentos. Recentemente, a pandemia de Covid-19 desorganizou diversas cadeias produtivas, tornou escasso o suprimento de determinados componentes essenciais e transformou em cenário desafiador a continuidade de obras e operações. Evidentemente, tais fatores têm impacto relevante em preço. O caráter transitório de tais desafios ainda é incógnita.
	Estabilidade da demanda	Os volumes de soja e milho têm, sobretudo na última década, crescido de forma intensa e sustentada. Há, no entanto, que se observar mais além da curva para compreender a relação entre esse crescimento e a ferrovia. Há diversos fatores que diferenciam uma linha "bandeira-branca" de uma ferrovia verticalizada, que adicionam complexidade à relação entre volume de carga e ferrovia: i) Ainda que de fato a curva seja ascendente no tempo, são frequentes as quebras de safra (como em 2016 e 2021 com o milho), com impacto significativo sobre o negócio ferroviário. Mesmo quebras em outras regiões do país (notadamente o Sul) que não o centro-oeste deslocam as cargas do mercado externo para o interno, retirando-as da ferrovia; ii) Para ferrovias bandeira-branca, a distribuição da carga ao longo do ano importa, ou seja, ainda que, em um determinado ano, se produza mais do que no ano anterior, não necessariamente a ferrovia terá um ano melhor. Se a carga toda estiver concentrada em alguns meses, a ferrovia deixará de movimentar boa parte da carga nos meses pico, por falta de capacidade, e ficará ociosa nos demais. Não se estoca capacidade ferroviária; iii) Há fatores alheios à governança da ferrovia bandeira-branca que podem fazer a carga se concentrar em poucos meses do ano. O câmbio muito desfavorável em determinado momento, por exemplo, pode fazer que os produtores decidam não comercializar a carga durante meses e estocá-la, aguardando melhora nas relações de troca e comercializando todo o volume produzido durante meses em um momento concentrado do tempo. O mesmo pode se dar com relação ao preço internacional da commodity, levando a comercialização a ser concentrada em momento de preço mais favorável.

(continuação)

Taxonomia – Prorrogação Antecipada da Malha Paulista		
Fatores complementares de sucesso	Qualidade da gestão	A melhoria da qualidade da gestão desde a assunção pela iniciativa privada dos ativos ferroviários de forma geral – e do ativo em tela em particular, especialmente em anos mais recentes – é verificável a partir de indicadores de produtividade, aumento de volume movimentado, elevação dos investimentos e queda vertiginosa do número de acidentes. Em termos de governança, também se destaca o fato de haver empresas ferroviárias listadas no Novo Mercado da B3.
	Qualidade e estabilidade da regulação setorial	A transferência dos ativos ferroviários à iniciativa privada não teve como única consequência positiva a melhoria da qualidade da gestão em relação à RFFSA. O fato de ter ensejado a separação institucional das funções de operação, planejamento e regulação teve importância destacada. A regulação, exercida pela ANTT desde sua criação, evoluiu sobremaneira nos últimos 20 anos, o que se reflete na melhoria da qualidade de editais, contratos e normas. Resta ainda, no entanto, fronteira ampla de aperfeiçoamento, sobretudo na compreensão do negócio ferroviário bandeira-branca, de maneira a melhorar a qualidade da regulação e garantir a sustentabilidade do modal. No que diz respeito à regulação das ferrovias bandeira-branca, de forma geral: (i) Compreensão mais ampla da dinâmica da demanda em ferrovias não verticalizadas, incorporando fatores como a ociosidade não forçada e o risco de concentração de carga por fatores cambiais às modelagens e ao tratamento regulatório; (ii) Compreensão mais ampla do risco de demanda e quebras de safra, dando tratamento normativo e contratual específico; (iii) Estabelecimento de mecanismos de mitigação dos efeitos do câmbio sobre a cadeia de suprimentos – como o restabelecimento do Reporto; (iv) Incorporar mecanismos dinâmicos de ajuste às obrigações específicas de investimento, permitindo maior aderência ao comportamento da realidade operacional, da demanda, dos municípios etc; (v) Eliminar mecanismos de controle de rentabilidade e a geração de incentivos distorcidos que cerceiam a produção ferroviária;

(conclusão)

Taxonomia – Prorrogação Antecipada da Malha Paulista		
Fatores complementares de sucesso	Qualidade e estabilidade da regulação setorial	(vi) Corrigir as tabelas de preços públicos e as distorções em relação à realidade. Ou elaborar alternativas à utilização de tabelas referenciais, como a certificação de orçamentos por entes externos; (vii) Compreender os efeitos de eventos de força maior (como a pandemia do Covid-19) sobre os contratos bandeira-branca de forma ampla e preservar a continuidade do empreendimento ferroviário. A despeito dos avanços notáveis de governança setorial, com a separação entre as funções de regulação, planejamento e gestão, há ainda espaço para amadurecimento do ponto de vista do arranjo institucional setorial. No âmbito do executivo, pode-se buscar sinergia de atribuições entre entes subordinados ao Ministério (EPL, VALEC, DNIT, etc), simplificando-se a estrutura e reduzindo etapas na tramitação de processos administrativos. A atuação do controle (TCU, MPF, CGU etc) em determinados processos também pode ser aperfeiçoada em termos de clareza de objeto e escopo.
	Complexidade dos ativos	A Malha Paulista foi um vetor histórico relevante para o desenvolvimento de diversos municípios do interior de São Paulo e atualmente atravessa o centro de muitos deles, cujo crescimento deu-se no entorno da via. A complexidade operacional na relação do espaço urbano com a ferrovia é crescente. Outro aspecto relevante da complexidade do ativo é sua interação com o Porto. A ferrovia bandeira-branca atende a dezenas de terminais, que operam diferentes tipos de carga. Cada terminal com sua distinta infraestrutura de descarga, com níveis heterogêneos de eficiência, manobras ferroviárias específicas e moegas com capacidades diferentes, demandando encostes de lotes de vagões de diferentes tamanhos. Ajustar investimentos para expansão de capacidade e modelo operacional mais fluido para linhas de acesso aos portos também são necessidades prementes para reduzir a complexidade dos ativos. A compreensão dessas variáveis por parte do regulador é absolutamente essencial para o êxito do empreendimento ferroviário.

Estando presentes alguns (ainda que não integralmente) dos fatores críticos de sucesso, a renovação antecipada da Malha Paulista parece aderente ao que se preconiza como importante para o êxito do empreendimento ferroviário. Em especial do ponto de vista da carga e da distância, vê-se que o conceito de transformar a vocação do ativo mostrou-se acertado.

Em março de 2021, teve início a operação no trecho entre São Simão (GO) e Estrela d'Oeste (SP) da ferrovia Norte-Sul, após investimentos de mais de 700 milhões de reais para conclusão do empreendimento na sequência do leilão realizado em 2019. Em São Simão, foi construído terminal com capacidade estática de 42 mil toneladas e capacidade de movimentar por ano entre 5 e 6 milhões de toneladas de soja, milho e farelo de soja. Na sequência, em junho de 2021, teve início a operação do Terminal Multimodal de Rio Verde (GO) inaugurando a operação ferroviária do trecho entre Rio Verde e São Simão (GO), de pouco mais de 200 km, e integrando a região central de Goiás ao Porto de Santos através da Malha Paulista.

Os efeitos da transformação da vocação da Malha Paulista, conjugada à conexão da Ferronorte e da Ferrovia Norte-Sul, tem sido, nos últimos anos, a expansão dos volumes ferroviários movimentados no corredor conjugada à redução das tarifas praticadas. Resultado aderente às previsões de modelagem, para as quais o preço de equilíbrio resultante da alteração da curva de CMg é inferior, com aumento da quantidade movimentada.

Gráfico 12 – Grãos – aumento de volume e redução de tarifa

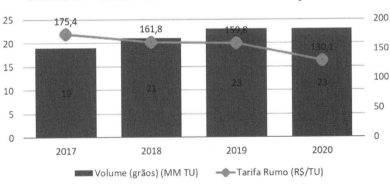

Fonte: SAFF e Relações com Investidores (ri.rumolog.com)/Elaboração própria.

Outro efeito, similar ao que ocorrera com as ferrovias da economia cafeeira da virada do século XIX para o XX, tem sido a expansão acentuada de outros tipos de carga sobre os trilhos da ferrovia. Conforme discutido, os elevados investimentos em via permanente, associados a altos CFx e viabilizados pelo granel, possibilitam que outras cargas tenham CMg de movimentação inferior aos preços e, portanto, possam ser movimentados pela ferrovia – o que não seria possível na ausência do granel, por não haver escala mínima suficiente para pagar os CFx.

O corredor formado pela Malha Paulista e Ferronorte viu a movimentação de fertilizantes partir do zero e alcançar a casa de cerca de três milhões de toneladas em pouco mais de três anos; viu a elevação da movimentação de líquidos, inclusive com a crescente indústria do etanol de milho em implantação no centro-oeste ocupando espaço na ferrovia; a elevação notória da movimentação de celulose; e a expansão a taxas de dois dígitos por ano da movimentação de contêineres, com um sem número de produtos neles embarcados, tais como alimentos e bebidas, produtos de limpeza, higiene pessoal, algodão, madeira, cereais especiais, materiais de construção, entre outros. O número de empresas atendidas aumenta na mesma proporção da diversificação de cargas. Processo análogo começa a ocorrer também no estado de Goiás à medida que se consolida a Ferrovia Norte-Sul.

Os estudos empreendidos pela ANTT previamente à renovação do contrato de concessão da Malha Paulista apontavam na direção do ocorrido. De acordo com o "Estudo Técnico de Fundamentação da Vantajosidade", seriam consequências dos investimentos a serem realizados a antecipação de benefícios e a captura de externalidades positivas, dentre elas a redução de custo de frete a ser percebido pelos usuários, de 2020 a 2034, representariam mais de R$2,6 bilhões.[37] Eram estimados também R$1,63 bilhões com a redução de custos relacionados a acidentes[38] e de quase R$1 bilhão em benefícios ambientais[39] – em decorrência da redução de emissão de poluentes (no ar, solo e água), ruídos e relacionados à mudança climática. No que se refere aos benefícios urbanos, com a redução de congestionamentos e a consequente melhoria da qualidade de vida da população, os benefícios haviam sido estimados pela Agência na ordem de R$1,3 bilhão,[40] além

---

[37] p. 57.
[38] Na modelagem da ANTT, os custos de acidentes concentram-se no valor da vida humana, das perdas de produção e dos outros elementos não cobertos por seguros. Além disso, incluem danos materiais, custos administrativos (ex.: polícia, bombeiros etc.), custos médicos, perdas de produção e custos imateriais (redução do tempo de vida, lesões etc.) – p. 63.
[39] p. 71-72.
[40] p. 72 a 77.

da geração de empregos diretos, indiretos e de efeito renda, que passariam de 130 mil.[41]

Trata-se, portanto, de vigoroso ciclo de desenvolvimento, ancorado em investimento realizado a partir do diagnóstico correto a respeito dos fatores críticos para o êxito do empreendimento ferroviário.

5 Conclusão

As ferrovias brasileiras experimentaram importante ciclo de expansão entre a segunda metade do século XIX e o final da década de 1920. Tal episódio esteve assentado no investimento privado com forte sustentação estatal em termos de garantias de rentabilidade e subsídios e, desde seus primórdios, apresentava trechos deficitários importantes, apesar de as receitas da malha considerada como um todo superarem as despesas.

As ferrovias mais saudáveis do sistema eram aquelas que atendiam a dois fatores críticos de sucesso: distâncias ferroviárias e volumes elevados, que garantissem escala mínima de produção. No período, o destaque correu por conta das ferrovias que atendiam à cultura do café.

Com o ocaso da economia cafeeira e a opção estatal deliberada de investir recursos públicos em rodovias, os déficits operacionais nas ferrovias anteriormente rentáveis acumularam-se, resultando em processo de estatização progressiva do sistema. Tal processo acentuou-se ao longo das décadas, com a criação de *holdings* detentoras da quase totalidade das vias, em especial a RFFSA, criada em 1957.

Com a estatização, a crise do sistema acentuou-se, na medida que se deixou de perseguir o atendimento aos fatores críticos para o êxito do empreendimento ferroviário, permanecendo-se com o modelo de subsídio estatal a rotas antieconômicas.

O setor adentrou os anos 1990 em profunda crise e teve seus ativos concedidos à iniciativa privada, a partir da segunda metade da década. O processo gerou avanços notáveis em termos de expansão de volumes movimentados e redução de acidentes, além de ter cessado os crescentes déficits, que se acumulavam em prejuízos ao erário.

Não houve, no entanto, mecanismos sistêmicos de adaptação da malha para que se pudesse perseguir a aderência ao comportamento

---

[41] p. 78.

das cargas. Com o avanço acentuado da fronteira agrícola na direção do centro-oeste do país, estava pendente o endereçamento do atendimento a esses volumes, distantes do porto e em escala suficiente para o empreendimento ferroviário.

Duas ferrovias *greenfield* – Ferronorte e Ferrovia Norte-Sul – encarregavam-se de alcançar as regiões produtivas. Havia, porém, o desafio de superar o gargalo da malha centenária que as separava do Porto de Santos, a Malha Paulista.

Estruturou-se assim processo de transformação da vocação desse ativo, transmutando-o de via centenária dedicada ao transporte de café em escala incompatível com a tecnologia atual para ativo de larga capacidade, capaz de funcionar como eixo de passagem de alta eficiência, para os volumes advindos das duas novas ferrovias que atendem ao centro-oeste.

Os efeitos têm sido notórios, com aumento expressivo de movimentação, redução de tarifas e ampliação dos tipos de cargas, demonstrando a aderência do diagnóstico empreendido aos fatores críticos de êxito da empresa ferroviária, definidos em taxonomia proposta na Seção 2.

A despeito dos acertos em termos do diagnóstico fundamental de se empreender a transformação da vocação da Malha Paulista, da escolha diligente a respeito da forma de se alcançar o objetivo e da implantação tempestiva da solução, de forma a endereçar com celeridade o atendimento dos volumes crescentes de cargas na origem, há elementos de modelagem cuja aderência aos fatores de êxito do empreendimento ferroviário é menor.

A hipótese é de que algumas escolhas – como a combinação entre modelos justapostos de regulação por resultado e discricionária, resultando em estrutura de incentivos pouco eficaz e custos de transação elevados – sejam resultado de fatores como a descontinuidade das políticas públicas no setor ferroviário e a preponderância das ferrovias de carga própria verticalizadas, que resultam em compreensão ainda limitada do negócio da ferrovia bandeira-branca por parte do poder concedente. Outra hipótese, possivelmente complementar a essa última, diz respeito à herança ainda presente dos subsídios sistêmicos a rotas antieconômicas que perduraram durante décadas no setor, que leva a diagnósticos enviesados a respeito dos problemas reais do setor e à recomendação de soluções desalinhadas do que preconiza o atendimento aos fatores críticos de sucesso.

O processo de amadurecimento do setor ferroviário no Brasil passa pela superação de tais heranças, pela consolidação da ferrovia bandeira-branca como vetor de desenvolvimento não apenas do setor como do país e pelo aprimoramento da regulação, buscando-se a aderência de seus instrumentos à necessidade do êxito do modelo ferroviário bandeira-branca.

Referências

ALDRIGHI, Dante Mendes, SAES, Flávio A. M. de. Financing pioneering railways in São Paulo: the idiossyncratic case of the Estrada de Ferro Sorocabana (1872-1919). *Estudos Econômicos*, São Paulo, n. 35, p. 133-168, jan./mar. 2005.

BRASIL. Agência Nacional de Aviação Civil (ANAC). *ANACPedia*. Disponível em: https://www2.anac.gov.br/anacpedia/por_por/tr_idx84.htm. Acesso em: 20 mar. 2020.

BRASIL. Agência Nacional de Transportes Terrestres. *Estudo Técnico de Fundamentação da Vantajosidade*. Disponível em: https://participantt.antt.gov.br/Site/AudienciaPublica/VisualizarAvisoAudienciaPublica.aspx?CodigoAudiencia=153. Acesso em: 04 jul. 2022.

BRASIL. *Decreto nº 6.620, de 29 de outubro de 2008*. Dispõe sobre políticas e diretrizes para o desenvolvimento e o fomento do setor de portos e terminais portuários de competência da Secretaria Especial de Portos da Presidência da República, disciplina a concessão de portos, o arrendamento e a autorização de instalações portuárias marítimas, e dá outras providências. Casa Civil. Brasília, DF. Disponível em: http://www.planalto.gov.br/ccivil_03/_ato2007-2010/2008/decreto/d6620.htm#:~:text=Disp%C3%B5e%20sobre%20pol%C3%ADticas%20e%20diretrizes,mar%C3%ADtimas%2C%20e%20d%C3%A1%20outras%20provid%C3%AAncias. Acesso em: 03 jul. 2022.

BRASIL. Instituto Brasileiro de Geografia e Estatística (IBGE). *Perfil dos estados e dos municípios brasileiros – 2014*. Rio de Janeiro: IBGE, 2015. Disponível em: https://biblioteca.ibge.gov.br/index.php/biblioteca-catalogo?id=294541&view=detalhes. Acesso em: 03 jul. 2022.

BRASIL. *Ipeadata*. Disponível em: http://www.ipeadata.gov.br/exibeserie.aspx?serid=38414. Acesso em: 03 jul. 2022.

BRASIL. *Lei nº 8.630, de 25 de fevereiro de 1993*. Dispõe sobre o regime jurídico da exploração dos portos organizados e das instalações portuárias e dá outras providências. (LEI DOS PORTOS). Casa Civil. Brasília, DF. Disponível em: http://www.planalto.gov.br/ccivil_03/leis/l8630.htm. Acesso em: 03 jul. 2022.

BRASIL. *Lei nº 11.033, de 21 de dezembro de 2004*. Altera a tributação do mercado financeiro e de capitais; institui o Regime Tributário para Incentivo à Modernização e à Ampliação da Estrutura Portuária – REPORTO; altera as Leis nºs 10.865, de 30 de abril de 2004, 8.850, de 28 de janeiro de 1994, 8.383, de 30 de dezembro de 1991, 10.522, de 19 de julho de 2002, 9.430, de 27 de dezembro de 1996, e 10.925, de 23 de julho de 2004; e dá outras providências. Casa Civil. Brasília, DF. Disponível em: http://www.planalto.gov.br/ccivil_03/_ato2004-2006/2004/lei/l11033.htm. Acesso em: 04 jul. 2022.

BRASIL. *Lei nº 12.815, de 05 de junho de 2013*. Dispõe sobre a exploração direta e indireta pela União de portos e instalações portuárias e sobre as atividades desempenhadas pelos operadores portuários; altera as Leis nºs 5.025, de 10 de junho de 1966, 10.233, de 05 de junho de 2001, 10.683, de 28 de maio de 2003, 9.719, de 27 de novembro de 1998, e 8.213, de 24 de julho de 1991; revoga as Leis nºs 8.630, de 25 de fevereiro de 1993, e 11.610, de 12 de dezembro de 2007, e dispositivos das Leis nºs 11.314, de 03 de julho de 2006, e 11.518, de 5 de setembro de 2007; e dá outras providências. Casa Civil. Brasília, DF. Disponível em: http://www.planalto.gov.br/ccivil_03/_ato2011-2014/2013/lei/l12815.htm. Acesso em: 03 jul. 2022.

BRASIL. *Lei nº 13.448, de 05 de junho de 2017*. Estabelece diretrizes gerais para prorrogação e relicitação dos contratos de parceria definidos nos termos da Lei nº 13.334, de 13 de setembro de 2016, nos setores rodoviário, ferroviário e aeroportuário da Administração Pública Federal, e altera a Lei nº 10.233, de 5 de junho de 2001, e a Lei nº 8.987, de 13 de fevereiro de 1995. Secretaria-Geral. Brasília, DF. Disponível em: http://www.planalto.gov.br/ccivil_03/_ato2015-2018/2017/lei/l13448.htm. Acesso em: 03 jul. 2022.

BRASIL. Ministério da Infraestrutura. *PROSEFER*. Disponível em: https://www.gov.br/dnit/pt-br/ferrovias/prosefer. Acesso em: 03 mar. 2020.

CAMACHO, Fernando Tavares; RODRIGUES, Bruno da Costa Lucas. Regulação econômica de infraestruturas: como escolher o modelo mais adequado? *Revista do BNDES*, n. 41, jun. 2014.

CASTRO, N. Os desafios da regulação do setor de transporte no Brasil. *Revista da Administração Pública*, Rio de Janeiro, n.34, set./out. 2000.

CUÉLLAR, Domingo; OLIVEIRA, Eduardo Romero de; CORREA, Lucas Mariani. Una aproximación a la historia del ferrocarril en Brasil (1850-1950): legislación, empresas y capitales britânicos. *Asociación Española de Historia Económica*, Documentos de Trabajo (DT-AEHE), n. 1602, fev. 2016.

DUNCAN, Julian S. *Public and Private Operation of Railways in Brazil*. New York: Columbia University Press, 1932.

FARBER, Daniel A.; FRICKEY, Philip P. *Law and Public Choice, a critical introduction*. Kindle Version, Chicago and London: The University of Chicago Press, 1991.

FRISCHTAK, Claudio. Revolução silenciosa na exportação de grãos. *Portal Valor Econômico*, 19 ago. 2021. Disponível em: https://valor.globo.com/opiniao/coluna/revolucao-silenciosa-na-exportacao-de-graos.ghtml. Acesso em: 04 jul. 2022.

MATOS, Odilon Nogueira de. *Café e ferrovias*: a evolução ferroviária de São Paulo e o desenvolvimento da cultura cafeeira. 4. ed. Campinas: Pontes, 1990.

PINHEIRO, Armando Castelar; RIBEIRO, Leonardo Coelho. *Regulação das Ferrovias*. Rio de Janeiro: Editora FGV, IBRE, 2017. p. 3-21.

SUMMERHILL, William R. Market intervention in a backward economy: railway subsidy in Brazil, 1854-1913. *Economic History Review*, LI, n. 3. p. 542-568. 1998.

SUMMERHILL, W. *Order against progress*: government, foreign investment, and railroads in Brazil, 1854-1913. Redwood: Stanford University Press, 2003.

THOMAS, Clive S.; HREBENAR, Ronald J. Interest Groups in the States. *In*: GRAY, Virginia; JACOB, Herbert; ALBRITTON, Robert. B. (ed). *Politics in the American States*: A Comparative Analysis. 5th ed. Glenview, IL: Scott, Foresman, 1990.

THOMAS, Clive S.; HREBENAR, Ronald J. Interest Groups in the States. *In*: GRAY, Virginia; JACOB, Herbert; ALBRITTON, Robert. B. (ed). *Politics in the American States*: A Comparative Analysis. 6th ed. Washington, DC: CQ Press, 1996.

THOMAS, Clive S.; HREBENAR, Ronald J. Interest Groups in the States. *In*: GRAY, Virginia; HANSON, Russell L.; JACOB, Herbert (eds). *Politics in the American States*: A Comparative Analysis. 7th ed. Washington, DC: CQ Press, 1999.

THOMAS, Clive S.; HREBENAR, Ronald J. Interest Groups in the States. *In*: GRAY, Virginia; HANSON, Russell L (eds). *Politics in the American States*: A Comparative Analysis. 8th ed. Washington, DC: CQ Press, 2004.

THOMAS, Clive S.; HREBENAR, Ronald J. Nationalization of Interest Groups and Lobbying in the States. *In*: CIGLER, Allan J.; LOOMIS, Burdett A (eds). *Interest Group Politics*. 3. ed. Washington, DC: CQ Press, 1991.

TOPIK, Steven. *The political economy of the Brazilian State, 1889-1930*. Texas: University of Texas Press, Reprint 1987.

Informação bibliográfica deste texto, conforme a NBR 6023:2018 da Associação Brasileira de Normas Técnicas (ABNT):

PENIN, Guilherme. Fatores críticos para o êxito do empreendimento ferroviário: o caso da Malha Paulista. *In*: FAJARDO, Gabriel; COHEN, Isadora; CARELLI, Carolina (coord.). *Infracast*: Concessões, Parcerias Público-Privadas e Privatizações. Belo Horizonte: Fórum, 2022. p. 239-306. ISBN 978-65-5518-428-0.

ALÉM DA ILUMINAÇÃO PÚBLICA

EDUARDA LEONI

A iluminação pública no Brasil possui mais de 18 milhões de pontos de luz, compostos predominantemente por lâmpadas a vapor de sódio e lâmpadas a vapor de mercúrio. A penetração da tecnologia LED, infelizmente, ainda é baixa, embora diversas cidades tenham projetos em andamento para implantação da solução. Estima-se que hoje mais de 1,6 milhões desses pontos estão sob a gestão de concessionárias privadas, o que mostra o tamanho do potencial de mudança que o país tem em sua eficiência energética.

Uma mudança regulatória teve um impacto importante no segmento da iluminação pública no Brasil nos últimos anos. Quando a ANEEL – Agência Nacional de Energia Elétrica, por meio da Resolução Normativa nº 414, de 09 de setembro de 2010, determinou que os ativos de iluminação pública, que antes estavam sob responsabilidade das distribuidoras de energia elétrica, fossem transferidos para os municípios; trouxe uma mudança do cenário e possibilidades do setor. Com essa transferência, os municípios passaram a exercer plenamente o direito à titularidade dos serviços com a obrigação de gerenciar os ativos e prestar um serviço adequado à população, levando à necessidade de ações imediatas do poder público para a capacitação técnica das equipes internas com conhecimento das normas para a elaboração e/ou fiscalização de projetos. Na prática, esse mecanismo repassou para gestão municipal a totalidade dos custos com estudos, projeto, implantação, manutenção, expansão e consumo de energia, além de desafios de ordem técnica, jurídica, regulatória e econômico-financeira. Inicialmente, acreditou-se que essa transferência de responsabilidade traria somente custos adicionais aos municípios, criando responsabilidades extras na sua gestão. No entanto, exatamente pelo fato de serem detentoras dos ativos, as prefeituras tiveram um incentivo para o investimento em equipamentos e luminárias mais eficientes, seja por meio da própria operação ou pelas contratações de parceiros privados por períodos de médio e longo prazo. Através dessas contratações, seja pela Lei nº 8.666/1993 ou pela Lei nº 11.079/2004 que regulamenta as parcerias público-privadas, cidades inteiras tiveram a oportunidade de serem eficientizadas, trazendo bem-estar, segurança, turismo e qualidade de vida para a população local.

1 COSIP

Em dezembro de 2002, por meio de uma emenda constitucional, instituiu-se a cobrança da contribuição para custeio do serviço de iluminação pública – COSIP – pelos municípios e pelo Distrito Federal, com a finalidade exclusiva de custear os serviços de iluminação pública. A legislação permitiu que os municípios tivessem o direito de sancionar uma lei local para permitir e regular a cobrança da COSIP, definindo o seu valor, entre outras características, permitindo também que a cobrança fosse feita através da fatura de consumo de energia elétrica. A COSIP é uma fonte de recurso específica para o serviço de iluminação pública, um recurso vinculado, cujo objetivo é custear o fornecimento de eletricidade, bem como a manutenção, instalação, eficientização, otimização e melhoria dos equipamentos de iluminação pública. Com a arrecadação da COSIP, há segurança no pagamento da contraprestação para o ente privado, desde que esse cumpra com suas obrigações contratuais na realização do serviço, robustecendo assim a financiabilidade do projeto.

2 Perspectivas

Ao contrário do que se pode supor, as aplicações de iluminação pública podem ir muito além dos aspectos de luminosidade em si, trazendo diferentes perspectivas, tornando as cidades mais confortáveis, agradáveis e seguras. Essa análise transcende a valorização do patrimônio urbano e histórico por si só, incorporando possibilidades e agregação de valor no modo de viver do munícipe. As concessões de iluminação pública são a base, possuindo a característica de uma espinha dorsal, que permite aos municípios a implantação de diversas soluções inteligentes de gestão das cidades, abrindo caminhos para gerenciamento de tráfego, de pessoas, monitoramento de áreas de risco, segurança pública, entre outros desafios. Como o ativo de IP permeia o município como um todo, é através dele que se tem o melhor caminho para transformar a cidade em um exemplo de gestão, conectividade, sustentabilidade e acesso à informação. Trata-se, portanto, de uma forma de disponibilizar para os cidadãos uma série de tecnologias inovadoras que, neste momento, já estão transformando a experiência de viver em um ambiente urbano em outros países. No Brasil, ainda há desafios sobre questões jurídicas e regulatórias na implantação prática, trazendo algumas incertezas para o gestor público e o ente privado.

3 Parcerias Público-Privadas

As parcerias público-privadas – PPPs – correspondem a um contrato de concessão, estabelecendo um vínculo obrigacional entre o ente público com a iniciativa privada, que possui o dever de executar obras e/ou prestar serviços públicos. A remuneração se dá através de uma contraprestação pecuniária e o parceiro privado assume a responsabilidade pelo financiamento, investimento e exploração do serviço.

Através das PPPs de iluminação pública, observou-se a possibilidade de ofertar uma solução tecnológica que abrangesse o município como um todo, ou grande parte dele, como no caso da telegestão. Ela possibilita a operação da IP toda à distância, de um centro de controle, dimerizando, operando em blocos ou individualmente todo o parque de IP. Ao permitir, por exemplo, o monitoramento em tempo real do parque luminotécnico, a telegestão possibilita uma redução expressiva no consumo de energia. Através dela, foi dado o primeiro passo para as famosas cidades inteligentes, permitindo que informações trafeguem entre uma luminária e outra. Conectada por esse sistema, a solução inteligente funcionaria como uma plataforma de captura e transmissão de dados, sejam eles referentes à eficiência energética, segurança pública, estacionamentos, clima, qualidade do ar, sensores de sons, entre outros. A implantação do projeto de PPP de iluminação pública com telegestão criará, em breve, uma rede de conexão que terá um potencial para geração de receitas acessórias.

4 Desafios

As PPPs de IP têm avançado de forma exponencial nos últimos dois anos. Com o aumento das concorrências, a iniciativa privada está enxergando uma possibilidade de agregação de valor no objeto inicial do contrato. Mesmo com a maioria das modelagens, por enquanto, sendo específicas para iluminação pública, é notório que nos deságios das últimas concorrências têm se visto previsibilidade de incorporação de outros serviços nos contratos. Na maioria das modelagens e editais, há uma abordagem vaga referente ao tema, sem discriminação específica da exploração das receitas acessórias e sem a clara regulamentação de como se dará essa exploração e a relação do ente público com o privado. Por isso, com a estruturação desses projetos tratando-os de forma superficial, sem contemplar no escopo do contrato o desempenho dos serviços de uma cidade inteligente, sem a previsibilidade do custeio desses serviços pelos municípios e as regras de compartilhamento dessas receitas com o ente público, acarreta-se um desincentivo às empresas privadas de seguirem em frente.

Pode-se enxergar duas formas de exploração dessas receitas, tendo a municipalidade como seu cliente e/ou entes privados. Ao se explorar essas receitas acessórias no ambiente privado, a COSIP não fará parte da remuneração da concessionária, tendo uma natureza unicamente comercial. É o caso de exploração publicitária, aluguel de postes, exploração do cabeamento por fibra ótica, wi-fi privado, entre outros. Nesses casos, a maioria dos editais publicados prevê um compartilhamento dessa receita com o município, sem haver uma regra comum para todos. Dessa forma, o risco de implantação é único e exclusivo da concessionária privada, não se utilizando de nenhuma remuneração dos municípios para o investimento e manutenção.

Na exploração, tendo o município como cliente, as soluções são voltadas a melhorar e aprimorar a qualidade do próprio serviço de iluminação e de outros serviços complementares relevantes para a municipalidade e para os cidadãos. Entre eles, podemos citar semáforos inteligentes, gestão de resíduos, wi-fi público, monitoramento por câmeras de segurança, sensores meteorológicos, entre outros, que estão atrelados ao desenvolvimento tecnológico do município. Tais dispositivos fazem parte do conceito de cidades inteligentes e a capilaridade do próprio sistema de IP faz com que seja a melhor base para a implantação desses serviços adjacentes.

Uma das maiores discussões atuais é referente à utilização da COSIP para outros fins que não sejam somente os serviços de iluminação, e sim serviços adjacentes, como os citados acima. Tais demandas associadas fazem parte do desenvolvimento social e tecnológico das cidades e estão diretamente ligadas ao serviço de iluminação pública, colaborando para municípios com mais integração, bem-estar social e segurança. A análise objetiva nesse caso do uso exclusivo da COSIP não faz sentido, pois inviabiliza as evoluções tecnológicas, a diminuição de custos, a eficiência na sua gestão e a capacidade das cidades de estarem integradas em todos os seus pilares e necessidades. Os serviços atrelados à iluminação pública deveriam ser entendidos como necessários e primordiais na gestão interna e atendimento aos interesses únicos de cada município. Infelizmente, ainda há diferentes interpretações sobre a legalidade dessa expansão dos serviços que podem ser custeados pela COSIP, minando a confiança dos entes privados em tal dispositivo e cerceando a sua exposição ao risco.

5 Caraguatatuba

O caso da PPP de iluminação pública de Caraguatatuba é inspiração para o setor. A Caragua Luz foi a segunda PPP de iluminação pública no Brasil e a primeira do estado de São Paulo. Foi assinada no final de 2015, quando praticamente não havia referências de outros projetos no país. No seu contrato, há uma referência bastante genérica e ampla da possibilidade de exploração de receitas extraordinárias, determinando o seu fim ao término do contrato de concessão e compartilhando 30% da receita líquida com o município. Como a maioria dos contratos existentes de IP no país, a questão jurídica e regulatória não está bem clara para os entes privados, trazendo inseguranças quanto à sua possível exploração. Nesse caso específico, o consórcio desenvolveu uma prova de conceito, com investimento próprio, fazendo uma parceria com uma empresa de tecnologia reconhecida mundialmente. Esse projeto durou um ano, com a implantação de câmeras de segurança com reconhecimento facial, leitura de placas de veículos e interpretação e análise de dados no centro de controle compartilhado. Foi um projeto para mostrar à prefeitura e à população as possibilidades que a rede de iluminação pública pode trazer para uma cidade, já que se trata de um dos ativos com maior capilaridade no município. O projeto foi muito benéfico para a cidade, mas trouxe dúvidas e questionamentos na sua aplicação prática, na segurança da regulamentação existente hoje no país e nas possibilidades de evolução e adequação dessas questões regulatórias. Caso esses questionamentos tivessem um arcabouço legal mais robusto, com a previsibilidade específica de exploração desses serviços no mesmo contrato, Caraguatatuba seria o primeiro caso nacional de cidade inteligente através dos ativos de iluminação pública no Brasil.

6 Futuro

O primeiro contrato de PPP de iluminação pública assinado no Brasil foi no final de 2014 e, somente após o ano de 2016, o setor começou a se movimentar com estudos, modelagens e editais. Pode-se ver que é um mecanismo de contratação relativamente recente e que ainda não há nenhum contrato de concessão que tenha chegado ao final contratual. Dessa forma, é possível afirmar que o país ainda está na curva de aprendizado quando se refere aos melhores modelos propostos. É relevante realçar que importantes conquistas nas modelagens foram alcançadas ao longo dos anos, com municípios contratando projetos desenvolvidos pela Caixa Econômica Federal e BNDES, por exemplo, que tiveram um papel muito relevante no destravamento das PPPs de IP. Mesmo que as modelagens feitas através das MIPs e PMIs não possuíssem nenhuma vedação na sua utilização, na prática, eram projetos com erros e muitos questionamentos. É preciso reconhecer e afirmar o extraordinário papel desses estruturadores, trazendo editais com maior segurança jurídica, melhores mecanismos de aferição, que trazem tranquilidade tanto para o ente público quanto para o privado na execução do contrato.

Existem importantes movimentos da iniciativa privada para fomentar a discussão entre os diversos interessados, com o foco em melhorar a vida do munícipe – que é a peça mais importante da equação. A discussão referente à abrangência da utilização da COSIP ganha cada vez mais corpo e a sociedade e os diversos interessados aguardam o dia em que a legislação trará mais tranquilidade e segurança jurídica para que o ativo de iluminação pública possa trazer à população não somente uma iluminação de qualidade durante a noite e sim uma complementariedade de bem-estar social, segurança, disponibilidade de serviços, acesso à informação, sustentabilidade e eficiência na gestão dos municípios brasileiros.

Referências

BRASIL. Agência Nacional de Energia Elétrica. *Resolução Normativa nº 414, de 09 de setembro de 2010*. Estabelece as Condições Gerais de Fornecimento de Energia Elétrica de forma atualizada e consolidada. Brasília, DF. Disponível em: https://www.legisweb.com.br/legislacao/?id=112868. Acesso em: 01 jul. 2022.

BRASIL. *Lei nº 8.666, de 21 de junho de 1993*. Regulamenta o art. 37, inciso XXI, da Constituição Federal, institui normas para licitações e contratos da Administração Pública e dá outras providências. Casa Civil. Brasília, DF. Disponível em: http://www.planalto.gov.br/ccivil_03/leis/l8666cons.htm. Acesso em: 01 jul. 2022.

BRASIL. *Lei nº 11.079, de 30 de dezembro de 2004*. Institui normas gerais para licitação e contratação de parceria público-privada no âmbito da Administração Pública. Casa Civil. Brasília, DF. Disponível em: http://www.planalto.gov.br/ccivil_03/_ato2004-2006/2004/lei/l11079.htm. Acesso em: 01 jul. 2022.

Informação bibliográfica deste texto, conforme a NBR 6023:2018 da Associação Brasileira de Normas Técnicas (ABNT):

LEONI, Eduarda. Além da Iluminação Pública. *In*: FAJARDO, Gabriel; COHEN, Isadora; CARELLI, Carolina (coord.). *Infracast*: Concessões, Parcerias Público-Privadas e Privatizações. Belo Horizonte: Fórum, 2022. p. 307-313. ISBN 978-65-5518-428-0.

A IMPORTÂNCIA DO VERIFICADOR INDEPENDENTE EM CONCESSÕES E PARCERIAS PÚBLICO-PRIVADAS

GUSTAVO PALHARES

1 Introdução

Tendência cada vez maior no Brasil, as parcerias entre Estado e entidades privadas têm se tornado uma alternativa para a gestão e implementação de serviços e infraestrutura de qualidade em todo o país. Seja por meio de Concessões comuns, seja por Parcerias Público-Privadas (PPP), essas tratativas são medidas que, além de desonerar o caixa de governos municipais, estaduais e federal, beneficiam o cidadão com melhorias em setores ora defasados pela falta de políticas públicas eficazes.

Além dos ganhos econômicos e de gestão, a delegação dos serviços de competência pública à iniciativa privada deve garantir a prestação adequada ao pleno atendimento dos usuários, sempre observando a legalidade, a eficiência e a transparência ao longo de toda a execução do projeto. Diante disso, os benefícios e as inovações trazidos pelas Concessões e PPPs também trouxeram novos e importantes desafios a serem vencidos.

Assim, surge a figura do Verificador Independente. Um agente externo e imparcial, que pode atuar em concessões de serviços públicos e parcerias público-privadas, cuja responsabilidade é auxiliar tecnicamente o Poder Concedente e a Concessionária a atingirem os objetivos propostos, apoiando e avaliando a atuação desses parceiros na correta execução dos contratos. Essa atuação é materializada na verificação do cumprimento das obrigações contratuais, em especial no que tange à aferição dos indicadores de desempenho previstos.

2 O Verificador Independente

Atualmente, a legislação que rege as Concessões no Brasil é a Lei Federal nº 8.987, de 13 de fevereiro de 1995, que dispõe sobre o regime de Concessão e permissão da prestação de serviços públicos. Já as PPPs foram instituídas com a Lei Federal nº 11.079, de 30 de dezembro de 2004, que estabeleceu as normas gerais para licitação e contratação de Parceria Público-Privada.

Ambas as legislações determinam em seu escopo a obrigatoriedade de definição de critérios, indicadores, fórmulas e parâmetros definidores da qualidade do serviço prestado. A Lei das PPPs vai além, dispondo que a parceria poderá prever o pagamento de remuneração variável ao parceiro privado, vinculada ao seu desempenho, conforme metas, padrões de qualidade e disponibilidade definidos no contrato. Com essa inovação – extremamente relevante para a eficiência e a qualidade dos serviços prestados –, surge, conforme dito anteriormente, o desafio de se aferir o desempenho obtido de maneira imparcial e eficaz. Assim, o VI passa a ser a figura designada para transmitir segurança, tanto ao parceiro privado quanto ao poder público, garantindo isenção na avaliação dos indicadores de desempenho e serviços exigidos.

É nesse contexto que surge o primeiro registro, identificado no Brasil, de contratação de Verificador Independente, ocorrido no âmbito da PPP da Rodovia MG-050.

Essa parceria foi firmada pelo estado de Minas Gerais em 2007, por intermédio da Secretaria de Estado de Transportes e Obras Públicas. A rodovia contempla mais de 371 km de extensão e a PPP prevê a recuperação, ampliação e manutenção dela ao longo de 25 anos de duração do contrato.

3 O papel do Verificador Independente

O Verificador Independente tem por função básica executar a avaliação de desempenho de forma técnica e independente. Por ser um terceiro agente previsto na Concessão ou parceria, o VI é parte estranha à relação contratual entre Poder Concedente e Concessionária. Essa posição dá ao Verificador uma visão isenta de interesses com relação ao objeto do contrato, possibilitando a realização de sua função de forma independente e eficiente.

É importante ressaltar que o Verificador Independente não exerce função de fiscalização ou atua de forma discricionária. Sua atuação é pautada em critérios objetivos de avaliação do desempenho do parceiro privado, que é previamente definida e parte integrante do processo de concorrência pública. Esses critérios compõem o Sistema de Mensuração de Desempenho (SMD) da Concessão ou PPP.

O SMD é um instrumento que estabelece e padroniza critérios, indicadores, fórmulas e parâmetros definidores da qualidade do serviço. Ele apresenta quais serão os indicadores avaliados ao longo da Concessão, como serão calculadas as notas de desempenho e como essa avaliação impactará nos resultados e na remuneração do contrato. O SMD busca atrelar a remuneração do parceiro privado à qualidade do serviço efetivamente prestado por meio de indicadores de desempenho, que são definidos com a finalidade de alinhar os interesses do Poder Concedente e da sociedade, garantindo a prestação dos serviços com qualidade e de forma continuada no longo prazo.

Os indicadores que compõem o SMD, e consequentemente norteiam o trabalho do VI, podem ser divididos em cinco principais grupos, sendo eles:

- Operacionais: referem-se a todos os quesitos ligados à qualidade técnica e infraestrutura do projeto. São os principais norteadores do contrato de parceria e seu monitoramento deve ser constante;
- Financeiros: tão essenciais quanto os operacionais, os indicadores financeiros dizem respeito à saúde financeira da Concessionária e à viabilidade econômica do projeto. Cabe ao Verificador Independente analisar balanços do ente privado, que é obrigado a fornecer tais informações quando solicitadas. É um direito do poder concedente saber, a todo o tempo, se há risco ou não de descontinuidade por parte da empresa que assumiu o contrato.
- Ambientais: garantem a preservação do meio ambiente e certificam de que o projeto está em conformidade com a legislação ambiental vigente. São essenciais especialmente em casos de licenciamentos ambientais, podendo estabelecer contrapartidas, que vão desde ações de reflorestamento à implementação de parques e áreas de preservação;

- Sociais: indicadores sociais estipulam contrapartidas devidas pelo agente privado à população afetada direta ou indiretamente pelo projeto. Podem envolver ações educacionais, cursos de capacitação e treinamento de funcionários, realização de campanhas culturais e sociais que beneficiem a região, entre outros;
- Gerencial: por fim, o indicador gerencial tem por objetivo medir a resposta do concessionário às demandas do poder concedente. Avalia a qualidade dos serviços prestados pela equipe gerencial do parceiro privado, tendo como norte as entregas exigidas pelo poder público. Pode incluir: nível de atendimento, entrega de dados, tráfego de informações, cumprimento de contrapartidas e prazos.

Avaliação periódica de desempenho é a garantia de que os serviços serão efetivamente prestados e que observarão os níveis de qualidade esperados. Ao realizar a avaliação constante do desempenho da Concessionária, o Verificador possibilita o acompanhamento dos resultados do contrato, muitas vezes em tempo real. Os registros e dados gerados durante o acompanhamento do contrato tornam-se uma espécie de memória viva da Concessão. Essa massa de dados e histórico de registros é fonte inestimável de informação e conhecimento acerca do projeto, devendo ser utilizada para retroalimentar o modelo de políticas públicas do Poder Concedente, propor melhorias ao contrato de Concessão, subsidiar eventuais reequilíbrios econômico-financeiros e a tomada de decisão dos gestores.

Seguindo a máxima de William Edwards Deming, um dos mestres do gerenciamento de processos, "o que não pode ser medido não pode ser gerenciado". Não mensurar a prestação adequada dos serviços pode resultar em pagamentos indevidos ao parceiro privado. Dessa forma, reforça-se a importância de contar com o apoio do VI, garantindo a eficiência dos gastos públicos e remunerando apenas os serviços efetivamente prestados.

Por ter caráter independente e técnico, também é papel do VI atuar em eventuais discussões ou pleitos requeridos entre a gestão pública e a Concessionária, fazendo o papel de uma espécie de câmara arbitral proativa na solução dessas questões ao longo da execução do contrato. Nesse ponto, são essenciais a transparência e a impessoalidade exigidas à figura de Verificador Independente.

O VI também poderá ser encarregado da revisão dos próprios indicadores, eventualmente recomendando indicadores mais adequados e seus respectivos níveis de serviços, de forma a assegurar o melhor uso dos recursos do projeto e acompanhando as evoluções tecnológicas.

Outra competência do VI é a capacidade de apoiar as partes envolvidas no contrato na identificação de possíveis externalidades que possam impactar o projeto. As externalidades são efeitos paralelos, gerados em decorrência das ações e práticas adotadas no dia a dia da Concessão. Nas Concessões e PPPs, esses efeitos podem se relacionar a resultados ambientais, econômicos, sociais entre outros.

O Verificador também pode ser responsável por aferir os indicadores estratégicos da Concessão ou Parceria, avaliando os resultados e impactos para a população. A mensuração das métricas vivas relativas às áreas sociais, ambientais, de sustentabilidade e governança mensuram os benefícios e impactos desses contratos na vida dos cidadãos. Essa avaliação traz transparência e segurança aos tomadores de decisão quanto à saúde da Concessão e ao atendimento dos objetivos propostos.

Conforme demonstrado, o VI pode ser encarado como um catalisador de sucesso do projeto. Sua atuação deve ser comparada à de um guardião do contrato e do interesse do seu contratante, o usuário do serviço público concedido.

A contratação do VI pode ocorrer de duas maneiras, sendo responsabilidade do Poder Concedente ou da Concessionária prestadora do serviço. Independentemente da modalidade pela qual seja contratado, o responsável final pela remuneração do Verificador é o usuário.

Se contratado pelo Poder Concedente, a fonte de recurso para arcar com os custos do VI será o Tesouro, alimentado pelos impostos e/ou contribuições pagas pelos contribuintes. No caso da contratação pela Concessionária, os custos relativos ao VI estarão previstos na modelagem e no plano de negócio da Concessão, ou seja, uma fração da tarifa paga pelo usuário do serviço será responsável por abarcar a remuneração do VI. A discussão sobre qual a melhor modalidade de contratação do VI é longa e ainda inconclusa. É importante entender que ambas possuem seus pontos positivos e negativos, devendo ser analisadas no caso concreto para a tomada de decisão de qual é mais aderente a cada projeto.

4 Alguns casos de sucesso do VI Houer

A Houer exerce, atualmente, a função de Verificador Independente em contratos de Concessões e PPPs em seis áreas, sendo elas: Rodovias, Iluminação Pública, Saúde, Conectividade, Saneamento Básico e Estacionamento Rotativo.

Esses contratos estão distribuídos em seis estados brasileiros e em 242 diferentes municípios. Os contratos de Concessão verificados pela Houer perfazem valores da ordem de R$16,8 bilhões de reais, trazendo investimento em infraestrutura e prestação de serviço público, impactando diretamente a vida de milhares de pessoas.

Entre alguns dos principais resultados obtidos nos VI, podemos destacar as Parcerias Público-Privadas do Piauí Conectado e as de Iluminação Pública.

4.1 Piauí Conectado

O estado do Piauí, por intermédio de sua Agência de Tecnologia da Informação, firmou, em 2018, o contrato de Parceria Público-Privada para construção, operação e manutenção de infraestrutura de transporte de dados, voz e imagem.

Os objetivos esperados com o projeto são melhorar a qualidade dos serviços prestados aos servidores públicos e aos cidadãos piauienses com expansão e universalização do acesso à internet, redução dos custos operacionais e administrativos, assim como com a promoção da inclusão social em todo o Estado.

Até setembro de 2021, a PPP já se encontrava presente em 147 municípios do Estado, beneficiando 80,6% da população do Piauí. Também interligava 1.487 unidades públicas, contando com internet pública e gratuita em 199 praças e logradouros públicos e beneficiando mais de 199 mil alunos da rede pública em 461 escolas. A parceria também foi premiada como Projeto do Ano 2018, no *PPP Awards and Conference*.

A PPP conta com a figura do VI para aferição do desempenho e da qualidade do serviço realizado. O Sistema de Mensuração de Desempenho é composto por 15 indicadores, que avaliam o desempenho geral da Concessionária, bem como monitora a qualidade do serviço prestado.

É válido ressaltar que a avaliação de desempenho do projeto Piauí Conectado possui critérios e aspectos que exigiram a implantação de soluções tecnológicas robustas, com integração e aplicações específicas para gestão dos resultados.

Destacando alguns resultados do período de julho de 2019 a setembro de 2021, o Verificador Independente da PPP desenvolveu 27 relatórios mensais de monitoramento e foi responsável por:

- Monitorar por mais de 17,5 mil horas a disponibilidade de internet;
- Acompanhar cerca de 3.900 tíquetes de atendimento aos usuários;
- Identificar cerca de 480 inconformidades ao longo das inspeções;
- Inspecionar presencialmente 1.531 unidades públicas;
- Realizar aproximadamente 5 mil testes de velocidade *in loco*;
- Inspecionar cerca de 4 mil km de cabeamento de fibra ótica.

Os resultados obtidos na Concessão mostram a relevância do papel do VI devido à avaliação periódica e técnica. A imagem a seguir apresenta a evolução dos indicadores de desempenho de outubro de 2019 a setembro de 2021.

Figura 1 – Evolução dos Indicadores de Desempenho

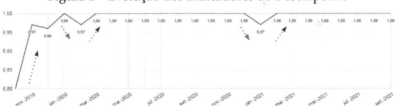

Fonte: *Houer Concessões.*

Nota-se que há uma estabilidade na qualidade dos serviços prestados, havendo quedas pontuais no indicador de desempenho, como verificado nos meses de 02/2020 e 01/2021. Contudo, nota-se que a recuperação e normalização do desempenho ocorre imediatamente no período seguinte ao período de desvio. Diante do gráfico apresentado, conclui-se que em grande parte do período analisado há cumprimento das metas estabelecidas. Quando a qualidade desses serviços reduz, prontamente a Concessionária atua para correção das inconformidades responsáveis pela queda no desempenho, restabelecendo a qualidade do serviço prestado. Fica claramente demonstrada a relevância e importância da mensuração e do acompanhamento em tempo real dos indicadores previstos no contrato, garantindo a qualidade dos serviços prestados a toda a sociedade e a eficiência nos serviços públicos.

O desempenho adequado da PPP Piauí Conectado, bem como a qualidade dos serviços, impactam diretamente na expansão e universalização do acesso à internet no Estado, na redução dos custos públicos e na promoção da inclusão social.

Por meio da rede de dados de alta velocidade implantada, foram possíveis diversas ações de apoio ao enfrentamento à pandemia, bem como foi possível manter diversos serviços, mesmo diante do cenário de isolamento social. Destaca-se:

- Visita virtual de familiares a pacientes acometidos pela Covid-19: foram fornecidos *tablets* pela Concessionária e montadas cabines onde, por videoconferência, os pacientes internados podiam conversar com seus familiares;
- Apoio à obtenção do auxílio emergencial: disponibilizado o acesso gratuito à internet em frente às unidades da Caixa Econômica Federal, além de equipes de apoio e equipamentos para o preenchimento do cadastro para candidatura ao recebimento do Auxílio Emergencial;
- Continuidade de serviços via videoconferência: fornecimento de links para utilização de telemedicina e audiências penais.

Esse propósito foi posto à prova ao longo da pandemia da Covid-19. O Piauí Conectado foi crucial no enfrentamento da pandemia, fornecendo a infraestrutura de conectividade necessária para sustentar o Estado nos piores momentos da crise sanitária.

4.2 Verificador Independente em PPP de iluminação pública

Um grande avanço em modelos de PPP no Brasil são as concessões em serviços de Iluminação Pública. Esse serviço tem como principal objetivo prover luz, ou claridade artificial, aos logradouros públicos no período noturno ou nos escurecimentos diurnos ocasionais ou permanentes. Além disso, a iluminação também é responsável por proporcionar visibilidade para a segurança do tráfego de veículos e pedestres de forma rápida, precisa e confortável.

É competência do poder público municipal ou distrital a prestação dos serviços de iluminação pública. Assim, os municípios vêm firmando contratos de Concessão Administrativa para a prestação dos serviços de iluminação pública, incluídos o desenvolvimento, modernização, expansão, eficientização energética, operação, manutenção e controle remoto e em tempo real da infraestrutura das redes municipais.

A modernização e a eficientização energética são fatores que geram resultados e impactos positivos para o poder público e todos da sociedade. Entre os principais benefícios gerados por esse modelo de parceria, pode-se destacar:

- Aumento da sensação de segurança, com vias e logradouros públicos mais iluminados;
- Redução de consumo de energia e valor pago pelo fornecimento, gerando economia aos cofres públicos;
- Valorização do patrimônio público;
- Redução na geração de resíduos, com equipamentos mais eficientes e de maior vida útil;
- Redução de emissão de gases de efeito estufa e contribuição contra os efeitos das mudanças climáticas.

Observa-se que os serviços de iluminação pública impactam diretamente na qualidade de vida e segurança dos cidadãos, bem como sua eficiência é capaz de contribuir diretamente com o meio ambiente, por meio do uso racional da energia.

Atualmente, a Houer exerce a função de VI em quatro contratos de PPPs de Iluminação Pública, sendo responsável por verificar mais de 780 mil pontos de iluminação.

Além de grande demanda técnica e de equipamentos específicos, destaca-se que a verificação de parques de iluminação pública apresenta relevante grau de dificuldade, principalmente devido às extensões territoriais e elevado número de ativos a serem avaliados. Os serviços devem ser avaliados em períodos noturnos e diurnos, devem observar legislações e normas técnicas específicas e realizar análises com amostras válidas para todo o território da Concessão.

Anteriormente à contratação do Verificador, na maior parte dos contratos, os indicadores da Concessão eram avaliados pelo Poder

Concedente e/ou concessionária ou simplesmente não eram avaliados. Com o início das aferições, o VI estabeleceu metodologias e procedimentos para cálculo de indicadores, implantou sistema informatizado para aferição de indicadores de forma automática, realização de sorteio de amostras, registro histórico de aferições, cálculo de contraprestação pecuniária, *dashboard* para acompanhamento dos indicadores e principais requisitos contratuais pelo Poder Concedente e Concessionária. Esses desenvolvimentos permitem inspeções mais ágeis e rastreáveis, pois geram relatórios fotográficos e vídeos de registros como resultados das inspeções realizadas.

Resultados obtidos em alguns desses contratos demonstram que em aferições realizadas pelo VI foram identificadas inconformidades no atendimento a alguns indicadores que anteriormente não haviam sido registradas pelo Poder Concedente e/ou Concessionária – situação em que o Poder Concedente acabava por pagar uma contraprestação mensal integral mesmo sem o recebimento integral dos serviços.

Ressalta-se, todavia, que não é objetivo do VI reduzir o valor das contraprestações ou reajustes tarifários, mas sim garantir que o Poder Concedente e/ou usuários estejam pagando pelos serviços efetivamente entregues pelas Concessionárias.

5 Considerações finais

O presente artigo teve como objetivo explanar e apresentar o Verificador Independente como um agente externo que atua em concessões de serviços públicos e parcerias público-privadas. O principal papel do VI é auxiliar tecnicamente o Poder Concedente e a Concessionária a atingirem seus objetivos de contrato que, muitas vezes, possuem diversificados escopos.

O VI vem ganhando espaço no Brasil por se apresentar como agente de eficiência para o poder público, pois garante os insumos necessários para avaliar o cumprimento das obrigações previstas no contrato. Devido à complexidade de alguns contratos, a sua avaliação pode exigir a participação de equipe multidisciplinar, a aplicação de técnicas específicas e uso de equipamentos e sistemas apropriados.

Dessa forma, o Verificador Independente tem se apresentado como a figura-chave na relação entre o poder público e o parceiro privado, pois ele possibilita certificar a fluidez do contrato e a integridade por ambas as partes envolvidas no processo.

Os estudos de caso apresentados neste trabalho apontam alguns dos benefícios gerados pelos Verificadores Independentes, como:

- Maior qualidade em serviço prestado: ao aliar indicadores de desempenho bem definidos à isenção na avaliação do projeto, o Verificador Independente torna-se a figura ideal na manutenção da qualidade em parcerias entre os poderes público e privado. Livre de interesses particulares, o VI se vale do monitoramento constante da qualidade dos serviços prestados pelo concessionário, garantindo a eficácia na execução do contrato. Por meio desse controle, é possível ao gestor público monitorar a evolução da parceria em caráter mensal, que, por sua vez, é traduzida monetariamente em Contraprestações Pecuniárias destinadas ao poder privado;
- Agilidade e cumprimento de prazos e metas: além de garantir a qualidade na execução do contrato, a atuação do Verificador Independente incentiva a manutenção e agilidade das demandas previstas por parte do concessionário. Isso porque quanto melhor forem os parâmetros avaliados pelo VI, mais próximo do valor integral da Contraprestação Pecuniária mensal ou do reajuste da tarifa estará a Concessionária. Tal estratégia motiva e enriquece a parceria entre os gestores público e privado, certificando o engajamento do concessionário no cumprimento das etapas do contrato;
- Redução de custos para as partes: quando corretamente gerenciadas por um Verificador Independente, parcerias público-privadas e concessões comuns podem representar economia na execução do projeto. Tal economia está intrinsecamente ligada à qualidade do monitoramento de resultados, gerenciamento de custos e otimização de investimentos, evitando gastos excessivos com superfaturamento de obras, oneração da folha de pagamento, retrabalhos, litígios trabalhistas, multas ambientais, entre outros;
- Criação e implantação de sistema de monitoramento: por fim, a atuação do Verificador Independente prevê o monitoramento constante da parceria firmada entre os poderes público e agente privado. A implantação desse sistema garante a uniformidade na execução do contrato, mantendo as duas partes envolvidas atualizadas sobre etapas cumpridas, bem como

eventuais falhas e atrasos. Além disso, garante a transparência nas informações para a sociedade via sistema *web*, por exemplo. Por ser realizada por agentes externos, a Verificação Independente garante uma ferramenta de avaliação que beneficia, em igual peso, tanto o poder concedente quanto o poder privado, certificando a idoneidade do projeto proposto.

É preciso ressaltar que o VI tem um papel muito diferente de uma fiscalização tradicional, de forma que monitora o desempenho da Concessionária e certifica que os dados e informações gerados são reais e fidedignos à realidade existente. Esse papel é de suma importância para o Poder Concedente, Concessionária e sociedade, garantindo a transparência e independência nos contratos públicos.

Além dos benefícios diretos obtidos com o trabalho do Verificador, o embasamento das aferições em um Sistema de Mensuração de Desempenho com critérios objetivos possibilita a efetivação de estratégias e políticas de Estado. As Concessões e PPPs caracterizam-se por longos prazos de duração e contratos de valores vultuosos. Critérios objetivos, bem delimitados e avaliados de forma independente e regular garantem a manutenção dos serviços prestados, livre de interferências geradas pela alternância de gestão ou influências políticas, garantindo a prestação do serviço público em observância aos interesses da coletividade.

Referências

BRASIL. *Lei nº 4.320, de 17 de março de 1964*. Estatui Normas Gerais de Direito Financeiro para elaboração e controle dos orçamentos e balanços da União, dos Estados, dos Municípios e do Distrito Federal. 1964. Brasília, DF: Presidência da República, [2021]. Disponível em: http://www.planalto.gov.br/ccivil_03/leis/l4320.htm. Acesso em: 13 nov. 2021.

BRASIL. *Lei nº 8.987, de 13 de fevereiro de 1995*. Dispõe sobre o regime de concessão e permissão da prestação de serviços públicos previsto no art. 175 da Constituição Federal, e dá outras providências. Brasília, DF: Presidência da República, [2021]. Disponível em: http://www.planalto.gov.br/ccivil_03/leis/l8987compilada.htm. Acesso em: 12 nov. 2021.

BRASIL. *Lei nº 11.079, de 30 de dezembro de 2004*. Institui normas gerais para licitação e contratação de parceria público-privada no âmbito da administração pública. Brasília, DF: Presidência da República, [2021]. Disponível em: http://www.planalto.gov.br/ccivil_03/_ato2004- 2006/2004/lei/l11079.htm. Acesso em: 10 nov. 2021.

MINAS GERAIS. *Manual de Boas Práticas para Contratação de Verificadores Independentes*. 2011.

PIAUÍ. *Superintendência de Parceria e Concessões do Piauí*. 2018. Disponível em: http://www.ppp.pi.gov.br/pppteste/index.php/projetos/contratados/piaui-conectado/. Acesso em: 10 nov. 2021.

PIAUÍ. Governo do Estado do Piauí. Superintendência de Parcerias e Concessões – SUPARC. *Anexo IX* – Indicadores de Desempenho. 2017. Disponível em: http://www.ppp.pi.gov.br/pppteste/wp-content/uploads/2017/08/Anexo-IX-Indicadores-de-Desempenho-2.pdf. Acesso em: 13 nov. 2021.

Informação bibliográfica deste texto, conforme a NBR 6023:2018 da Associação Brasileira de Normas Técnicas (ABNT):

PALHARES, Gustavo. A importância do Verificador Independente em Concessões e Parcerias Público-Privadas. *In*: FAJARDO, Gabriel; COHEN, Isadora; CARELLI, Carolina (coord.). *Infracast*: Concessões, Parcerias Público-Privadas e Privatizações. Belo Horizonte: Fórum, 2022. p. 315-327. ISBN 978-65-5518-428-0.

SOBRE OS AUTORES

André Dabus
Diretor de Infraestrutura da Marsh Corretora de Seguros.

Cristina M. Wagner Mastrobuono
Advogada. Foi procuradora do Estado de São Paulo e coordenou, de 2011 a 2019, a atuação da Procuradoria Geral do Estado no assessoramento ao governo na estruturação de projetos de parcerias público-privadas e concessões comuns.

Eduarda Leoni
Head de Novos Negócios da CONASA Infraestrutura S.A.

Elena Landau
Economista e sócia na Sergio Bermudes Advogados.

Eliane Detoni
Arquiteta e urbanista, especialista em PPPs e Concessões pela Fundação Escola de Sociologia e Política de São Paulo – FESP. Secretária especial de parcerias estratégicas do Governo do Estado de Mato Grosso do Sul.

Fernando Camacho
Investiment Officer do International Finance Corporation.
PhD em Economia pela University of Queensland (Austrália). Também é Mestre em Economia pela FGV/EPGE e Mestre em Métodos Matemáticos em Finanças pelo IMPA. Suas áreas de interesse incluem regulação econômica, análise da concorrência e estratégia de negócios em indústrias de infraestrutura. Fernando tem publicado em periódicos como Journal of Regulatory Economics, Annals of Public and Cooperative Economics, Energy Policy, Competition and Regulation in Network Industries e Handbook of Public Private Partnerships in Developing and Emerging Economies. Camacho tem uma década de experiência atuando como consultor independente em economia da infraestrutura. Projetos no Brasil incluem assessorar as associações de distribuidoras (ABRADEE) e transmissoras (ABRATE) de energia elétrica em questões como custo de capital, risco regulatório e poder de mercado. No exterior, assessorou a OECD em questões relacionadas à privatização de empresas. Fernando foi Chefe de Departamento da Área de Desestatização do BNDES por 8 anos e desde 2018 é Senior Investment Officer da International Finance Corporation do Grupo Banco Mundial e sua função é estruturar Concessões e Parcerias Público-Privadas (PPPs) em diversos setores de infraestrutura no Brasil.

Gabriel Muricca Galípolo

É formado em Ciências Econômicas e mestre em Economia Política, ambos pela Pontifícia Universidade Católica (PUC-SP). Foi professor do Departamento de Economia da PUC-SP e é professor do MBA de PPPs e Concessões da Fundação Escola de Sociologia e Política de São Paulo em parceria com a London School of Economics and Political Science. Pesquisador sênior no Núcleo de Economia Política do CEBRI e docente no Grupo de Estudos em História e Filosofia da Física da UFRJ. Foi chefe da Assessoria Econômica da Secretaria de Transportes Metropolitanos do Estado de São Paulo e diretor da Unidade de Estruturação de Projetos da Secretaria de Economia e Planejamento do Estado de São Paulo. Foi diretor de Novos Negócios em 2016 e CEO de 2017 a 2021 do Banco Fator. Em 2009, fundou a Galípolo Consultoria, na qual é sócio-diretor. É coautor dos livros: *Manda quem pode, obedece quem tem prejuízo, A escassez na abundância capitalista* e *Dinheiro: o poder da abstração real* com Luiz Gonzaga de Mello Belluzzo.

Guilherme Penin

Economista e mestre em Teoria Econômica pela USP, trabalhou na Área de Infraestrutura do BNDES, na Casa Civil da Presidência da República e foi secretário-executivo da Secretaria de Portos e presidente do Conselho de Administração do Porto de Santos. É vice-presidente da Rumo Logística. As posições e opiniões exaradas no presente artigo são de caráter eminentemente pessoal, não constituindo posicionamento formal da instituição na qual trabalho.

Gustavo Palhares

Sócio-fundador e CEO do Grupo Houer.

Hugo Manoel Marcato Affonso

Diretor de Programa Secretaria de Parcerias em Energia, Petróleo, Gás e Mineração e Secretaria Especial do Programa de Parcerias de Investimentos do Ministério da Economia.

Karla Bertocco Trindade

Bacharel em Administração Pública e especialista em direito administrativo e setores regulados pela Fundação Getúlio Vargas (FGV-SP). Advogada pela Pontifícia Universidade Católica de São Paulo (PUC-SP). Foi coordenadora estadual de saneamento do Governo do Estado de São Paulo, diretora da ARSESP (Agência Reguladora de Saneamento e Energia do Estado de São Paulo), presidente da ARTESP (Agência Reguladora de Transportes do Estado de São Paulo), subsecretária de parcerias e inovação do Governo de São Paulo e presidente da Sabesp. É sócia e *head* de infraestrutura da Mauá Capital e conselheira de administração independente na CORSAN e na Orizon Valorização de Resíduos.

Lucas Mendonça Giuseppin
Mestrando em Direito Negocial pela Universidade Estadual de Londrina – UEL/PR. Assessor jurídico do Escritório de parcerias estratégicas do Governo do Estado de Mato Grosso do Sul.

Marcelo Ignatios
Arquiteto e urbanista (UNESP/2001) com MBA em Desenvolvimento Imobiliário (FUPAM/USP/2009). Consultor em Planejamento Urbano e mercado imobiliário. Foi superintendente de Estruturação de Projetos SPUrbanismo (2013-2021) responsável pelos estudos econômico-financeiros das operações urbanas consorciadas e modelos de cenários de desenvolvimento urbano para o Plano Diretor Estratégico de 2014.

Marcos D'Avino Mitidieri
Bacharel em Direito e mestre em Gestão e Políticas Públicas, ambos pela FGV-SP. Há 10 anos, tem atuação focada em Direito Administrativo, especialmente nos setores regulados de infraestrutura. Trabalhou na área de PPPs e concessões da Secretaria de Governo do Estado de São Paulo e na ARTESP (Agência Reguladora de Transportes do Estado de São Paulo). Foi presidente do Conselho de Orientação da ARSESP (Agência Reguladora de Saneamento e Energia do Estado de São Paulo). Advogado inscrito na OAB/SP. Sócio do Furcolin Mitidieri Advogados.

Martha Seillier
É Diretora no Banco Interamericano de Desenvolvimento (BID). Foi Secretária especial do Programa de Parcerias de Investimentos do Ministério da Economia.

Natália Teixeira Fernandes Lopez
Advogada do Banco Nacional de Desenvolvimento (BNDES).

Ramiro Zinder
Diretor de Desestatização e Parcerias na Secretaria de Estado da Fazenda, é chefe da Unidade de PPP do Programa de Parcerias e Investimentos do Estado de Santa Catarina (PPI-SC). Mestre e doutor pela Universidade Federal de Santa Catarina (UFSC). Certified PPP Professional (CP³P-F) pela APMG/PPIAF e 5CM pela IPA/UK. Foi Diretor de Desestatização e membro do Conselho Gestor de PPPs e Concessões da Prefeitura de Florianópolis entre 2017 e 2019. Foi presidente do Comitê Gestor de PPPs e Concessões do município de Laguna/SC e membro do Conselho Gestor de PPPs e Concessões do município de Camboriú/SC. Instrutor e palestrante em cursos e eventos regionais de desestatização.

Ricardo Tardelli
Médico. Foi gestor do Contrato de PPP dos Complexos Hospitalares do Estado de São Paulo no período de 2014 a 2022. Consultor para modelagem de PPP na área da saúde.

Saulo Benigno Puttini

Advogado. Engenheiro. Especialista em Economia e Finanças. Sócio do Levy & Salomão Advogados. Ex Diretor Jurídico do Banco Nacional de Desenvolvimento (BNDES). Ex Auditor Federal de carreira do Tribunal de Contas da União (TCU).

Sergio Gusmão Suchodolski

Presidente do Banco Desenvolve SP. Anteriormente foi Presidente do Banco de Desenvolvimento de Minas Gerais S/A – BDMG, Presidente da Associação Brasileira de Desenvolvimento (ABDE) e Vice-presidente da Associação Latino-Americana de Instituições Financeiras para o Desenvolvimento (ALIDE). É bacharel em Direito pela USP, com mestrado em Direito pela Harvard Law School e em Comércio Internacional e Economia pela Sciences Po – Institut d'Études Politiques de Paris. Foi também Diretor-geral de Estratégia e Parcerias do New Development Bank (o Banco do BRICS) em Xangai, China e Vice-presidente para Desenvolvimento Corporativo do Arlon Capital Partners, em Nova York.

Teresa Vernaglia

CEO da BRK Ambiental, uma das maiores empresas privadas do setor de saneamento no Brasil. Atuou por mais de 25 anos em posições de liderança em empresas multinacionais na área de infraestrutura de telecomunicações e energia. Foi eleita "Executiva do Ano" pela Revista Exame em 2020 e "Executiva de Valor" no setor de infraestrutura pelo Jornal Valor Econômico nos anos de 2021 e 2022.

Vanice Cardoso Ferreira

Secretária Adjunta de Infraestrutura e Chefe da Unidade PPP do Estado de Minas Gerais (Coordenadoria Especial de Concessões e Parcerias Público-Privadas).

Victor Bastos Lima

Advogado e Mestre em Gestão de Políticas Públicas, ambos pela Universidade de São Paulo (USP). Foi (i) assessor da presidência do Banco de Desenvolvimento de Minas Gerais (BDMG) na área de estruturação de projetos de infraestrutura, (ii) gerente geral de estudos e projetos de concessão do Município de Recife – PE e assessor jurídico de projetos na São Paulo Parcerias S.A, estruturadora de projetos do Município de São Paulo – SP.

Esta obra foi composta em fonte Palatino Linotype, corpo 10
e impressa em papel pólen Bold 70g (miolo) e Supremo 250g (capa)
pela Gráfica Formato.